活个人样

肖亦农 著

作家出版社

在清水里泡三次，在血水里浴三次，在碱水里煮三次，我们就干净了。

——阿·托尔斯泰

人这一辈子呀，最难的是活成个人样。

——丁新民

目　录

| 第一章 |

在山洪泥浆中扑腾的丁书记

这是关于四十年前的那个鄂尔多斯高原酷夏的记忆。

这个记忆与本书的主人公丁新民有关，也许就是这个酷热的鄂尔多斯高原的黄昏，我才真正走进了丁新民的生活，我们慢慢成为维持了近半个世纪友谊的老朋友。

那个黄昏，在我的记忆里，是一个黏黏糊糊的、天气闷热得让人坐立不安的黄昏。我们一行由当时的伊盟行政公署交通处组织的全盟公路联检联评的车队，滚滚行进在冒着腾腾暑气散着漠土尘烟的鄂尔多斯高原上纳林河河谷里。我乘坐的那辆吉普车内挤着五个粗壮的大男人，被车摇得一耸一跃着，汽车颠颠簸簸宛如浪里的船。又不敢开车窗，怕车队荡起的漠土面子飞进来，即使是这样，车里的人发须上都沾着一层薄薄的黄色尘屑。车内热嘟嘟的，似乎谁要咳一声，车内都能掀起热浪来。汗水不时从人们的前胸后背渗出，衣服都是湿濡濡的，发出一股股汗馊味。一个个头脸都是汗津津的，手一抹就弄成了个花脸，一股股土腥味在车内充斥着翻卷着，人们热得有些发闷发躁。漠土面子像下细雨似的扑在车窗上，发出窸窸窣窣的声音。吉普车密封性不好，漠土黄尘一点点渗进车内，这一车人除我之外，虽都是“老公路”，也被这温水煮青蛙般的折磨搞得心烦意乱。坐在副驾驶座上的伊克昭盟公路总段张段长嘟哝道：跟得太紧了，嫌吃土还不够啊？

司机小柳道：天旱伤了，河道都碾成漠（发mao音）土了，您不是说不能掉队吗？咱透透气，车要拐弯了啊，小心点哇。

小柳说着，灵活地一打方向盘，一拐车头开出了好远，这才冲出了车队卷起的黄龙阵。车在河谷里停了下来，人们赶紧跳下车吸口新鲜空气，并在身上胡乱拍打着。我看看行进的车队，就像一条黄龙在河谷里腾云驾雾。太阳已经西斜，躲在了几团云层后头，云团立即镶上了金边，还不时闪出绚丽的光束，闪出箭一般的金光。西边天际一时光怪陆离，天上变幻的云朵让人任意想象，或是圣诞老人，或是懒猫，或是哪个与你生活有关或无关的女人，观看变幻多姿的云朵，让人浮想联翩。还有一团团乌云向准格尔高原的山尖梁峁飞快地聚集，就像天空上忽然飞来群群黑压压的乌鸦，还都镶着夺目的金边。

张段长五十多岁，高直笔挺，是个黑长脸的汉子。他皱眉看着五颜六色的西天，喃喃道：我咋闻见雨腥气了呢？小柳笑道：这是段长给准格尔带雨来了，那还不好？张段长笑道：那我不成龙王爷了？众人七嘴八舌地道：咱干的是修桥补路的善事儿，走到哪儿给哪儿带来雨水。张段长看着远去的车队，又看看乌云凝聚的西天，忽然问：丁新民呢？丁新民呢？他们那车跟上来了吗？

张段长，人们私下称他为张老汉，显得有些焦虑。

司机小柳道：他们的车误在河槽里了，新民领着人往外掏呢！

我说：我也看见丁新民正趴在泥水里用锹往外掏车哩！人滚成了一个泥蛋。张段长看了我一眼道：我就是看见他们误住了，才担心他们掉队哩。听人说，你和丁新民也是兵团战友？

我点了点头。兵团解散时，全盟的公路系统是接收兵团战士的重点安置单位，一下子接收了数百名兵团战士。当时，全盟几千公里公路线上的养护道班、工区或者是总段机关直属部门，都有天南地北的兵团战友。而丁新民似乎是回城稍早两年困退回到东胜的，战友的忽然涌来，让他感到一种战友重逢的喜悦。人们因为共同的经历，很容易走到一起。兵团战士是一个特殊年月的特殊群体。认识不认识的，熟悉不熟悉的，都因为共同的经历而稔熟，统称为兵团战友。我与丁新民就是这样。

我对张段长说：我俩过去是一个连的。丁新民在兵团就是有名的丁铁人，苦活累活玩命的活没他不抢着干的。

铁人？张段长疑惑地呢喃着。

我说：兵团铁人的绰号可不是白给的，兵团是啥地方？啥牲口活没有干过？

人们都笑了起来。

张段长瞪了我一眼，但没有说什么。我知道张段长是从战争年代走过来的老军人、老领导，平时对职工要求严格，可训起人来也是劈头盖脸。

张段长说：你说，丁新民在兵团是个好兵哇！

小柳道：现在也一样，啥苦事累事还得丁书记带人上！

小柳说的丁书记，就是丁新民，他那时在公路测设队担任党支部书记，我隐约知道，他总是带着一群测工技术员，在荒无人烟的沙漠和起伏延绵的重山里测路。那时，我刚到盟交通处机关工作，我们当时都是二十大几的青年人。虽是战友，又同在交通系统工作，也只有在偶尔开会的场合才见个面，然后各忙各的，也没有更多的交集。因为我是在上级机关工作，这次才与张段长和几位盟公路总段的领导们合乘一辆吉普车，参加全盟公路建设与养护联检联评。这样的联检联评，一般要用半个多月的时间，集中了全盟交通、公路系统上百号领导、技术骨干，几十台车整天奔波在鄂尔多斯高原的公路线上，检查考核旗县养路段、基层道班的公路养护工作。

张段长考虑着全盟的公路联检联评工作能够顺利进行，担心车队行进得稀稀落落，特别强调统一行动，互相照应。因为一路上天气多变，路况复杂，而车的性能参差不齐，张段长是有些担心误在河槽里的丁新民和车上的人员有什么闪失。在他这个“老公路”的心中，夏天走河道，天气娃娃脸，说变就变，这就跟战争年代过敌人的封锁线差不多，不敢有半点大意。行车人得慎之又慎，眼观六路，耳听八方，不能不说走河谷真是一门学问，这需要丰富的行车经验和决断能力。因为盘旋在鄂尔多斯高原上的公路，不是走高山的分水岭，就是穿沙漠，走河谷。那时，鄂尔多斯高原上成形的公路没有几条，即使是标在公路图上的国道、省道，也大多没有成形，或在草地上碾压，或在沙漠上变换，或把河道变成了汽车道，业内行话叫自然路。当时全盟几千公里公路线，大多是自然路。那时，除了盟府东胜通往包头的百十公里是条成形的三级沥青公路外，其余的国道、省道、县乡道路基本都是自然路。好一点的成形线路也不过是黏土路面和砂石路面，就像条条细蛇一样盘旋在沙漠和山间。但它们是鄂尔多斯的血管，它们的通畅关系着鄂尔多斯的生命活力。盟里每年组织的联检联评，对黏土封闭路面考核好路率，对自然路考核通车率，意即能不能保证车辆通行，即对沙阻、水毁能不能及时修复，保证通行。遇到大的水毁和沙阻，即使领导嗓子喊破，养路工人累断腰，断路十天半个月也是常有的事。即使是专业的公路联检联评被堵个三两天也是常事。鄂尔多斯人说话尖刻、犀利，称旗县养路段为“养断路”，称盟公路总段为“公路总断”。而夏天乘车走河谷，也是让人提心吊胆的。鄂尔多斯千沟万壑，雨稍大点就起山洪，当地人称刮山水，关键是鄂尔多斯有八万多平方公里，降雨季节性很强，而且沟壑里排出的山水都流向天然河谷，蒙古语称为孔兑，准格尔山地就有八大孔兑，当时每年要向黄河输送一亿多吨泥沙。洪水卷着泥沙、石块、树木从山上而下，其势之烈之猛，没有亲身经历过、见过的，是体会不到山洪的力量和恐怖的。当时，我们常接到这样的报告，拉煤车、客车，被山洪卷走，死人的事也时有发生。在草原上也会遇到发大水，只要一场暴雨落在草原，积起的雨水便顺势流动，汇成滚滚波涛冲向低处。我曾乘车去鄂托克旗采访一个劳动模范，途经鄂托克草原时遇到了暴雨，车一下子误在了草地上。眼见着积水海海漫漫地涌来，竟然翻着浪花，就像是海水涌动一样。我乘坐的长途客车就像一条船，行进在苍茫的大海上。客车司机是个红脸壮汉，一路上不时地唱着蒙古歌儿，让人们很快活。他还不时接过乘车的一位老额吉递过来的白酒喝上几口，快活地唱着歌开着车。就像一个抖着缰绳纵马在草原上的醉汉。老额吉说：老巴人性好，毛主席派他来了十多年了，他一天都没耽误过。刮风下雨他的车都来。好老巴呀。众人也都说：好老巴哇！于是人们又唱又喝。

老巴人醉麻麻的车却开得顺溜溜的，还不时大声提醒：前面过坑槽了，后大座的注意了。小心把脑壳碰烂。即使是这样，后大座的乘客也能直直地颠起老高，发出一声声快活的尖叫。草原一马平川，百十平方公里也见不到一个人，你想交通肇事也没地方肇去。草原上的蒙古人把乘车当成了聚会，人们高兴地传着老额吉送上的酒，喝上一口，司机老巴喝着唱着，车上的乘客也喝着唱着，我也高兴地跟着瞎哼哼，满车厢弥漫着歌声和酒香，歌声中甚至还能出现和声。鄂尔多斯是歌海舞乡，真是名不虚传。后来大雨不期而至，劈头盖脸地砸在车身上，砰砰作响。雨水越积越多，哗哗的在车前涌动着，甚至都能翻起浪花，车被水浪冲得摇摇晃晃，真像一个趔趄的醉汉。有人吓得叫了起来，老巴扯着嗓子吼叫着唱：打雷刮水不要怕，老巴胆子比天大。他拉开车门，手一指一座突起的土包对大家说：看清楚了没有，往高地上跑哇！他说着，还把老额吉背在了背上，蹚着湍湍的水流往土山包上跑，一车人都跟着他跑，我还跌跌撞撞地一下子摔倒在雨水中，水很快就没过了腿根，一车人都泥一身水一身地上了山包。人们眼见着水中的汽车被洪水掀翻，滚了几个过，都不禁惊恐地叫了起来：妈呀！我对司机说，谢谢你了，我还以为见不上妈了呢！她还等着我娶媳妇抱孙子哩！老巴醉麻麻地说：你妈想抱孙子，你得把自己的家伙什看护住。众人哄笑。我说：你救了一车人的命。你背起老额吉，你就是天神金刚，司机咧咧嘴醉麻麻地说：老额吉给我酒喝，她是我亲妈，这关口我不管自己也得管我妈！人们都说，老巴说得好！老巴说：一发水，野物都往高处躲命，大家得小心点。他说着，又折了根红柳棍子递给我说：拿着，别让蛇游上来，小心咬了人，后生，我妈可交给你了。见蛇过来，你就照着蛇头抽！

果然，小土包上爬满了湿淋淋的野兔子、旱獭、跳鼠、沙狐、猪脸獾子等草原小动物，在人们脚下瑟瑟发抖。也有几条蛇，在水里游来游去，也想寻找爬上土坡的机会，人们啾啾喊叫着，用红柳条子拍打着水面，阻止可怕的蛇上岸。就这样一直僵持到洪水退去……

在干旱的草原上碰到发大水，让我对草原充满了敬畏，感到鄂尔多斯高原就像一本神秘的大书，你一辈子也学不完，读不完。关于走河谷，更是神秘莫测，险象环生。因为我们不知道几万平方公里的鄂尔多斯高原哪块云彩下雨，因植被稀少，雨稍大一点，就会引发山洪，泥流像千军万马撕裂鄂尔多斯高原，沿着孔兑（季节性河流）汹涌而下，直扑黄河。走在河道上，看着响天红日，忽然山下就能窜出一条泥龙来，让你躲闪不及。水土流失之烈，让人瞠目结舌。给人们生命财产带来的损害，更让人痛心疾首。

每到雨季，就是负责全盟交通生产和道路安全的盟交通处严阵以待的日子，办法想尽，还是事故频出，处里的干部半夜一听有人砸门（当时没有什么手机，家庭电话除了盟级领导有那么可怜的几部外，其余都是通讯“靠吼”），就知道是河谷出事了。千防万防，也挡不住河谷出事，车辆被山洪刮走的，人被水冲走的，每年夏天总会出那么几起。夏天雨季来临时，司机开车走河谷时，总要趴在地上听一阵动静才敢上路。河谷孔兑的平静潜藏着不可知的风险，这是鄂尔多斯的“老公路”老司机都知道的常识，这也是当地土著和走西口晋陕先民用生命换来的经验。“走路你要走大路”，《走西口》里的吟唱，留守太原城的玉莲对走西口男人的百般叮咛、嘱托，二百多年来，袅袅娜娜地飘荡在鄂尔多斯高原的孔兑沟壑……

过河道时，张段长让车队紧跟着，好互相有个照应，就是从安全角度考虑。知道丁新民所在的车辆掉队了，张段长看着越聚越多的乌云，怕有风云忽变，他担心丁新民和其他干部职工的安全。他喃喃着：可不敢，不敢……我知道当地人嘴中常说的不敢这句方言，其蕴含的内容太多，太丰富。

有道是怕甚来甚，这话说得一点也不错。不时有闪电金龙划破远处的乌云，稍纵即逝，远处轰隆隆的雷声不断传来，河谷里骤然也起了飕飕地打着呼旋的疾风，司机小柳说：领导，风是雨的头，河槽里猛不丁下来山水可了不得！司机小柳是个有眼头的好司机，去年夏天他曾拉着盟交通处的云处长还有我们一行几人过一条河槽时就遇到过山洪，山洪追着车跑，绿色的吉普车在红泥浆里一蹿一蹿的，当小柳开车冲到岸边时，我们坐在车上鞋和裤腿全湿透了。若不是小柳的车技高，吉普车的越野性能好，眨眼之间我们就会被山洪推翻，那是我到盟交通处工作后，第一次跟交通处的领导出差，没想到就遇到了这样的险情。我出差回来，向丁新民叙说着跟领导出差碰到的险情，仍是惊魂未定，说山水哇哇地扑来，丁新民憨憨地笑了，说干咱这行，那是“三六九常遇到”。我这才晓得他长年累月在鄂尔多斯高原上勘测外业，细想起来也是个险象环生的工作。

那天，张段长不动声色地看着乌云密布的天空和空旷的河谷，这老汉始终保持着从战争年代走过来的老军人的镇定，他看看远方越逼越近的电闪雷鸣，当机立断，忽地对我们说：上车，快走！人车先出了河槽再说别的！我想，他说的别的，大概是指丁新民乘坐的那辆车。

上了车，张段长一直催小柳车开得再快一些，小柳加大了油门，车忽的一下蹿了起来，后座上的我们不时颠起老高，情不自禁地啊啊乱叫。我们的车一路鸣起了喇叭，不一会儿赶上并且超过了车队，张段长还不时把手从车窗伸出，摇摆着，示意车队加速前进。车队卷起黄尘一路滚滚，很快我们的车穿出了河谷，冲上了河岸。上了河岸，车队都停了下来，然后开始清点车辆人数，果然就丁新民他们的车辆还没有跟上来。

张段长手搭凉棚望着暮色笼罩的河谷，远处的天际不时跳出一道道亮闪闪的闪电，轰轰的雷鸣声，更让岸上的我们有些焦虑。乌云慢慢朝南移了过来，人群中有人嘀咕道：云往南，水推船。这话引起人们的小声议论：狗日的，今天这雨可让我们赶上了。张段长怒怒地说：我知道，我眼珠子又没瞎。

众人安静了下来，不知谁低声道：看这老汉，吃枪药了？话音未落，不知是谁怯怯地笑了，我看看满脸黑云的张段长，知道这老汉是在为丁新民他们着急。

这时，我明显听到河谷里的风呜呜作响了，就像群狼发出了咆哮，呜呜的挺怕人。头上的闪电不时把河谷照得贼亮贼亮，轰隆隆的雷声像是敲击着人们的耳鼓，天上偶有铜钱大的雨点落下，狠狠落在人们的身上脸上，砸在河谷被碾起的漠土上，竟能荡起细细的尘烟。可不敢下山水，新民他们的车还在后面哩，人们都焦虑地议论着，伸长脖子往河谷里看着，有急性的人嘟哝道，新民他们磨叽甚呢？人们的悄声议论，更让我有些心烦，我看看张段长，老汉还站在河岸上伸脖远望着，他的苍苍鹤发奓着，风儿呼呼地吹着，夹着雨点落在人们的身上。有不少人惊叫着钻进了车里，我正犹豫着，忽听人们兴奋地叫了起来：来了，新民来了！丁书记他们来了！

我急忙抬眼望去，看到了河道上有股卷起的黄尘在快速移动，一个小黑点在黄尘中不时闪出，很快看清那是一辆汽车，岸上荡起一阵兴奋，人们嘁喳议论：丁书记他们赶上来了。赶上来了。

那车越来越近了，我也不禁高兴地蹦着高招手喊叫：老丁！

张段长见我又蹦又跳，冲我说：你们可真是战友啊！看把你高兴的！要说，你们这些年轻后生个个贼大胆，眼头也没个轻重……

张段长的话音未落，忽然河谷里起了一阵黑风，就像起了一团浓浓的黑烟笼罩在山谷里，山谷里顿时发出呜呜哇哇的咆哮，就像有万马千军在呼啸，在喊叫，声音哇哇的很是瘆人，让人的头皮都有些发麻。人们忽然感到脚下都在微微地颤动，人们都不禁惊叫开了：下山水了，快点啊！岸上的人们冲丁新民那车呼唤吼叫，焦急地喊开了：下来山水了，快点躲山水啊！

汽车在黑风里一颠一耸的，像是一匹马在猛奔，泥浆洪水涌上了河道，汽车在泥水里挣扎着呜呜奔突着，终于冲上了岸。人们发出一阵兴奋的噢噢吼叫，连站在我身边的张段长都扬起双臂发出粗声的呼喊，这老汉的声音也是噢噢的，粗闷而又短促。

我这才看清，丁新民乘坐的那是一辆小面包车，车身全被泥浆包裹着，已经看不出原来的颜色了。就在这时，上游的山水刮来了，像万千头怪兽，哇哇地吼叫着浩荡扑来，西岸有半面土山也轰隆一声塌了下来，激起了冲天的尘土黄烟。浑浊的发红的山水挟裹着树木、煤块、石块涌到了河谷里，还有一只羊在泥水里滚着，叫着，挣扎着，人们啊啊吼叫着为它着急。这时，车门一开，却见丁新民从车里蹿了出来，三步两步跳进泥浆里，在人们的惊呼中，他将那只羊抓住，然后高高举起，一脚深一脚浅地蹦跳着回到了岸上。我听张段长骂道：真是年轻后生，你不知死活啊！

丁新民抱着羊嘿嘿笑着，蹿上了河岸，然后把那羊往地上一放。小柳我们几个青年人大声笑着，为丁新民拍起了巴掌，可我内心里觉得太危险了，要是稍有不慎，丁新民就会被洪水卷走，到时，你再好的水性也无用武之地。丁新民常跟我讲起，当年在兵团时用塑料袋子把衣服一包便扑通通地游过黄河去，对这我也非常熟悉，我也多次泅过黄河，坐火车上临河兵团三师师部会战友，然后下馆子，吃羊肉炒粉大白馒头解馋。想起那傻傻的青春日子，我感到有些可笑，可丁新民只要回忆起兵团往事，就情不自禁眉飞色舞，我甚至觉得他还未从兵团岁月中走出，待人接物那股劲，总让我想起当年小鹌鹑般的兵团战士。我笑了，想起了当年我们穿着绿军装时的雄赳赳的样子，那是冒着傻气的青春岁月。我想，丁新民山洪中救羊又是冒了一回兵团傻气……

人们围着那泥水一身的羊儿发表着感想议论。那羊慌慌地在地上哆嗦着，四肢发着颤，还不停地抖动几下，身上的泥水淌了一地。人们围着它看，还有人伸出手去在它的肚皮上摸了几下，掂量着它的分量。不一会儿这羊安静了下来，咩咩啼叫了几声，啃吃开了河边上的青草，并在人们的脚下转来转去。

张段长沉着脸来到丁新民面前，唉了一声，对水一身泥一身的丁新民说：新民啊，让我老汉说你甚好呢！这山水哇哇的，吓死人哩！你咋还顾这么个牲畜？真要有个好歹，让我咋向你大你妈交代？

丁新民嘿嘿地笑着，用手抹着脸上的泥水，说：这有甚？这不就十米八米，伸把手，甚都有了！我不傻，我看着水头子哩！

我说：你又冒了回兵团傻气还不承认？你看把张段长着急的，真怕你出什么事情哩！

张段长睖了我一眼说：看你这后生说的，能出啥事，新民这不好好的？不过，下山水时，真把我吓出了一身汗！

众人也都说，今天张段长真是着急了。

张段长对人们道：你们年轻，没有经历过。说是不怕的东西，人们心里最怕……

丁新民憨笑着说：让领导着急了。领导，可这车实在是老掉牙，太破了，都跑了快三十万公里了，用它真是做不成外业了。

张段长道：看你这后生！在这儿等着我哩！想换新车是不是？没门！咱鄂尔多斯高原上的公路全是我们这些人拿脚片子踩出来、测出来、建出来的，现在你们测工都有小汽车坐了，还想啥？

丁新民说：我用脚片子走不怕，不就是怕误大家的事？你看今天不就误事了？

张段长道：你蘑菇甚了？咋耽误这么长时间？

丁新民说：刚才，我一看要下雨了，就怕上游下来山水。实际上，我们的车早刨出来了，可还有几辆社会上的车在河槽里趴着。山水要是忽然下来，准得出事。我就赶快去道班找来了辆28大马力拖拉机，才把几辆社会上误住的车拉出来。我怕山水下来出事故，就不让他们往前走了，等这股山水过去再说。现在，道班和交通监理已经把渡口的路封了。我们是最后一辆车，这不是紧追紧赶才赶上来了？

张段长嗯了一声，不再说什么了。

交通处的一位领导点头说：遇到情况，新民还能想得这样周到，有整体观念，应该表扬。

张段长把脚伸到那只正吃草的小羊的肚皮上把它驮起，然后轻轻移到了一边，说：你狗日的今天遇到了新民，算你这畜牲命大。

众人大笑了起来，那羊也颠着小尾巴，似乎高兴了，在丁新民脚下蹭来蹭去，咩咩地叫着。

有个司机说：把这羊扔进后备厢，晚上咱炖了下酒。

丁新民眼一瞪说：我看你后生敢?!

那司机道：羊嘛，早晚还不是挨一刀?

丁新民说：早晚是早晚！今天我看谁敢?

众人又笑了：看新民眼窝子瞪的！

张段长说：这雨已经飘洒起来了，离旗里还有四五十里地，这次得全都跟上，有啥情况也不许掉队。全都跟着我的车，可不敢误在半路，这一百多号人往哪儿吃喝?

当我们赶到准格尔旗的旗府沙圪堵镇，天已经大黑了。住进旅店后，吃完饭又开碰头会，部署一下检查评比的事情。我正好和丁新民坐在一起。我说他：老丁，以后可不敢再做冒险事了，你都已经是有家口的人了，还以为是兵团光棍傻小子睡凉炕呀！山水劲多大，今天只要你在泥浆里跌倒，真就爬不起来了。刚才多危险啊，多少人为你提着心哩！张老汉嘟哝了一路，还让我这老战友给你说说哩，做啥事不能不管不顾的……

丁新民道：咱蒙古人还能见死不救?

我说：不就是一只羊嘛！你那股劲咋就下不去了？你还以为那是什么国家的财产啊？还学那个救羊牺牲的张勇?

张勇？丁新民看看我，喃喃着：我咋……

我说：就是那个天津知青姐们儿！跳进洪水里救生产队羊被水冲走的那位女英雄！前些年还树立为全国知青学习的榜样。

丁新民想了想，似恍然想起，笑了笑。我问，记起来了？他憨憨地道：我真记不起来了。那年头英雄模范人物太多。我说：你今天要是真出点什么事，可咋办呢？张老汉一个劲在岸边念叨可不敢，可不敢！

丁新民说：这老汉，人一上了年纪，都这样。老肖，你看我傻啊？我是瓷溜子（当地方言意即痴人)？等着山水刮啊?

我说：在大自然面前谁也别逞能。到时由得了你？水火无情，不知道啊？

丁新民拍了拍我的肩膀，悄声说：行了，行了！有啥呢？当年咱们过黄河，把衣服往塑料袋里一包，不就扑腾过去了？你又不是不知道，我这人心软，就是只猫儿狗儿咱能见死不救？

我说：你从山水里捞起的那只羊，现在甭好活哪个王八蛋了呢！也许早让人给炖成了手扒肉了呢！

丁新民皱皱眉头道：我可没你想得那么多，谁的财产我连想都没想。我就觉得那是在山洪泥浆里挣扎的一条命。一条命懂不懂？我从小就见不得杀生害命的事！真是见不得！

丁新民这样一说，让我听后不禁心里一惊。敬畏自然，敬畏生命，这在当时是流行在文学圈中的新词儿，可从丁新民嘴里冒出竟是那样脱口而出。在我往日的印象里，丁新民是一个粗粝的人，可没想到他的内心世界是那么丰富和细腻。这是个心里有柔软处的男人，我想：办奇事者定有奇想，看来我得重新认识认识老战友了。我不禁瞅了瞅他，丁新民中等个头，敦敦实实的，一张国字脸胡子拉碴的，眉毛长得又浓又密，显得很有神采。当时我想，原先咋没注意到这人竟然长了这么一对精神又耐看的长眉。

我忽生感慨，你以为很熟的人实际上并不熟。比如，我与丁新民，既是战友又是工友。这让我联想起许多战友、同学、同事，觉得谁又能走进谁的内心世界呢？即使是共事多年，大多也就能说是认识的过客，熟悉而又陌生。我一时挺感慨。

那一晚暴雨下个不停，就像天河开了个口子，不住气地往下倾倒，咣咣地砸在房顶上，让人有些心烦意乱。七八里外的纳林河里山洪吼得更不是个声，哇哇的，轰隆隆地怪叫不停。那个雨夜，几个人挤在一个房间里，路上颠簸了一天，很快就呼呼入睡了。我睡觉轻，被头靠头睡觉的丁新民的粗闷鼾声还有屋外的风雨声、山洪的咆哮声，吵得一夜似睡似醒，脑子里一直迷迷糊糊的，我也不知怎样挨到了天亮。起床没多久，街上传来了消息，说是山洪把旗里街道给冲断了，把沙圪堵城区一刀剁开两半。

我和一些人冒着淅淅沥沥的小雨赶快去街上看，只见正街当中被山洪撕开了百十米的一个豁口，泥水卷着石头煤块横冲直撞，两面豁口还在塌陷、扩大，轰隆一声，又轰隆一声，人们就惊叫着往后退几步。断路两头围着黑压压的人群，人们伸长脖子探头观看，偶有翻着肚皮的死猪死羊在湍急的泥水里翻转，引起人们的喊喳议论和啧啧感叹。同行的一个工程师说，至少得用八万土石方，才能把决口堵上，这路又得断个把星期了。我一听就知道我们的联检联评这次是困在旗府沙圪堵街里了，这场暴雨会把整个山路都封住。我又庆幸张段长的果断，若是困在半路上，我们这些人连吃饭睡觉都成问题。过去，丁新民曾对我说过，他们测量队出外业时，多次被困在毛乌素沙漠和不知名的山路上，十几个人挤住在老乡的一间茅庵房（红柳搭的泥巴房）里，吃了快一个星期的煮鸡蛋。物以稀为贵，当地老乡一颗鸡蛋敢卖到两元钱一颗，我出差也有过类似被宰的经历，啥敦厚善良啊，也许那也就是嘴上说说。敢在火中取栗，鄂尔多斯农民有这个胆量和勇气！这些走西口敢来蒙古地闯荡的内地农民和商人，人人绝非等闲之辈。他们骨子里渗透着对机会的渴望和觊觎。

那时，鄂尔多斯高原公路交通基础设施薄弱，抗灾能力差。往往一场大雨，会把鄂尔多斯高原分割成大大小小无数个孤岛。准格尔高原主要是砒砂岩和黄土层，没雨时旱死，雨来了涝死，万儿八千平方公里光秃成一片就像刚刚被山火烧过。我初到准格尔高原时，感到就是行进在赭红色的火焰山上。

“种不成庄户走不成道，我娘咋把我生在这背圪崂？”准格尔山曲这样说自己的家乡。我就听一个准格尔后生这样说自己的家乡，说自己出生的地方："老先人的脑子准是让驴踢了，走西口讨活路，咋就选了这么个枯焦地方过日子？出趟门三十里明沙四十里水的……"

道路交通的确是困扰伊克昭盟经济发展的瓶颈。而在准格尔高原上修路更是难上加难，连接准格尔与外部世界的所谓的109国道，就是新中国成立后修的一条盘山土路，路途河谷多，基本上没有桥涵设施，车辆就是硬走河槽，凭着司机对河槽的熟悉程度行车。汽车司机当时在鄂尔多斯高原是最吃香的工种，民间俚语中有"四轱辘一转，给个县太爷也不换"的说法。那时，盟里一些领导干部的子弟，大都有在机关身着西服手戴白手套开小汽车的经历，他们还美其名曰在基层锻炼锻炼。开小车的好多在单位都有二局长之称，一般这种子弟司机连单位的副手都不放在眼里。当时，能开小汽车的人都是让人高看一眼的，是贵重的工作。可是客货车司机路上是非常辛苦的，因为沙漠和河槽是他们行车的必经之路，用来解决沙阻和误车的木杠和铁锹是他们的必备行车工具，他们得随时准备往车轱辘下垫杠子，好增加车胎的摩擦力，冲出沙阻。雨天过河槽时，河槽里误个百十辆车是常有的事情，老乡们幸灾乐祸地说他们就像在河滩上晒太阳的鳖盖子。还有的村民故意把河槽淘深，等车误在河槽里，然后漫天要价。当时的交通公安逮回几个在河槽设置陷阱发财的惯犯，铐在处机关办公楼的暖气片上，他们见人就哭喊：政府哎，不就是打捞了两个吃喝烟火钱？再也不敢了。我在办公室里写东西，听得心烦，还给公安科的同事们说：罚他们在河槽里淘两天误住的车算了，你们不嫌吼喊得麻烦？

当时，全盟公路的路面大多是用黏土封闭，就是维持个晴通雨阻，养路工人也是下了大气力的。而一些省道、县道和乡村道路，基本上就是没有线形的自然道，司机想往哪儿开就往哪儿开，只要车能过得去。这些自然道修路经费和养护经费上边是没有保障的，平时公路部门用一些农村代表工、建勤工，铲高垫低，修修补补，努力维持个线形，勉强维持通车。下雨时，养护道班就用一些障碍物和铁锁链挡住道路，禁止车辆通行，以保障行车安全和黏土路面不被汽车轧坏。

我看完街上刮山水断路的热闹，便顶着微微细雨回到了下榻的小旅馆，一进小旅馆内就见人们一副紧张的样子。丁新民站在那辆旧面包车前吆喝着人们往下卸东西，我问：新民，你这是忙啥呢？他说送张老汉回东胜医院。我听后，心中不禁一惊：张段长咋了？丁新民说张老汉在雨地里脚一滑摔倒了，腿可能给摔断了，老胳膊老腿的还真得当心。说这得送到盟医院救治，路断了，旗医院过不去了。刚才领导们定了，让我抓紧护送张老汉回去。我一下子愣住了。暗想，这一百多公里山路咋走？黏土路面一轧就全和成粥了，车滑得咋走？这天还下着闷生生雨，路面泥滑得出出溜溜能溜冰，路两侧又是深沟大壑，这太危险了！还要过河槽，山洪刚刮过，全是烂泥潭，这咋走？人们也都七嘴八舌说雨天走山路，这也太危险了。丁新民说：我知道，知道，放心，我们路上小心一些就是了。已经通知沿途道班了，准备好大马力拖拉机，时刻准备救援。不一会儿人们用一个简易担架抬着张段长上了车，担架上的张段长面色蜡黄，头上滚着一层汗珠子，痛苦的面容让人一下子老去了许多，这是个比我的父母年纪都要大的革命长辈，看着他是那样痛苦，很是揪心。丁新民吆喝着几个年轻力壮的青年职工将张段长抬上了车，然后冲大家笑笑招招手。几个领导又叮咛丁新民千万小心，丁新民说放心，我就是抬也要把老汉安全地送到盟医院。众人都说不管遇到啥情况，新民从没说过泄气话，办过糊涂事。

我把头伸进车厢，大声地喊：新民，一路小心。

丁新民笑道：这又不是上战场，老山前线滚雷，你看你……

众人也都笑了，我反倒有些不好意思了。我看着车驶出了旅馆，心中还有些揪揪的。我又走出旅馆，跑上了湿滑滑的街道，一动不动地看着那辆车渐渐消失在飘着雨丝的铅灰色天际里。车走了，丁新民却在我的面前清晰起来，我总觉得他身上的那股兵团战士劲始终下不去，我觉得他应当是我笔下的一个文学人物，可他是什么样的文学人物，我一时又有些揣摸不准。当时整个社会都在唏嘘我们的蹉跎青春，惋惜我们失去的花儿一般的年华，一咏三叹，如泣如诉，我也在这时代潮流的浅吟低唱中，冒了几个泡泡……

在这个蒙蒙细雨天中，我忽然想起了许多兵团时的往事，我的眼前不禁浮现出一个个我熟悉的兵团战士的身影，一下子生龙活虎般地跃动在我的眼前。那时，十七八岁的我们，丁新民们和七八个人拉着大胶车在冰封的黄河上拉基建用的石头，我们像小毛驴一样拉着装满石头的重车在冰天雪地里撒着欢。驾辕的丁新民们常常双脚离地，在一根横木棍做成的辕把上撑起身子，哦哦地欢快大叫，拉套的哥们儿姐们儿，更是跑得欢实得都吆喝不住。那是个不知道饥累的岁月，我们年轻，每个战士都像一团团燃烧的火，纵情地在黄河大漠上燃烧我们的青春。饿了就啃块冻得梆硬的玉米饼子，渴了砸块黄河冰凌含在嘴里。一路上跑啊，唱啊，喊啊，在零下三十摄氏度的严寒里摘下狗皮黄军帽，头上还腾腾地冒着热气，而胡须眼睫毛上挂着一层层白花花的霜。什么饥饿啊，寒冷啊，酷热啊，蚊叮虫咬啊，全不在我们的话下。那时，我们不怕苦，甚至不怕死，参加兵团就是想和美帝苏修拼一场，在解放全人类的最后斗争中绽放自己的青春年华。甚至梦想着冲进敌人群中拉响手榴弹，成为英雄烈士，无愧为毛主席的革命战士。那时，我们把荒漠碱滩当成帝修反，把我们兵团生活遇到的一切挑战都当成战场，都当成考验，都当成献出的忠心。十七八的小战士一天能脱七八千块泥坯，足以抵得上两三个好壮工，那是因为敬爱的毛主席在天安门城楼上看着他；来了“倒霉”的女孩子一屁股坐在溃堤的渠口上用青春躯体堵带着细冰凌的浇地的春水，因为我们生产的小麦要及时浇上，因为那是在播种一颗颗射向帝修反的子弹。我们是这样想的，也是这样做的，那时，我们一天要在黄河冰道上拉着重车跑七八十里，还叫着，比着，赛着，一辆辆重载的大胶车让我们拉得就像一只只张着翅膀的大鸟，在苍黄的天地中飞跑。我们就是在这样的广阔天地里炼成的硬汉子、铁姑娘，兵团战士这是那个时代的群像。而丁铁人，丁新民，我觉得他就是我们留在那个青春岁月的一个标志性符号。我喜欢他，因为我留恋我们逝去的青春岁月；我敬重他，因为我尊敬我们曾经共同走过的路。

那天，我常想象这一百多公里的泥泞山路，那天，我不知道丁新民他们是怎样行进在盘山路的遍地泥泞之中，想想那深沟幽壑就感到后背发寒，那种担心和牵挂，在我这生命的二十多年里是不多见的。直到第二天上午，才从交通处领导的口中知道丁新民他们已经把张老汉平安送达盟医院。我这才松了一口气。开完会，回到盟里，去医院看望张段长，老汉已经顺利进行完手术，腿上绑着厚厚的石膏，安静地躺在病床上，气色也好看了许多。张老汉说那年打胡宗南拉锯几个月身子埋在毛乌素沙漠里好几天，也没遭这么大的罪。人老了，胳膊腿不利索了。我笑了，又说起那天雨中走山路的事情，老汉眼圈都红了，连说他这一路上全亏新民这些后生们了。他连说好后生，好后生哇。后来，我听公路总段的人说，路滑得太难行了，车常打转转，怕有闪失，丁新民他们就抬着担架走山路，胶泥滑得人站不住，有时就得跪在泥地上，一点一点往前挪……

我知道雨天走泥路的艰难、危险，稍有不慎，便会滑进山谷里。几十年了，我已经无法想象丁新民他们一路是怎样走过来的，那天曾经遇到了多少大惊小险，这需要什么样的胆量和毅力啊！后来，和丁新民接触越来越多了，成了无话不谈的好朋友。前些年，我曾经给他提起这件事情，他只是笑笑，很是淡然，一笑说：好像是有这么回事，那年，张老汉是摔了一下子。我说：啥好像啊，我还为你担了一夜的心呢！听着我动情的叙说，他浓浓的眉毛都不动一下，好像我是在说别人的什么事情。我刻骨铭心的记忆，他却已经成了遥远的过去，也许这样的事情在他的生活里太平常了，平常得什么痕迹都没有留下。

这就是丁新民。

| 第二章 |

工头说，这丁大哥要是细看，有佛相哩

我也不知道丁新民什么时候成为伊盟名人的，大概是上世纪九十年代中期吧。这是个英雄造时势的年代，也是诞生英雄的时代。许多名不见经传的鄂尔多斯人，一下子名振全区、全国。改革开放给鄂尔多斯人插上了飞翔的翅膀，调动起了鄂尔多斯蒙古人心中的英雄情怀和走西口后人们的闯荡雄心。鄂尔多斯高原很大，伊克昭盟的面积有八万六千平方公里，相当于欧洲的一个中等国家。但坊间很小，盟府东胜也不过是有几条街道的小县城，城内也就住着三五万人。几个旗府，也大都是一条街，拥拥挤挤地住着万儿八千人。出了城，就是梁峁沟壑或是起伏无垠的沙漠，你就是走上三五十里，也未必能见到一个人。

当时的东胜城是个见个生人就稀罕的地方。有人称城南放个屁，城北都知道。凡操外地口音的都被人称为“侉子”，我也是侉子中的一个。下放的干部职工，部队的退转军人，支边的大中专生，发配来的右派，还有大城市下放来的知青，充斥着这个高原小城。慢慢地当地人们几乎不称呼他们的名字了，只称“张侉子”“李侉子”的。在工作中，我结识了鄂尔多斯报社的一位中年编辑，他是位“文革”前的老大学生，常处理我的稿件，我们慢慢地成为了好朋友。他的老婆，是一位上世纪六十年代中期从首府呼和浩特一所中专毕业分派来的中专生，她曾对我说：你们好多了。十五年前，我刚分到东胜来时，走在街上人们都围着看大城市来的女学生，第二天全城就知道我是谁了。

八十年代初我来东胜工作时，城内全是低矮的土房子，数遍鄂尔多斯高原，也就东胜城内还有四五幢三层楼房，盟委、公署办公楼，再加上盟医院和盟文化馆。城市大小汽车也没有几辆，街道上更没有红绿灯。倒是有驮炭的驴车、马车，沿街兜售煤炭，七八元钱就能买一毛驴车炭块回家，用于取暖做饭。八十年代后期我去北京读研究生，放假回来看老婆孩子，发现东胜一下子变化大了，东胜街道越变越宽，楼房越起越多，夜里还有霓虹灯闪烁。而且各项基础设施大大改善，鄂尔多斯高原的变化让我目瞪口呆。研究生毕业后，盟委安排我在盟交通处任职，我们处长曾对我说，光我手上，全盟交通系统就盖了一百多幢楼，全盟干线公路全部完成了沥青路面改造，养路工区，甚至道班都盖成了小楼。主要河流全部建成了大桥，沟沟汊汊也都铺上了过水路面。我说：改革开放就是好，那些年咋敢想了，鄂尔多斯能变成这样！重新回到处里，系统内的老战友老同事请我吃饭，丁新民很高兴地带着一箱酒来了，我俩一高兴碰了三大碗。他说他现在又去东胜工区当支部书记了。我说：你就是公路局的一块砖，哪里有窟窿往哪儿搬。这些年，测量队、车队、工程队、工会、支铁办你都干过，现在咋又跑到东胜工区了？丁新民说：工区挺好的，每天带着养路工人铲高垫低。咱没文凭，有的是干事情的气力。

我说，你也上上电大、党校什么的。丁新民说：奔四张的人了，还赶这个时兴？我说：这是工作需要！现在全系统职工教育我负责，我得给你这个兵团铁人镀镀金。交通学校，电大，行不？他微微笑了笑，我发现丁新民有个特点，他不感兴趣的事情，就是微微一笑而过。但朋友所托之事，他只要答应了，就丁是丁卯是卯，一点也不含糊。

这年春天，是1992年吧，单位给我装修房子。而我又要去南方参加一个文学笔会，那时儿子还在上小学，妻子又在医院上班，根本没有时间照看。单位的人说自己家装修没人照看着不行，现在的人心坏了，能糊弄就糊弄，就知道挣钱。还有的说某某人因为装修不满意，生生给气死了。某某还整天盯着看呢！说得我也心慌意乱的，就想找个妥当人关照一下，临行之前，我便打电话给丁新民，让他帮忙给我抽时间盯着一下。

我从南方回来后，去看看新装修的家。装修工人说：你可是找了个好监工呀，我们不到他就到了，他也不提这提那的，就是认真地看，我们让他提提，他说你们是内行，不懂行的别太瞎指挥。有时见我们辛苦，他还请我们去饭馆吃饭，人心都是肉长的，咱们还能不尽心尽力？我说：好，好，活干好了，自然就有口碑了，活就多了，钱也就挣多了。还有的工人说：我这主家好福气，有这么个好兄弟帮着照应。我说：这人可是内行，你们可不敢糊弄。装修工人说：那不丧良心了？快收工的时候，外面响起了嘟嘟的摩托车声，工人们说：你那朋友来了。我出门一看，果然是丁新民骑着他那烂摩托车来了。他跟我没寒暄两句，便进到屋里仔细看了一遍，工人怯怯地看着他。丁新民忽然高兴地招呼大家：今天都去我家吃饭，主家要好好敬你们一杯。

丁新民情商很高，很会说话，不经意间就把我推了出来，我也说：好好，诸位辛苦了，今晚给大家敬几杯！

工人们推辞说：那咋好意思呢?！咋又吃领导的饭呢?

丁新民一摊手，说：钱挣得多少不说，咱受苦人得混副好下水是不是?

众人大笑。混副好下水，是丁新民的口头禅，意即要吃得好一些，工人吃好了，才能干动活。他带着职工搞外业测量时，在施工现场，或是在总段工会当主席时，最关心的就是工地食堂的伙食，他说一看职工灶的饭锅，就知道这里的整体工作怎么样。吃不上喝不上的，能好好工作？他对吃背后的东西似乎有独到的见解。

我们一路说笑着去了丁新民家，他的妻子胡承慧热情接待我们，还给工人敬了烟茶。胡承慧也是兵团战友，十五岁就是兵团战士了。如今二十多年过去，也变成大嫂了。我冲她连道感谢，又说给嫂子添麻烦了。她淡淡一笑说：有甚麻烦的？我这家现在得天天开大灶，谁知道新民往家领回什么人来？从早饭到晚饭，我都习惯了。

我跟丁新民说：这可不行，家里上有老下有小的，你天天领人回家吃饭，嫂子多累，带着小孩子，还得照顾公婆。丁新民仍是笑笑说：没那么严重。胡承慧说：去年冬天时，难得他上街去买趟早点，却带回两个铲雪的环卫工来，说大雪天的多冷，肚子里不暖哪行？硬把人家带回家来，喝茶吃早点。他这人哪……

我说：新民啊，你也就是碰上胡承慧这样的贤惠人了。

丁新民说：她还说我哩！哪次来了讨吃的，不是吃了喝了还得带上？

我也笑了说：你们俩啊一个样，见不得人受苦，看不得人受穷。

丁新民找来几瓶酒，然后招呼工人上桌，我们轮番敬酒，很快屋内就热气腾腾了。装修工头对我说：你这朋友，是个大好人。我说：是的，是的，大好人。工头又说：这人心善，见不了受苦人，他心软绵着哩。我说：是的，是的，心软绵着哩。工头又说：心软绵的人面善。你这丁大哥要是细看，有佛相哩。我哈哈笑了，对丁新民道：人家说你有佛相哩……

丁新民叫道：我肥头大耳，弥勒佛啊？你没喝几口就鬼嚼开了……

一桌子人笑开了。

胡承慧拉了一下丁新民，皱皱眉头，低声细语：新民，说甚呢？

那工头说：我是实性子人，不是吃喝丁大哥两口，就拣好话说，我平常咋说的？你问问他们。

他看着那几个工人：你们说。

工人点着头说：不假！他一见丁大哥，就跟我们这样说，说他有福相佛相，以后要大富大贵哩。你们不知道，在老家，他家有名着哩，上几代都看得好相哩。

我好奇地问工头：真的，你也会看相啊？

工头摇摇头说：上几代行，到我这不行了。我大看相好，府谷县过去的大官大户人家都找我大看相，陕北地有名着哩。“文革”开始时自己怕得不行，造反的还没找他，我大自己就给吓死了。那时我还小，家传的本事没学上，现在只得糊弄做个力气活了。

丁新民连说：可惜你家祖传的才地了，可惜了啊！

我指指工头说：人家说了，老丁，你有佛相，你以后可是大富大贵！

丁新民笑道：老肖啊，你可是真找对了个长着好眼窝子的！

那晚我们喝得有些酩酊，我和丁新民还唱起了当年在兵团时唱的歌儿，回到家里，我还哼哼着。妻儿已经睡了，被我吵醒了。妻子没好气地说：你们兵团的人聚会起来就没个完了？我告诉她，今晚老丁在家请给咱装修的工人了。妻子说：咱该请请老丁才是！麻烦人家那么长时间，大家都忙忙的。我醉麻麻地说：不用，我们之间谁跟谁啊，我们是毛主席的兵团战士，我们是战天斗地的勇敢闯将……

我又醉麻麻地唱开了。

后来，我的精力就主要放在写作了，就是写自己的东西，还天南地北地参加各种笔会。丁新民称我是专业作家，业余局长。这话流传得挺广，慢慢地上级领导也都知道了，见我也都笑笑，问最近创作什么东西，若有新书一定要送他们看看。我这局长业余着，实际上是得到了伊盟盟委的允许。因为，盟委领导和我任职谈话时曾说过，盟委对我的考核很单一，就是文学创作，这是特殊人才我们就得用特殊方法。但你要知道单位一些重大事情，常深入基层了解生活，对你创作是有好处的。所以，像公路系统体制改革这样重大的事情，我还是知道的。管建分开，公路总段一分为三，盟里成立了兼有公路管理职责的公路管理局，专门负责公路施工建设的公路工程局和公路规划设计院。不久，盟委任命丁新民为公路工程局局长和党委书记。丁新民当时已经四十出头，算是破格提拔。长期的实践中，他学会了处理公路施工和建设中的一些难题，有丰富的基层工作经验，走到哪个单位都能叫起套来，工作搞得虎虎生风。对他的使用，下面呼声也很高，盟委对他几次考核，方方面面反响都很好。他大概是局处级领导班子中唯一没有大学学历的领导干部。那时，人们身上的各类文凭多了起来，街头电线杆上各类文凭制作的小广告与治疗尖锐湿疣的秘方争奇斗艳。那是人人闹文凭的年代，人们一时拿出几张红彤彤的文凭，也不是啥困难事。这样，一下子文凭价也就掉了。那时互联网还不普及，与其花时间核定高学历文凭的真伪，还不如在已确定的干部档案的学历中取真，有关部门称之为不让老实人吃亏。这种实事求是的做法，对丁新民这样的只有初中学历的知青实干家提拔使用，文凭再不是什么挡路的槛儿了。一次会议上我碰到丁新民，向他表示祝贺，他憨憨地说：我就是想痛痛快快地修路，甩开膀子干！

那时，我知道他正在组织薛魏公路大会战，这是准格尔高原煤产区的一条重要公路干线，从国家级重要煤炭基地薛家湾至产煤基地魏家峁，沿线各种所有制的煤矿星罗棋布。这是鄂尔多斯能源基地开发建设的一条生命线，也是一条用公路术语来说即是重丘区高等级公路，山高岭峻，桥涵密布，高填方路段处处可见，这是盟公路工程局首次承担这样施工难度大的工程，也是丁新民履新以来第一次组织领导这样重大的公路工程。当时，施工期非常紧迫，从征地拆迁，开挖第一铲到全线通车，一共不到三百天的时间。盟里在薛魏线召开了施工誓师大会，丁新民提出要保质保时拿下薛魏公路，同时要打造一支能打硬仗的鄂尔多斯公路建设的铁军。我从盟电视台的新闻报道中，看见丁新民站在红旗飘飘的工地上，嘶哑着嗓子向施工人员讲着什么，显得虎虎生威。第二天，我向参加誓师大会的盟交通局的一位技术干部打听薛魏线的进展情况，此人是一位“老交通”，也是一名资深的公路工程师。他说难，这次不走分水岭了，线缩短了深沟太多了，高填方路段有几十公里，工期这么短，施工机械用海了去了，全得外雇，这得精密计算，科学组织，合理调度，千万不能窝工。这次真够老丁喝一壶的。老丁现在是已经摆出一副决战的架势了，他要是能把这工程啃下来，以后就是咱盟公路施工的No.1。要是拿不下来，以后工程局就没有好饭吃了。我问工程局的人们知道这利害不？他说：老丁比谁都清楚，整天给职工讲这个道理。干不好这个工程，以后生存就难了，天天念这个紧箍咒，可有些人还说盟里的公路工程不给工程局这样的国有企业给谁？我着急地说：他们不睁眼看看？咋还这样傻蛋哪？他说：肖局长你也别着急，到时，他们就知道钢是铁打的了！我说：这可是上千人的饭碗哩！还有那么多兵团的哥们儿姐们儿！他笑了：你和老丁一样，整天把兵团的人挂在嘴上。现在也好，丁局长把在兵团的铁人劲拿了出来，每天早上五点钟就吆喝人们出工。有职工私下议论丁局长，都快赶上半夜鸡叫的周扒皮了。我笑了，说：咱公路局这些子弟兵都是大爷，哪见过老丁发起威来的兵团阵仗！那工程师也说：谁说不是呢?!

这天，我去呼市开全区公路三乱治理会议，特意去了一趟正在建设的薛魏公路，这也是全盟的重点公路工程。当时，盟委、公署和我们公路交通主管部门对其重视程度是非常高的。因为它不仅是一条公路，更重要的是通过这条公路的建设，打造一支过硬的专业的公路建设队伍，以适应鄂尔多斯高原公路建设的大开发。要想富，先修路，对伊克昭盟这样的地下资源富集区，这也是公路体制改革后，盟公路工程局首次承担这样重的公路施工任务。其成败，关系到体制改革以后，盟里这支公路建设队伍的发展与生存。说白了，就是以后还有没有工程可做，这支队伍还能不能吃上饭！新组建的盟公路工程局由吃事业饭，改吃市场饭，千余人的饭碗一直悬着，对盟里的交通主管部门，特别是交通局的领导，也是一个很大的压力。实行公路建设市场化，这是大势所趋，出路只有两个，或是吃饱饭，或是没有饭吃。我们的公路建设体制面临着市场化的考验。即使是上级交通主管部门想给自己直属的公路施工队伍，吃点偏饭，那也是杯水车薪，更不是长远之计。唯一的出路就是适应市场，搏击市场，在市场中发展壮大，把饭碗牢牢地端在自己手里，那就是质量和工期。我们局领导也有点偏心，总是想把公路施工留给局直属公路部门。对我来说，这里有个老情感，因为公路系统还有我们的兵团战友百十个，都是来自天南地北的知青或是复转军人，他们都把最好的年华贡献给了鄂尔多斯高原，现都是接近五旬之人。没有文凭，也没有了体力，下岗是悬在他们头上的一把剑。有一段时间我最怕接兵团战友的电话，或是他们忽然出现在你的家门前，我无法面对他们迷茫的眼神。也只能是吃吃饭，叙叙旧，但安排子女，调整岗位，难啊，有些话我也说不出口，你就再是业余的，但也是局长啊！战友们找到你，也是下了决心的，从几百里外的山沟、沙漠里的养路道班，背着刚从地里打下的黄米山药蛋，辗转来见你，得抱着多大的希望和决心呀。

当时为了安排一位兵团老排长的儿女就业，丁新民和我也是绞尽了脑汁。老排长告诉我，他的儿子想去工程局，已经给丁新民说了，丁新民说工程局接收没有问题，但得主管局长同意，你去找找肖局长。我说我虽不管事，但有个老面子，我一定给你找主管局长请示一下。只要是有接收单位，还好办一些。老排长千恩万谢的。但又对我说他女儿的事就全交给我了，他这个侉子，在伊盟也没有啥过硬的朋友，只得求老战友了。我当时头皮都有点炸了，但也只能硬着头皮答应看看，老排长没有多余的住店钱，那些日子就住在我家的书房里，他半夜三更常唉声叹气，妻子说老排长多难，你别舍不开面子，给他找领导说说。我说这不是三五天就能办的，现在动人头比登天还难，这你得给我点时间，得瞅机会，你又不是不知道，我不在权力中心。妻子说老汉也真不容易，也跟着叹气。黑黑的屋里叹息声不断。我实在睡不着就跟老排长实话实说，这事我说了不算，我不是管事的，我还得找领导，找时机，但我会给你赊老脸的。老排长说我知道你也不容易，你和新民都是忙人，找你们的人也不光我一个，我要是有一点办法，也不会找你们这些老战友的麻烦。你们毕竟是领导。说得我鼻子酸酸的，不禁想起了在兵团的许多往事。老排长走时，那么充满希望地看着我，我说放心，放心，我会记在心里的。妻子也送老排长，说你放心吧，我会常提醒他的。妻子悄声对我说：老汉也真是不容易。那天我鼻子有些酸酸的。老排长走后，我一直想着他托办的事情，我知道他在山峁里的一个偏远道班上，盼星星盼月亮般地等着我们的信。我的脑海里，总浮现出老排长花白的头发被山风吹得一拂一拂的。后来，丁新民使力气，让公路局劳资科的人不停地找局里的人事部门，我也敲边鼓，给领导掏耳朵，说这可是我和丁新民兵团老排长的孩子，领导笑笑总算答应把老排长儿子安置在工程局了。人家有接收单位，顺理成章好办一些，但老排长的女儿迟迟没有机会安置。我曾给管人事的局长说过，局长说老肖啊，你找我就是兵团后代的事情，咱系统职工可有上万人哩！我诺诺地说我也没办法，他说你是大作家，找到谁不会帮你解决？我说，咱俩抬头不见低头见的，你都不给我解决，遑论别人？他说你可别没良心，光我手上就给你解决了多少？我说我知道我都记得哩。局长说这女孩子不好安置，等对准了机会，我一定给你想办法。你也找找别的部门，别光吊在交通这一棵树上。我说好，好，咱都想想办法。碰了软钉子，自己就想找没人的地方抽自己的耳刮子，人不求人一般高，我这是图什么呢？图老排长的新软米还是山药蛋？我甚至都感到自己挺委屈的，有气就往自己不爱上学的儿子身上撒，我说儿子哇，好好读书，自己掌握自己的命运，别指望老爹以后为你求人找饭碗。我想起了丁新民常说的一句话，咱官大官小不说，好活歹活不说，但得是个人。这话虽没什么文化含量，但挺给人立腰骨。我给儿子说，我给兵团的伯伯叔叔们托人办事，你老爹还是个人。我以后要是为你的饭碗托关系找人，你老爹做人就打折扣了。儿子想想说：老爹，这次咱爷俩是想到一块去了。我以后就算要饭，也往远地方要去。我说好，好，有他妈志气。别到时肚子里就装一泡屎，啥本事也没有，光剩个空志气！

又到了黄米熟了的季节，妻子说：你那老排长又快来了。我想，一晃又快一年了，人家交代的事情还没有个着落，心里不禁毛毛的。一天，忽然机会来了，当时内蒙古准格尔电厂的张书记来家找我，说起来，我们也都是当年的兵团战友。他想让我写一篇反映这支兵团电厂成建制转为地方，为地方发展电力做贡献的报告文学，我立即答应了，一是兵团情，二也是想让他们电老大安排老排长的女儿就业。我不禁想起了那句话，成功是给有准备的人准备的，不禁有点大喜过望。张书记拍着我的肩头说：到底是兵团兄弟！原先还担心请不动你这大作家哩！我说：兵团战友一声唤，千难万险冲上前。张书记大笑，我立即跟着他来到了电厂，连着采访了好多天，大年三十都还在赶稿子，写成了七八千字的报告文学。过了春节很快用一个整版发在了《内蒙古日报》上。电厂的领导看后很满意，说到底是大作家出手就是不凡，说是一定要好好感谢我。我乘机会说：你们给我安排个兵团二代入职就行了，这就是对我最大的感谢了。电厂的领导们没有马上答应，说试试看，人事权在总公司哩，这还得请示上级总公司人事处。电厂的主要领导都是当年的兵团战友，那天我们喝了点酒，和他们说起了战友心里话。我说：丁新民和我哪是什么局长，现在就是兵团战友的驴，没完没了地拉套。说得这几个电厂领导都笑了，都连点着头说理解理解，彼此彼此。那天，我说了句狠话，你们不把这个女娃娃的事办了，咱们就当谁也不认识谁了。张书记说：就凭你和老丁这颗兵团心，我们也得把这事办了。你不用找我，办妥了我找你！然后我们碰酒，我那晚少说喝了也有三斤。喝得再多，但这件事情还是清楚的，我反复对张书记强调，我等你电话了，干！

准格尔山地的小草刚刚返青，张书记给我打电话，说你那个事情解决了，公司人事处同意了，填个表就能上班，让我赶快找到老排长。这可把我高兴坏了，我立即去准格尔旗找老排长。给我开车的司机夏师傅说新民局长你们都一样，都是热心为受苦人办事。到了道班，见到老排长，把情况一说，老排长很高兴，立即和我带着女儿去电厂找张书记。张书记说：还是你的面子大，总公司批准得挺痛快，明天就可以入职上班了。我说：老张哎，你就别晕架我了，人家知道我是个啥，可我知道你，你可是总公司的老人事处长，办这么个事不用费太大周折。我托人办事可是做功课的。张书记说到底是作家。

老排长的女儿很快办了入职手续，老排长感慨地说：我这辈子没有后顾之忧了。就看娃娃们自己的发展吧。我也说现在就看他们自己了。回到局里，我给丁新民通报了老排长女儿安置的情况，丁新民很高兴，说咱俩得喝一杯，咱费点劲就能帮助下面人解决大问题。我说咱不都是这么走过来的？来，干一杯！我俩连干了三杯，丁新民忽然叹了一口气，我说：老丁咋了？又有啥事？丁新民沉吟了一下，说：光这么下去不行，咱有多大能耐？你给这个办了那个又找过来了，咱有那么大本事？都是战友都是当年的兄弟姐妹，别让人家说咱厚这个薄那个的！别再蹦出什么闲话来！我忽然火了：咱欠他们的呀？还好意思说闲话？丁新民说：想想咱就是欠他们的！咱有点办法了，能帮助下面的人了，说白了咱现在混得好了，就是欠下面人的！咱不说冠冕堂皇好听的，什么责任义务，就凭一块在兵团滚了这么些年，咱能眼看着兄弟姐妹受苦？咱不是欠人家的？我说：老丁哎，咱又不是上帝，顾不过来呀！老丁说：咱要是这么个法子走下去，是帮不了大家多少忙，还要得罪下一片人。闹不好连战友情分都没有了。我说：我不管了行不行？老丁说：不管更不行！那还是个人吗？

我说：活活难为死老肖了，我还得写东西，不想收揽这些事，真是扛不起。丁新民说：咱得换个新思路，得有个新想法。这么多人要就业，要吃饭，光靠咱们几个，累死也解决不完，这得从根本上想办法。咱帮不了大家，跟着咱的人咱不能不管吧？

我说：老丁哎，你是一方大员，我就是个作家，没啥可比性！说来是个可怜人，最怕人家在问我写什么，更怕人家找我办具体事情，你推吧，人家会说你不念旧情，你应承下来吧，你又没有这个权力。仔细想想我就是官员体制中的可怜人哟！别看人家当面局长长局长短的，实际上人家肚里门清，那人就是个写家，办不成啥事。我说我自己是个啥，我心里要是再不清楚，我他妈就白当这个作家了。老丁瞪眼说：你是啥？那我呢？那下面那些战友兄弟姐妹们呢？不更是小虫虫妞妞了？

有一段时间，遇到兵团战友要解决的困难，我就再托付给丁新民，或是盟里有一定领导位置的兵团战友。而丁新民现在出任工程局局长，就是领着这些兵团战友以及他们的子弟，还有鄂尔多斯的“老公路”们建造优质公路，站稳脚跟，以求发展。可他还要从根本上解决问题，我也不知道解决问题的出路在哪里，这也是习惯了一种体制内的思维，对丁新民说的也就没往心里去。

我乘车上了薛魏公路，见沿线红旗飘飘，车水马龙，很有一番气势。还有一些标语牌，有两条很是醒目，上写：宁脱一层皮，拿下薛魏线！大干一百天，建成薛魏线！我看着猎猎红旗和醒目标语，隐约感到这就是丁新民，对着千山万壑，在亮开嗓子呐喊！甚至我都感到丁新民站在了梁峁之上，这很有丁新民的铁人风格和雄心壮志。我把头探出车窗，看着茫茫苍苍的群山，好像一下子有了幻觉，这巍巍丛山就像是丁新民。

车开进了工程指挥部，我下车却见院内静悄悄的。院内有一片小菜地，蹲着几个人，其中一个系着白围裙的人站起同我打着招呼：领导来了。我这才看清，这人正带着两个民工在杀羊，被剥了皮的光溜溜的羊躺在刚剥下来的皮上，几个人正在倒着肚渣子，一群黑亮亮的苍蝇围着渗在沙土地上的污血在打转。黑压压的一片。这人告诉我他是指挥部的食堂管理员，他还说他认识我，是盟交通局的肖局长，那年公路路政法庭成立时，我去给他们作过法制报告。听说，你还是写家呢。我嗯嗯着，然后问：你们丁局长呢？那管理员说：丁局长能去哪儿呢？带着指挥部的人全在桥上呢，这些天，大桥正在下桩，忙得马踩车呢！每天两只羊炖得烂熟送工地，丁局长说职工吃不上可不行，我们往工地上整送了半个月饭了。丁局长就吃住在工地上，不分白晚地守在工地上指挥，嘶哑着嗓子吆喝。领导哎，我也是“老公路”了，从没有见过像他这样当局长的。

我笑了说：你说咋样当局长？要不你以后教教他，提醒提醒他？

管理员手一摊说：好你了！我要是有那本事，还用得着翻羊肚渣子啊？他又招呼工人，快挖个坑将这肚渣子埋上，苍蝇扛得领导进不了屋哩！

有民工提着一把锹，很快挖了个坑，把那些脏污埋在了地里，盖上了新土。苍蝇没有了目标，很快四散了。管理员热情地让我进屋喝茶，说他们指挥部熬的茶，过往检查工作的领导都说好。还说丁局长逮谁给谁夸奖他熬得好酽茶，还让他到别的工地介绍熬茶经验哩。我说：茶就不喝了，我还是去桥梁工地找老丁吧。管理员说：领导们忙，那我就不留领导了。领导哎，你能不能给我们局长说说，别像当兵打仗似的拧得这么紧，娃娃们都受不了哩。刚出校门的学生娃娃们没受过这个罪。我说：每天有炖羊肉吃还受罪？你没见过咋受罪的呢！管理员说：我知道，知道，丁局长常给我们叨唠你们在兵团时遭的罪……

我乘车到了薛魏线一个正在建桥的工地，河道上已经竖起了一排几百米长的桥桩，丁新民挥动着双手，正在指挥人们灌桩，声音喊得都有些嘶哑，混在泥一身水一身的建桥工人当中。见我冲他招手，丁新民从桥桩上走了过来。我看见他胡子拉碴的，头发都被泥水糊得一绺一绺的。我说：你这局长，咋混成施工队长了？丁新民笑着对我说：我就是当成了甚，也就是个受苦的命！听不见搅拌机轰隆声，心里就不踏实！你这业余局长咋想来工地了？是检查工作还是深入生活？

我说：就是来看看你，下边可有告你的。你是铁人咱这些娃娃们也是铁人？丁新民用手指着鼻子说：骂我是半夜鸡叫的周扒皮是不是？眼见着雨季到了，完不成灌浆打桩怎么办？拖了工期那损失可就大了！上千万哩！要是现在叫不起套来，咋打硬仗？咋揽工程？谁不吃不喝行？我说：老丁哎，这里面的道理我能不知道？咱别动不动就打仗好不好？咱都是四十大几的人了，比当年团长他们年纪都不小了，咱也全是老干部了！再说，咱也不是泥一身水一身拼命干的年纪了，也不是那个时代了。丁新民说：咱不带头干，光吆喝职工干，人家不把我的头骂膀才怪哩。我说：我还不是担心你的身体，这么扛下去谁受得了？我可听说你半个月就住在工棚里的，那怎么行？你真以为你是铁人啊？就是铁人也有生锈的时候！丁新民看了看我，说：领导哎，我叫你一声领导。咱们现在讲身体上的事情还有些早吧，我告诉你，我这局长的椅子还没坐热哩，咋，你们是不是又想调我了？

我笑了说：你还挺恋栈？丁新民说：我现在是想着给局里这一千多人找吃口！刚摸着个门头节道，你们可不敢把我闪在二道梁上。我笑了说：我多时有这么大的权力？丁新民说：我把话先放下，上面就是想动我，也得等我把薛魏线拿下来再说！我当回局长，总得跟盟里留下条像模像样的公路吧，要不人家会说，丁新民也是个喝泔水的局长。

我说：你想哪儿去了？盟里往哪儿找你这样的工程局长去！动你？谁动你？除非你自己把自己的位子踢塌了！

丁新民笑着说：我疯了？

我说：我总觉得你可啥事都干得出来！咱不能太阳底下站着，我走了一天路了，连口热乎茶还没喝呢！

丁新民笑了说：咱工地上再苦，还缺了领导的一口茶喝？

他说着，拉我到他的工棚里喝茶，我跟着他到了他住的简易工棚去。我问：你为什么不住指挥部呢？这不更便于了解工程进度？他笑道：我住在哪儿，哪儿就是工程指挥部。我说：你可真够霸气的！他说：施工跟打仗一样，得进现场一线指挥，敢于负责，敢于拍板，还得为施工单位撑主！出了问题不表态，遇到麻烦绕着走，谁还跟你冲锋陷阵？我说：别讲得那么煞有介事的，打什么仗？和帝修反啊？他说：你不在一线施工，不知道那个难！啥人站出来，说你的施工车辆碾了他的地，把老头老太太往你的施工车辆跟前一挡，三天五天就敢给你耽误了，漫天要价，好你了，我的农民！善良的农民？那是没利害冲突，有了利害冲突你试试？那都是天爷爷，地奶奶！哪吒夜叉！

我问：怎么了？

他说：毛主席说过，严重的问题是教育农民。

我说：对，对，教育农民。咱当知青时，光受他们的教育了。现你是工人阶级了，就该搞好工农联盟了。

丁新民拍了我一下，高兴地说：到底是当作家的。你想，工程各个标段各施工单位都分段承包着，这工程耽误一天十万八万就没了，施工队眼珠子都红了。要是解决不好，哪天不出点事？我现在是又要抓工程进度，还得腾出手来解决这些问题。

我说：你可得把你手下那些二八小子管住！千万不能出恶性事故！可不敢出群体事件。

丁新民说：我是做甚的？我用咱在兵团学的解放军“三大纪律八项注意”管着自己的施工队伍，一定做到文明施工。有了矛盾，我就带着机关干部给邻近的农民说好话，爷爷奶奶地央告着，朋友弟兄地乖哄着，我的原则是国家的钱咱不能随意给，合理的赔偿咱不赖，掏出心来讲公道，讲公平。还给阻挠施工的老头老太老婆娃娃们管饭，滚汤热水的，我亲自给送，白面馒头大米饭，猪肉粉条烩菜管饱里吃，他们不好意思吃，说我们阻拦你们施工你们还管饭？我说有甚事能比吃饭的事情大呢？大家都往饱里吃。

我说：你连饭都管上，不更有劲头给你对着干了？

丁新民笑了道：管了两天饭，第三天人都撤了，他们说：连他们自己都不好意思见丁局长了，哪还有脸吃丁老汉的饭？我说：老丁真有你的。多咱也混成老汉了？丁新民说：你看咱胡子拉碴的，不是老汉是甚？你不是肖老汉？你还以为你二十八，三十八呀？没有喽。

我笑了，说：真怕你这张利嘴。

丁新民说：咱这是给国家修路哩，这是给附近老百姓造福哩！我还组织施工队伍给邻近农民办好事，像给村里修路啊，修校舍啊，顺手也就干了。平时扶贫扶弱扶老扶幼，不时慰问村里的穷困户、烈军属，最主要的是做通乡村干部的工作，让他们支持国家公路建设，只要稳住了这些地头蛇，你就顺利得多了。我说：我有个经验，哪地方闹事厉害，背后都有乡村干部给闹事的撑主，最起码他们是制止不力，睁一只眼闭一只眼，放任自流。还不是想从你的兜里多掏腾两个？

丁新民眉一拧说：国家重点工程是唐僧肉啊？谁都想啃一块下来！

我说：乡村干部不作为就是瞎作为。不过，得把这帮地头蛇千方百计给理顺了。让他们把积极性发挥出来！

丁新民点头说：这我知道，知道。连咱老乡起房办事宴，都得先安四邻土。咱修路架桥也一样，也先得把周围老百姓安顿住。让他们看长远看发展……

丁新民正说着，忽然眼睛不动了，喊：你这后生做甚呢？咋不出工？你有甚事？过来，你过来！

我望去，只见一个瘦瘦的小伙子穿着迷彩服，正在我们的不远处站着，看着我们。听丁新民呼喊，忙走了过来。怯怯地同我们打着招呼。丁新民看着他，说：是你呀？今天倒班？

小伙子嗫嚅地说：不是，丁局长，是我大让我找你哩！

丁新民问：啥事？你大有啥事直接给我说不就行了，还托你言传？

小伙子问：丁局长，我算上班了没？丁新民奇怪地问：咋了？

小伙子说：咋劳资上没我的工资？人家都发了，就没我。人家说，让我去盟里人劳局问哩。我咋去问？我知道盟人劳局门朝哪面开？我大让我问问你，我上班的事还算数吗？

丁新民道：看你大说的！这事情我老丁咬了牙印印了，咋不算？咋？你大信不过我老丁？

小伙子连连摇头道：不是。可我大说，国家的事情规矩多，咱有没有甚不周不到的地方？他让我问问丁局长哩。

我问丁新民：你招人是不是没往人劳局报？

丁新民说：我让劳资科往上报了呀。不是说企业有自主权嘛，以后报备一下就行了。

我说：可上面还有个编制控制。你工程局超不超编？

丁新民一拧长眉道：现在哪个单位不超编？你交通局不超编？你们局里各科室，又招了多少小青年啊？不都是亲的近的？这不超编？

我无话了。

丁新民有些不悦地说：我们招个受苦的，咋不对王法了？

他气鼓鼓地说着，然后从口袋里掏出一个信封来，递到小伙子手里说：这我刚领的工资，你先拿上。交给你大，等以后娶媳妇用。

小伙子把手往回一缩，说：我不是这个意思，那我成甚了？

丁新民说：看你这后生，有啥？等下月你的工资补发了，你再还我……

小伙子着急地说：不是，不是。丁局长，你招我上工，我大高兴得几天睡不着觉，七月十五给我奶奶上坟时，他还给我奶奶念叨：咱黄连泡大的老黄家，现在也有吃上公家饭的人了。

听到这儿，我的鼻子有些酸凄凄的。

丁新民把那信封往小伙子口袋里一塞，黑着脸说：拿上！你的事情我盯着办，告诉你大，放心！放心上你的班去吧，快去吧。

小伙子还有点犹犹豫豫的，我说：丁局长都说成这样了，你还有啥不放心的？小伙子又感谢了几句，便跑着离开了。

丁新民说：你想为下面受苦的人办点好事，实际事，总有难处等着你。这个黄老汉，还是信不过老丁啊！

我说：他哪是信不过你？他是担心上边还有管你的人。哎，这个黄老汉几连的？我咋没印象？

丁新民说：你咋会认识？他不是咱兵团的人，黄老汉就是个当地的农民。春上跟咱施工的人还干过一仗，那才叫不打不成交。你想听听这里面的故事不？我说：哪有心思听什么黄老汉的故事，等我回来再说吧，我还忙着去呼市开会哩。丁新民说：好，那我也就不耽误领导的时间了。我说：你这就要打发我走啊？总得留我喝口茶吧？我嗓子都快冒烟了。丁新民也笑了，说：好，喝茶，酽茶还是请得起领导的。

他说笑着，走进了一间临时搭起的工棚里。我打量着这间简易的工棚，工棚里有张办公桌，泥墙上贴着薛魏线的线形图和工程进度表。陈设非常简陋，但干干净净的，连行李也收拾得整整齐齐。桌子边上有两把办公椅子，我坐了下来，一会儿有人端着一壶茶走了进来，为我们倒了一杯。看得出来，丁新民是非常爱清洁的。原来我觉得兵团出来的人，都有些粗粗拉拉，衣着和生活都不太讲究。但在丁新民看来，讲究和清洁是两个概念，丁新民要求施工队伍清洁干净，用他的话说这是带队伍，他认为这是一种风貌，代表着施工队伍的素质。丁新民过去常说，我一看工地的内务和食堂，就知道这个施工队的工程质量。丁新民最看不上的是把工棚搞成讨吃烂大店，干啥都疲疲沓沓，窝窝囊囊。丁新民主政公路工程局以来，就是想从里到外带出一支精精神神生龙活虎的公路施工铁军来。我打量了一阵说，你们这内务还挺干净的，丁新民说到底是兵团出来的领导，到下面还看内务。我俩接着说起，又有几个战友要安排子女参加工作的事情，新民说：你们二级单位多，能消化的尽量消化。我说：我哪有那权力和本事啊？你又不是不知道，我这局长是业余的，我现在真的是黔驴技穷了。新民啊，现在就业门路这么多，咱那些哥们儿姐们儿咋非得盯住这事业行政单位？咱兵团的哥们儿姐们儿也不是该换换脑筋了？

丁新民笑笑说：谁不想给娃娃找铁饭碗啊？你不想啊？咱兵团的兄弟姐妹们都是这么苦过来的，咱替下边的人多考虑考虑啥都有了。能办想办法办好，办不了说个话也好，他们这些人到盟里来连个门头节道都找不到，不找咱们找谁？咱多为他们考虑考虑就好。我说：还让我咋考虑啊？我不就是个穷酸文人，我他妈都卖艺又卖身了。

丁新民哈哈大笑。我说：新民啊，咱也得让兵团老战友们思想开开窍，解放解放。丁新民皱着眉头说：谁说不是呢？这些人常年在下面，信息闭塞，观念封闭，真是挺可怜的。是得想个长远办法，让咱们当年的战友们把后半生过好。我说：咱兵团娃娃们，考学不行，下面教育给耽误了，这些老战友们就认准了我们。丁新民说：谁让咱们戴着局长这么顶帽帽呢？比他们乡长还大哩！肖老汉啊，走一步是一步吧，能出多大力出多大力吧。他打断我的话头说：你刚才说为下面的人卖艺又卖身，我看值！你还是个人！我刚要说什么，丁新民又接着说：你别着急，喝喝工地上的酽茶。实际上，你刚才说得也对，是得换换脑筋，咱不能就想一条路，我们是得想法把命运掌握在自己手上。不瞒你说，我脑子现在整天过的就是这些事情哩。

我不禁有些发蒙，只得看着丁新民，暗想，这个铁人在想什么呢？

新民咕咕嘟嘟喝了一大口茶说，你是作家，眼前这么个阵仗你还看不开啊？以后，谁赢得市场谁就赢得了未来。现行体制太束缚人的创造性，真得想想办法搏一搏了。我说：咱都多大了，可不敢想一出是一出。丁新民说：咱自个儿生活还可以吧？可跟着咱们受苦受累的战友们呢？

我承认，丁新民现在想的我跟不上，从某种意义上来说，我也是个保守的人，舍不得眼前这些坛坛罐罐。丁新民说：你要觉得自己大了，就真的大了。人要办事成事，关键是心态。咱要真感到年纪大了，就想守摊摊，你以后的日子就是守摊摊，吃不饱饿不死，有甚意思？

听他这样一讲，我不禁吃了一惊，叫道：老丁，丁局长，我看是这个局长位位把你的心撑大了，你这千儿八百职工，有些工程做，这还是能保障的。

丁新民叫道：你是想让我吃蹲蹲食啊？

我说这还赖啊？能有蹲蹲食吃，还不是烧高香？现在社会施工力量给局里压力不小呢！

丁新民说：我不知道吃蹲蹲食省心省力啊？但局里能保证我们一辈子？

丁新民说的蹲蹲食我懂，意即国有施工企业就等着政府机关下达工程任务，而不是去发挥主观能动性，与市场接轨。我对丁新民说，以后实行市场经济了，谁也不能保证谁。现在社会上施工企业成立得越来越多，人家都要求公平的市场环境，要求政府对各类性质的施工企业一碗水端平。说实在的，局里现在能不优先局里的施工企业，但发展下去呢？那可就真难说了。

丁新民拍拍巴掌说：看看是吧？谁也不能保证谁！你们当局长的把话一撂，我这些人以后吃得上饭不？我算看透了，我们公路工程局的体制早晚得跟政府脱钩，推向市场找饭碗。

我说这么大事我咋不知道？丁新民叫道：等你知道了，黄花菜都凉了。咱行事，可不能看一年两年，要看到长远发展和市场化的大趋势。

我一听笑了，我说：你老丁多咱也一套一套的了。老丁说：上千人的饭碗哩。讲句时兴的话，这就叫与时俱进。我说好，好，咱兵团铁人也与时俱进了。

丁新民道：事情逼得你思，逼得你想。我不思不想，就是蒙着眼睛拉磨的驴，到时眼罩一抹，就剩下喊妈了！到那关键时候是喊谁都没有用了！还是《国际歌》唱得好，一切全靠我们自己！

丁新民说着，拳头一抡一抡的，激动得眼睛里都闪着亮亮的光。我有些诧异地看着他，也许是不当家操的心不一样吧，他在思虑着未来，那个变数大得深不可测的市场。他是感到了市场的威胁还是在市场中踅摸到了机会呢？

我在疑疑惑惑中，告别了丁新民，离开了薛魏公路。但他"一切全靠我们自己"的话，久久萦绕在耳边。我一直在琢磨，他说这句话是什么意思呢？难道他对自己的处境还有什么不满意吗？如此悲壮地用《国际歌》里的话鼓励自己。若按常人的眼光，这个职业，这个职位，对年纪渐大、学历不高的丁新民来说已经很好了。可那天丁新民说这话时的眼光，给我留下了很深的印象，那眼光中包含着对未来的无尽的渴望。我以一个作家的敏感，感到丁新民并不仅是就想干好他的公路局长，修好一段段公路。我隐约感到他还有野心，不想安于他头顶上人们已经预见到的那块天花板，另有一番勃勃雄心。他有大志向，这志向似乎是涌动在他心中的时代的律动。

他想干什么呢？我不知道，也不好猜测。总之，改革开放逼着人们在想在干，"三级跳"般行走。那时从上到下使劲吆喝"超常规发展""跨越型前进"，那就是不按常规行走，打破按部就班，墨守成规。那时文坛正流行"意识流"，调动人的思维动起来，总觉得心中有时间涌动，让人也觉得挺新鲜，但我试了两把便收起笔来，还是怕邯郸学步，最后就剩下爬了。总之，哪儿都是乱哄哄的，从里到外，从上到下。这是一个思绪翻滚，心潮涌动的世界，浪来了，有被推着走的，有划动双臂奋力前行的，也有沉底的，在这个乱哄哄的年代，人们尽力地扮演着自己，塑造着自己。

哦，改革！哦，时代！

我和丁新民也都各忙各的，我们之间也没有进行过交流，这事情也就渐渐地淡忘了。那段时间，我也忙于搞影视剧创作，想试条新路子，碰碰文学遇上影视的新路子。让制片方搞得脸都是绿的，心情也躁，会被自我的迷失，文学追求的迷失，常常无端地发起脾气来。有一天，妻子打电话告诉我，说单位的人要搞集资修路哩，一股五千，每年百分之二十的利率，顶得上三个月的工资哩。我没好气地说，咱连三千多的房改钱都还没个方向，哪有集资修路的钱？妻子说我也就是把知道的情况给你说说，一年光利息就是一千元钱，快顶你三个月的工资哩。我说我他妈知道了，一年的利息顶我三个月的工资。妻子电话那头不说话了，她肯定是生气了。我忙顺着她的话说，要说这事肯定是合适，可我觉得还是没底哩。谁来做这份担保呢？妻子说这事她就不知道了，好像没有谁做担保。就是，就是人们都在集资，反正人们全是冲着丁新民去的。我问是老丁他们在集资？妻子告诉我，这是老丁他们新上的一个公路项目，人家老丁都要成立新公司了。我说我咋不知道呢？他不是公路局吗？咋又要成立公司了？妻子说这我就不知道了。我就知道给百分之二十的利息呢！我想想对妻子说，咱就不凑这份热闹了。你要知道，越是丁新民的项目，咱就越不能参与。我俩是好朋友，你不知道？妻子不耐烦地说好了，好了，咱就不参与。可单位好多人都参与了。我说人家是人家，我是我。妻子生气地说你就说拿不出这五千元钱就行了，说那些好听话干什么?！老婆总是一针见血，一句话就打在我的软肋上。她气鼓鼓地挂了电话。我也有些生气，觉得自己的生活和思路被一些东西打乱了，感到在生活面前有些手足无措。实际上我觉得自己无用，很自卑，连五千元钱集资款都拿不出来，不能为自己妻小以后的生活多一份经济保障。当时社会上，争当“万元户”是人们奋斗的目标，那时，万元户那是一个天文数字。上世纪八九十年代是文学时代，作家诗人就像现在的演艺明星一样，受人追捧。但我知道，我们赶上了一个心头需要诉说的年代，而没有人愿意为我们这样的诉说者买单，作家诗人风光的背后就是赔本赚吆喝。大家都是穷人，是贫困者。我有一位朋友是位大诗人，他的诗歌曾经唱响了全国，他曾在南方一所大城市体育场进行诗歌朗诵和演讲，追赶崇拜的人流曾造成了这座城市交通拥堵。这位风头出尽的大诗人曾酒后给我说，一首长诗的稿费仅四十元，我们的诗人在挨饿啊！他磁性的声音咏叹道，让我的心中也好一阵啾叽。那天，这位大胡子诗人在我的怀里哭得泪水叭嚓的，我们喝着一块三毛钱一瓶的劣质二锅头，五毛钱一盘的黄瓜拌花生米，连一块钱一碟的猪头肉都不舍得买。那时，靠稿费进入万元户行列的作家诗人几乎就没有听说过，就像是讲童话。人们知道路遥生前获尽了国家文学大奖，走后却欠了一屁股债，当时，上海文学报上有一批著名青年作家联名发文要为路遥集资还债哩！现在写到这，我不禁又想起路遥生前说过的那句名言：他妈的，文学！

尽管有些他妈的，但我们真的都爱它，文学！一代又一代的作家真的是在拿我们的泪水、智慧和一腔热血去浇灌它，拥抱它！文学和发财从来都是两股道上跑的车，似乎永远没有交会点，孔乙己那件穷酸旧长衫似乎永远穿在中国读书人的身上，维持着读书人那点可怜的体面。现在我都能感到身上不时透出孔乙己长衫散发出的古怪的味道。越是改革开放，以经济发展为中心，文人那点自尊心就越是可怜。没有人愿意受穷，作家也一样，要养家糊口，要喝两口老酒，要抽几包香烟，还要不时进进茶馆咖啡馆，同俊男靓女们谈谈人生，谈谈文学，没有钱是不行的。现在没有酒馆茶馆咖啡馆的老板会在小黑板上为我们这些穷文人赊账的，我常常感到我们活得连孔乙己也不如。于是逼着我们开始向工业靠拢，影视产业的快速崛起，高稿酬大影响，让我们这些文人都被这块诱人的磁石所吸引。于是，我们也下海了，纷纷触电，就是想挣俩钱赶快摆脱这份穷酸。可我偏偏是个官身，而且是有所谓油水的政府权力部门。整天从眼皮底下过的各类工程，动辄上亿，我没有掌管这个权力，自然日子还是过得清淡。但我在兵团苦日子过惯了，现在的清淡日子觉得还是挺有滋味的，同样是在天堂之中。一天中午下班，我从办公楼出来，司机颠颠地从乱糟糟的警卫室跑了过来，脸上红扑扑的，我问咋了？警卫室咋这般热闹？司机是个老实人，说没啥，这不过中秋了，下面有人送来了一大桶王八，我看了看，名单都挂在王八爪子上，没咱们的。你快别去了。我知道他是为我好，怕我丢面子难堪。对这种事情我已经是司空见惯了，我不禁笑着说：这有啥？我要是送礼的，也不会给写小说的人送。人家送礼要好钢使在刀刃上，谁会使在刀背上？你当送礼的傻啊？我说着走进了笑声不断的警卫室。我仔细看了看，果见王八爪子上都吊着一块小铝牌子，牌子上写着某某某某一些头头脑脑和实权人物的名字。有人拿小棍逗王八，王八爪子一伸一伸的，小牌子一晃一晃的，有人随口念了牌子上的一个名字某局长，众人都笑了。我忽然感到脸像被人狠抽了一个大耳刮子，有些挂不住了。忽地动了粗口，瞪眼道：这有他妈什么可笑的？我又让司机把王八爪子的小铝牌子赶紧摘下来，司机呆呆地看着我，小心提醒我说，这人家可是有主的。我说有什么主？还不嫌丢人啊？他见我真恼了，忙摘牌子，旁人劝他说小心点，别咬着了，鳖盖子咬人可不会撒嘴。当地人称王八为鳖盖子，司机有些胆小怕被王八咬着，手拿着小棍一伸一缩的，王八们也都缩着脖子，露着小眼睛直直地瞪着他，龇着一排小碎牙，也挺怕人的。我的司机晃着小棍子，嘴里还嘘嘘着给自己壮胆。有个人说听见这嘘嘘声就想撒尿，众人又笑，但一看我的脸色，便静了下来。后来，司机对我说，我见你脸都青了。我说当时要是有个洞我真想钻进去。我对司机说快把这些王八全送到后面职工食堂去，给大师傅就说我说了，今晚上请大家吃霸王别姬。你顺便把车后备厢我那箱酒带上，今晚上我请客。众人高兴地大叫了起来，说还是穷领导想着穷弟兄！那天晚上喝了酒，吃了王八，一个小伙子吃了几口，鼻孔竟然淌出血来，人们都说野生王八果然劲大。

这事情，后来被演绎成了我养了一池王八，时不时请大家吃霸王别姬。而且在系统里传得有鼻子有眼，丁新民有一次见到我，脸上挂着坏笑说，要是再吃霸王别姬别忘了叫上我。我说那你好好等着。我就是想告诉那些送礼的，别大摇大摆的，太刺激人们的神经，挑衅人们的底线。真疯了？丁新民笑我说，你也就这点出息，就会跟下面的较劲，谁愿意送礼啊？你当下面的人愿意送礼啊？你得想想上面那些有权有势当官的，根子在他们那里。我还要说什么，他拍拍我的肩膀说，行了行了，你写写小说就行了，还真较那份真啊？我可听人家说，是肖局长吃不上急眼了。我笑了，说，群众的眼睛真是雪一样亮，这是他妈的吃上吃不上的矛盾？看着愈演愈烈的奢靡之风及发生的故事，我曾写了两部中篇小说《同路人》和《没有盖板的排水沟》，我也只能在稿纸上泻火了。这两部小说发表后都被《小说选刊》和《中篇小说选刊》转摘，算是引起了一定的社会反响。尤其是《同路人》，还被北影的文学编辑赵海城改编成电影剧本，为了能够拍摄，电影厂还送到北京有关方面征求意见。因为涉及交通部门，剧本和小说还送到了交通部的政治部，政治部吃不准，报送了交通部领导。这下，引起了时任交通部的一位大领导的不满，他认为这部作品在丑化交通干部，会产生不好的影响。指示层层传达下后，吓得我和赵海城忙商量快算了吧，撤稿，谁也不想惹这份麻烦。那时赵海城还是刚大学毕业分到北影厂的小编辑，就被我拖下了水。可时隔三十余年后，赵海城当上了中国电影集团的老总，大概现在也是什么副部级领导。而交通部那位大领导却栽了大跟头，还吃了官司，这也是后话了。现在重提也没多大意思，过去也就过去了。痛打落水狗，那是鲁迅，我下不了那手，人家犯的是党纪国法，自然有有关部门管着，想想也不过是造化弄人罢了。但想起这事，我心中仍有耿耿，那部电影要是拍了，我自然早成大名十年。那时我一支秃笔，却惹怒了这位大领导，在眼下，惹怒了领导不是好事。听说大领导去邻省宁夏视察，内蒙古政府的分管领导、主管部门的领导，忙着要去宁夏见他，请他来内蒙古视察，就是希望给内蒙古的公路建设争取点投资。我想，他要是没官身没这点权力，进这些单位保安都得问问他，让他填来访登记表留身份证号和电话号码，像我们这些普通干部进大衙门一样。那次，我们单位的一把手也跟着去拜见。大领导一听内蒙古来的，放下话说：你们那儿有个写小说的肖亦农，他在我不能去，再说我都安排满了。大领导不来，投资也就泡了汤，也许根本就不在计划内。局里一把手悄悄告诉我原因，原来是因为我这个小文人的存在，多少影响了内蒙古的公路投资，想起这事我心里就有些惴惴的。这事情传开后，单位有个过去的老右派对我咬着耳朵说：这要是搁那些年，你就得去蹲大狱，吃牢饭了。我觉得老右派这话也不是虚说，人在官位上要没有人样时都凶着呢！实际上，最好的状态是德要配位，千万别给弄颠倒了。那些日子，我多少也有些担惊受怕，恐有什么祸事。老丁见我蔫蔫的，便安慰我说，你以后要写，就写咱们兵团吧。哥们儿姐们儿保证爱看，也不会有人找你的麻烦。这也算是朋友对我最大的安慰了。

这天，我见丁新民也是一脸疲惫，身上风尘仆仆的。我俩在机关大楼门前台阶上说着话，他的汽车打着火，嗡嗡的，坐在驾驶位的司机一副随时要出发的样子。我问老丁：忙什么呢？他说：要局里出个什么材料，我问：啥材料？干啥用？他说：我能干啥？还不是绝驰马爬地跑东杨路的事情？这一个星期光北京就跑了三趟了，缺这材料少那材料的，一次不给你交代完，我就得呼市北京地疯跑。咳，人要是想摆了你，就没个完了的麻烦，麻烦！我说：咱惹这麻烦干什么？老丁说，这次呀，我是弓张箭射了，回不了头了。我说：你看看，看看。老丁说：现在我也顾不了那么多了。今天，我已经下命令了，东杨路黑风口改建已经正式动工了。我不禁大惊道：东杨路不是上面还没批复？你得想一想，工程资金哪儿来？还有多少麻烦事没解决呢？手续，咱最要命的是手续。丁新民摆摆手说：我是顾不了那么多了，我现在是跟这些衙门里的大小官老爷们无话可说了，你这急得火上房了，端着尿盆子等灭火哩，可他们裤门子拉链还没解开哩！你要等他们的尿盆子救火，六月八也等不上。我想，还是让我的推土机说话吧！促促这些官老爷们！

我知道，丁新民那股兵团战士劲上来了，这下可是背水一战，上亿的工程费，仅靠交通系统职工那百十万集资款，那能顶几天？要是资金链断了，咋办呢？

他说着上了车，我拉住车门子说：老丁，我虽不懂经济，可我懂程序，程序走不到，你可要吃大亏！你千万……他拍拍我的肩膀说：老战友，欢迎你上黑风口！我说了，这次是豁出去了。

他啪地一关车门子，车嗡地一溜烟走了。我呆呆地站在机关大门口，有些发蒙。又忽然感到我的眼前忽而耸起一座山，我想，这的确是一个需要英雄的时代，我感到看似莽撞撞的丁新民在此刻就是一个英雄，哪怕他就是一个悲剧英雄，也值得我们尊敬。

这是一个需要英雄的时代，而英雄的付出，承担的压力是常人无法体会的。我已经无法知道丁新民当时决定贸然开工的决心是怎样下的，但我可以想象他拧着长眉一根烟接一根烟抽着思虑的样子，从漫漫长夜到东方欲白，他啥能想不到呢？他已不是少不更事的少年，血气方刚的青年，那我还担心什么呢？是不是有些瞎担心？因为我知道东杨路的背后有一个传说中的坑……

| 第三章 |

丁新民咬住了东杨公路

我知道东杨路，的确是段麻烦路。它本身是省道包府公路的一部分。210国道越过黄河，渐渐攀上鄂尔多斯台地，进入盟府东胜后，向左面驰出沿山路慢慢向东蜿蜒，随着路的慢慢升高进入国家能源基地准格尔高原。准格尔高原蕴藏着上千亿吨的优质煤炭，这还是已经探明的储量，而未探明的储量，有专家估算，大约有万亿吨。那就是说，鄂尔多斯煤炭产量的鼎盛时期，为年产六亿吨，按这个产量估算，方方面面的专家和有识之士担心的鄂尔多斯高原煤炭资源的枯竭期将在千年以后发生。我想，即使是真有上帝，他也无法知道千年后的鄂尔多斯高原会变成什么样子，也无法预测大海一样的煤炭会以一种什么样的状态造福人类，会以一副什么样的模样出现在人类的生活之中……

看着东杨路上滚滚行进的拉煤车队和鄂尔多斯丰富的煤炭资源，最早的鄂尔多斯智者就发现了道路商机和财富。那是1979年，鄂尔多斯出现了一个奇人。他是时任鄂尔多斯交通处处长的云吉祥先生，根据公路建设资金短缺的现实，提出了能不能贷款修路？这个短短几百字的建议以读者来信的形式发表在《人民日报》上，这在当时是我国公路建设的破天荒建议，那时人们根本没有贷款修路概念，似乎也没有引起什么反响。倒是处里有几个“老交通”议论说，云处长净想新鲜的，贷了款拿什么还？那时，我给云处长当秘书，曾问过他贷了款咋还的问题。他也很茫然，那时修路的概念就是上级给多少钱就修多少路。一年上边拨个三五百万，就已经不得了了，就是上上下下兴高采烈的大丰年。据我所知，当时伊克昭盟一年的财政收入只有三千七百万，别说基本建设投资了，连发全盟职工工资都不够，还要靠上面财政补贴过日子。那时的伊克昭盟是内蒙古自治区最贫穷的地方。但这地方的人胆子大，有奇想，当安徽小岗村的村民摁手印搞承包的时候，这里许多地方早悄无声响地包产到户了，引得邻近地区竟然贴出了“坚决顶住伊盟单干风”的大标语。那年，我就亲眼看见过这样的标语。这次云处长“贷款修路”的建议，也属于大胆奇想，但文章发出后，可能太前卫了，一时并没引起什么大的反响。这天，刚一上班，办公室的电话就响了起来。我刚一拿起，里面就响起一个很标准的官腔：你是云吉祥同志吗？我忙说云处长去盟里开会了，您有什么事情吗？对方告诉我，他是自治区党委办公厅，通知一件事情，明天一早让云吉祥同志到自治区党委，是周惠同志要听取他贷款修路的具体想法。见到云处长后，我告诉他明天一大早要赶到自治区党委，一个叫周惠的要听贷款修路的具体想法。

云处长一听，问我一个叫周惠的？你知道周惠是谁不？我摇了摇头，他笑了说，你就知道写小说啊？周惠同志是自治区党委书记，过去曾做过毛主席的秘书，也是当年彭德怀案的重要成员之一。我一听，不禁大吃一惊。当天，我跟着云处长去了呼市，夜里住进了内蒙古交通厅招待所里。那天，云处长很兴奋，一个盟里的小处长，被自治区的党委书记召见，自然是殊荣。这一切，都是自己发在《人民日报》上贷款修路的建议引起。第二天一上班，我们就赶到了自治区党委。办公厅的同志告诉我们，有些不巧，周书记昨晚接到中央的通知，一早赶去北京了。临走留下话，让云吉祥同志留下所住招待所的地址，他会用电话与我们取得联系的。我们一听，又急忙赶回招待所，静等周惠书记的电话。那时招待所房间里也没有电话，我就再三告诉前台服务员，要有找伊盟交通处云吉祥处长的电话，一定要给我们转告一下，有重要事情。那天云处长在屋里等了一天电话，哪儿也不敢离开。午饭晚饭，都是吃的我从外面小铺里买回的干焙子夹煎鸡蛋，就着茶水下肚，但我看他也吃得挺香的。只是等不到周惠书记的电话有些着急，都到了晚上快十点的时候，服务员才敲门叫云处长接电话。云处长很激动，一溜小跑地到了前台，拿起电话就问周书记好，然后汇报了贷款修路的想法，然后听周惠同志电话指示，他听着听着，脸上渐渐起了焦虑和茫然，好长时间放下了电话，我们默默地回到了房间，云处长咳了一声，我默默地看着他，啥也不敢问。云处长说：周书记说的全是侉子话，我这个老蒙古一句也不懂啊！我不禁笑了，说：你咋不提醒他说普通话啊？云处长翻了我一眼说：你还是多想想怎样写小说吧。我诺诺。这事长时间就没有下文了，云处长常自责：周书记的指示没听清，也许误了大事，别责怪我们落实不力吧？我说没听清怪他普通话不好，还能咋？云处长说：你还是当作家好。云处长首议贷款修路的事情就告一段落，却出现了一个小插曲，一天云处长收到了日本国一个包裹，我帮云处长打开，问：处长，你小日本国有朋友啊？云处长说：没有啊，要是有"文革"时还不得多断几根肋条？但他也奇怪，这是谁寄的呢？我不认识小日本人呀！打开一看，原来是日本国东京一个搞筑路机械的公司寄来的产品宣传书。用现在的话说是广告产品推销，那时根本没有广告意识，也不知广告是咋回事。我们翻着印刷精良的产品书，厚厚的花花绿绿好一大摞。云处长感慨道：小日本就是精！我说山雨欲来风满楼啊！早晚有一天，咱们国家全是贷款修路。云处长问银行的贷款咋还？我说：谁走路谁出钱，咱们收过路费！云处长道：好你了，那不成劫道的了？你可真敢想啊！你以为是写小说啊？我说：《人民日报》可不是瞎登读者来信的？这是投石问路，先看看方方面面的反应。你看现在，书记重视，小日本想卖筑路机械……云处长不禁大声叫道：对啊！对啊！你这写小说的不是书呆子哇！

二十年后，有记者开车走遍了全中国，除海南和西藏外，所有道路已经全是贷款收费公路，感叹公路不再姓“公”。而我们鄂尔多斯市，作为贷款修路“首议之市”，更是几乎无一寸“公路”，从高速路到县级三级公路全都是收费公路。我想起，十多年前，我和丁新民去看一个他们公司准备投资待建的煤炭集装站，路过一个小自然村，乡间小路上就横着杆子，几个老头老太太戴着收费红袖标在收费，让人感到农民的大胆。我的司机口袋装有交通行政执法证，也是盟内收费道路的公务免费通行证。他拿出，亮给这些老红袖标们看，人家说不识字，就是谁谁谁从这儿过也得交费。谁谁谁是当时国家最高领导人，鄂尔多斯人吹起牛来也（当地土话叫日粗）是钻天入地的，说起国家领导人也是老某老某的，别看这些人吹得厉害，我一眼就看出这肯定是村里什么人自办的非法收费站。司机想和他们理论，我嫌耽误时间，说先不要管他们，不就十元钱嘛，先过了再说。然后你打电话通知市里交通执法支队来这里了解处理一下。交通局的司机从未受过这份气，还是有些不大满意，说我太软了，太善了，人善受人欺，马善受人骑。我说我是软蛋行不行？这时一收费的老大爷说，你们有红本本，肯定是上面的人，你们交上一块钱意思一下就行了。我用手捅了下司机，司机嘟哝着掏出一块钱递给他，人家才支起杆子放了行。丁新民的车停在村口前面的岔路上，他是个心细的人，怕我们走岔了路。显然是在等着我。他笑着对我说：肖局长也得交费吧？我说：人家给我打了一折，交了一块钱就放行了，老丁一听不禁哈哈大笑，说到底是当领导的面子大。

我上面说过，贷款修路，收费还贷，已经成为我国公路建设的最常见的方式，这里面蕴藏着许多商机和利润空间，其中也不乏形形色色的利益输送和交换，这里面的玄机本文就不多说了，各种社会力量对贷款修路趋之若鹜，就已经说明了这个问题。我为什么担心东杨公路会是个坑呢？忧虑丁新民陷进去不能自拔呢？因为我知道，丁新民放手一搏这条鄂尔多斯煤炭外运的经济大通道，是承担着巨大的人生风险的。若丁新民集资修路成功未必没有形形色色说法，若是失败各种屎尿盆子肯定会一股脑扣在他的头上，到时会让他欲哭无泪，有口难辩。

东杨公路验证着丁新民的“骨殖”和“肚渣子”。这是当地人的土话，意即人的骨头和承受力。丁新民常爱用这两个词，告诫身边的人和他的员工。他很注重自己和身边人的“修为”，常用“骨殖”和“肚渣子”判定一个人的品端和行事能力。他有自己评判人和事的独到能力和标准。丁新民死死咬住了东杨公路，他已经感觉到这里将成为他人生的一个重要转折点。甚至承载着他人生许多梦想，或许是带给他许多梦想，是关于人生、金钱、道德、价值……

| 第四章 |

丁局长说了，我就不信东杨路能把我淹死浸死

那我们就说说东杨公路。

东杨公路旺季时，每天路上跑万辆左右运煤车是常事，但在伊盟的公路图志上，它不过是一条仅仅能够维持线形的省级道路。按公路等级它并不列入国家预算，而是地方政府负责建养。由于地方财政困难，用在这条路上的建养费用只能勉强维持通车，道路路况极差，连砂石路面薄薄的磨耗层都不能保证。这条路，每天堵上几公里，一堵三五天也是常事，但它却承载着鄂尔多斯高原近一半的煤炭运力，是鄂尔多斯经济发展的一大瓶颈，它已经是交通系统领导的一块心病。交通部门早想改造它，但苦于没有资金来源，多年来交通公路主管部门对其一直是小打小闹，修修补补，重载车多，坑槽搓板路一片接一片，一段接一段。再加上拉煤车辆辆超载，又没有防护，不时从车上摇下煤渣煤块来，被摔碾压成碎片粉末，因此路基两侧都是粉煤面子。车一碾风一刮，煤屑遮天盖日，路边住的人们和过往的车辆、行人身上全落着黑灰面子，甚至衍生了一个行业，专有人收拾路基的煤面子对外销售，据说是收入颇丰。我有一次出差被堵在路上，只得拐进公路旁的一个道班休息，当我知道

道班一个建勤工的工资补贴只有几角钱的时候，就问，你们就不能收煤面子补助自己啊？道班班长说，那可不行，路烂堵成这样，我们再搞副业创收，不净等着挨头子啊！现在就是收拾点副食地，也得用节假日和工余时间，要不上面会骂我们公私不分。我说你们得动动脑筋，拿这份收入弥补养路资金不足也可以嘛！道班班长说，资金不足是上面的事，我们图什么呢？费劲巴拉的不说，到时你还说不清道不明，我不是背着鼓寻捶吗？

我啥话也不说了。

一次与丁新民说起这事，我说咱道班工人也是端着金饭碗要饭啊！丁新民说你看老某啊，人家像是受了啥高人的指点，辞了工作，现在带着老婆娃娃，专搞路边煤渣收集、整理、出售，下的苦和在道班时差不多，但收入干上一个月，可顶在道班上挣两年的。

我惊异：这么高的收入啊？这不早万元户了？

丁新民说：万元户？他还自己置办了辆小四轮呢。那财发的！前几天，他来工区办公室找我，红塔山散了一圈又一圈，是想租原先道班的一块废场地当贮煤场哩！我给他开了年租金两万块钱的高价……实际上想一年有个三两千就行了，那空场闲着也是闲着。我就是想套套他的实力，看他究竟外面发展得怎么样。

我说：老丁，你一会儿是书记，一会儿是买卖人，你，老杨……

我学着样板戏李勇奇说杨子荣的腔调对老丁说。

丁新民道：人家可一点磕巴都没打，当时就签了合同，还摔下了厚厚的二十摞千元票子，那气魄！你说，同样干一样的活，人家那才叫瞪着大眼挣钱哩！我佩服敢按着自己意愿干事的人，晚上我还请他回家喝酒。喝了没几杯，他就给我交了底，说：丁书记，我给你说个实心话，我这一年干下来，就干一年，我就能在家里盖幢小二楼！你看看，看看！

我说：真的这么厉害？

丁新民说：我现在也有担心的。就是怕现在这好事干不长远，我说：没啥，你实在干不下去了，就再来找我，咱养路道班还给你留着饭碗哩！

我说：老丁，丁书记哎，你那可是喝了酒，瞎应承！咱是国家事业单位，不是车马店，你想来就来想走就走？

丁新民笑道：这你还看不开呀？我给你放句话，你以后就是八抬大轿，怕是也请不回人家来哩！人家尝了自由自在挣大钱的甜头，还来你这道班吃二遍苦受二茬罪啊？国家事业单位也就是顶着那么一股名……是啥？你不清楚还是我不清楚？

我说：你老丁也是大大狡猾狡猾的！

他不禁哈哈大笑。

但我担心“狡猾”的丁新民这次陷进东杨路的陷阱里，据我所知，他这次可是把什么都搭上了。尤其是集资修路，只要是摊上钱，成也是它败也是它，其中的风险是你无法预料到的。人们对金钱的想象力会起九级浪，身不由己地会卷进这不知底的旋涡之中。况且，据我所知，这条路的立项批复还在争取中。立项这种事情，很多取决于领导意志，要说快真快，要说慢真慢，有时甚至是遥遥无期。能把建设单位的头头脑脑换个几茬。当时鄂尔多斯的收费公路也是处于大发展时期，不管是什么样的等级公路都有人想修，最起码是把批文拿下来，然后再研究如何修。实际上，车流量较大的包府公路东杨段的改造经营权早已经被外地的一家大公司所占有，而且有了上级主管部门的批复。据说上面批复的是一种新的经营模式，不是人们已经熟知的收费还贷模式，而是人们听也没听说过的“bot”模式。“bot”听着挺唬人的，有专家称之是自主建设，自主经营，自主管理的模式，而且当时内蒙古自治区还没有一条“bot”模式公路，是一件挺新奇的事物。丁新民曾对上级部门的领导道：

这是好模式啊，真是好模式啊，那就赶快bot吧，我们是建设单位，那还等什么呢？上级部门讲：新的模式得探索新的建设和管理办法，听说中央领导都很关心这件事情。丁新民一听中央领导，立即警惕起来了，那时这个领导，那个领导的项目太多了，谁都清楚，这也不全都是拉大旗做虎皮，能拉挂上多少拉挂多少，这也是中国经商企业特有的经营模式和生存方式。因此在鄂尔多斯这个资源富集区，这个领导那个领导关心的建设项目也就特别多，但每一个项目都与地下资源有关。

大多来考察声言来投资的都有来头，光听领导的名字都让人肃然起敬，动辄说投个三五亿就是嗑打下嘴皮的事情，尽管讲故事的多，但也真有上马的项目。赶快找到那家有领导背景的大公司，丁新民的目的就是催促他们赶快施工上马，他着急地对人家说：鄂尔多斯的经济大发展被这条烂路堵在那儿蜗牛爬哩。鄂尔多斯的经济发展实在等不起啊！我们公路建设单位是经济发展的先行军。墙头上贴的大标语：要想富，先修路，连上小学的娃娃都知道。他给人家讲着，人家呵呵地应付着，觉得他就是一身土气，操着满口土话的基层公路干部。跑了几次，丁新民也摸清了底细，实际上这家公司早已过了政府的批复规定的开工时间和完工自主经营的时间要求，等于对方违反了合同，也可以说是一张废纸了。但这张废纸就有一股说不出的力量，阻挡着东杨公路的尽快上马。丁新民问：方方面面，我们完全可以终止合作嘛，重打鼓另开张，他们能够bot，我们为什么不能？丁新民为这个电光石火般闪出的念头激动不已，他组织有关人员重新申报这个项目，决定自己组建新的项目部，甚至开办一个全新的公司完成这个东杨公路的建设。有人告诉丁新民，事情不是像他想的那样简单，这里面复杂着哩！原先那家公司正在完成中央领导交办的国际合作的重要项目，内部代号为一号项目，听听一号项目，多大的来头。而且牵头的是某家公子，现在他们只不过没有时间和精力顾及东杨公路的项目，这些可是联在一起的，不是你想拆开就能拆开的。丁新民说：越复杂的事情就用越简单的方法破解，我就是要为鄂尔多斯的经济发展修一条优质的公路，别的什么都不想，我什么都不惧！有什么怕的呢？莫非还不让我修路了？知情人劝他说：新民啊，事情不像你想象的那样简单。丁新民一听，说：他们那一套我清楚，不就是跑马圈地吗？他们不就是先拿下批文占住窝然后再倒腾批文吗？你说，鄂尔多斯的经济发展能经得住他们来回倒腾吗？那人说：丁局长啊，我劝你这水还是不要蹚。外面传得真真假假的，咱信还是不信呢？咱鄂尔多斯人哪知道这里面的水的深浅？丁新民说：那东杨路就眼见着这么烂下去，堵下去？这水我是非蹚不可了，我就不信它能把我淹死，浸死！那人摇摇头说：你呀，也是个认死理的脾气，八匹大马拉你也回不了头。

丁新民组织好项目书，开始向有关部门申报，人家说原先批复时间是过了，但并不等于作废呀。丁新民跟人家着急地喊：那要等到哪日月呀？东杨路快要堵死了，老百姓指着鼻子骂哩！人家告诉他国家工程测算批复，不是以群众好恶来决定的，需要的是科学论证！丁新民说：你们快组织论证啊！人家不说什么了，可心里一定想，世上哪有这样跑项目的人呀？再说了，这等于从别人手上抢项目，难道别人的项目是上下嘴皮子嗑来的？这等于是从虎口里夺食，抑或说是从一个看不见底的黑洞里捞食，这需要勇气和胆识。不知者为勇，知之者为识，当丁新民准备介入和夺下这个项目时，一定是胆识俱备，该想到的都想到了。按常理说，或所谓商业规矩来说，接手别人的项目，那是需要谈谈的，所谓谈谈不外乎另花钱从他们手里再把这个项目买回来，正是时下流行的倒卖批文。这些握着项目的人张口中央，闭口老某，好像中央领导就是他们的二舅。这些人真真假假，连蒙带骗，确实唬住了不少人，发了不少财。一时，鄂尔多斯这个能源聚宝盆，吸引了不少这样所谓的投资客。来的都是客，鄂尔多斯人方方面面只得与他们周旋，就怕怠慢了真神。这些人给鄂尔多斯人上着课，逼着他们学会了虚与委蛇，与各色人等周旋。

据坊间传，曾有一伙从北京来的男女簇拥着一位穿黄呢子军装的中年人乘清一色的五辆白牌子三菱越野车组成的车队呼啸而来，下榻当时东胜最豪华的天骄大酒店。鄂尔多斯的几个煤老板准备了烤全羊接待，光从歌舞团就请了七八个最叫座的歌手，唱支歌子就要给个三五千的。还有唱着歌儿献哈达敬酒的礼仪小姐，雁翅般排了一溜。黄呢子军装下车后，与大家招手，派头十足。与西装革履的人正成反差，人家是传统底气来历，而西装革履，恰是暴发户，尤其扎系的领带歪扭着透着一股铜臭气。黄呢子军装则落落大方，显得非常有派头。坊间传说这黄呢子军装在美国克林顿请吃饭，都不肯换上赴宴的晚礼服，人家坚持的是革命传统，要的是将门派头。人们还说这黄呢子去中南海谁谁家推门就进，这世上没有他办不成的事情。主位落定后，黄呢子摆摆手说：咱们今晚就是听歌喝酒吃手扒肉，我就是想感受皓月当空的草原和蒙古民歌的豪情万丈，酒桌上不谈事。你们说的那点碎事，在我这儿不是个事，我可以负责任地告诉你们，全能办，只要你们开口，一件也落不下。用时兴的话说是一个也不能少，咱们今晚是真诚对实在，我喜欢你们这大碗喝酒，放声高歌的豪迈劲儿，真心换真心，八两换半斤！有啥呀？啥发改委能源局呀，不就是打个电话的事情？明早一上班，啥都妥了！众人兴奋地鼓掌。黄呢子接着说，我家老爷子他们舍命打下了江山，却没给我们留下一分钱，把发财的机会全留给你们这些改革开放的新一代了。你们在座的哪个不是盆满钵满袋袋里满？见你们有钱，我家老爷子高兴，我也高兴，当年脑袋别在裤腰里闹革命，不就是让贫苦大众过上这幸福无比的好日子？你们说是不是？众煤老板都点头：是的，是的。我们知道今天的好日子，全靠老一辈打江山，我们是坐着就享福了。

黄呢子说：可我打中央领导的专线电话，当然费用是要出一些，这可是为你们办事，为谁办事谁出钱对不对？这可是卫星电话，每颗卫星那都是专用的，专为世界主要国家总统、首脑和特殊人物配备的。煤老板们说：这我们都懂，请您这尊真神时，您那助手早给我们说了，不就一分钟五万吗？那不是个事。二十分钟不才一百万吗？那是小捏捏！黄呢子听后哈哈大笑，说鄂尔多斯人真不愧是成吉思汗的后裔，骨子里透着大气霸气。

正说着，黄呢子口袋里响起了悦耳的鸟鸣声，黄呢子笑着说：这是海雕嫂子呼我哩，昨晚上就给我扯她那点破事，这女人啊，我看一点也沉不住气。黄呢子说着从口袋里掏出了一个蓝色闪着晶晶光亮的巴掌大的电话，其精其巧，立马让煤老板摆在饭桌前的乌黑半砖大小的大哥大相形见绌。

蓝色小鸟啾啾地唱个不停，黄呢子不紧不慌地接好耳机，耷拉着的线一悠一晃的，这才接通电话，话筒里立即传出脆脆的“哈啰”，黄呢子呵呵地笑着说：嫂子哇，你也哈啰！我昨晚不是给你说了吗？你听我的，你今早上班时，二话不说，上去就抽姓赖的小婊子两个大嘴巴，让她再向世界抖打那条脏裙子！你使劲抽，解气抽！噢，在你那儿不行啊？自由是不能碰的底线？好，我知道了，国情不同，可你们都是世界级的大佬嘛！克哥还能让那小黄雀啄了眼？让那小母泥鳅拱翻了船？啥？克哥不给力啊？通常大人物都是提起裤带不认账，咱这次给他来个没提裤带也不认账！大人物撒谎不行？民众支持率？哟，哟，谁家的锅底子是白的呀？多大的事呀？嫂子你三番五次说这事，这是看得起小弟，那小弟就帮你处理这件事情，我替你出这口恶气，来他个通用的国际范！不出三天，我就让那小婊子满地找牙，爪子写不了字，脏嘴说不了话，让丫挺再给我克哥起秧子！好了，好了，你等信吧，保证干净！多大的事呢，美国人也真少见识！就这样了！拜拜！众人问：这是谁啊？黄呢子道：全世界人民都知道，你们不知道啊？我那希拉里嫂子啊！众人噢地叫了一声，惊疑地看着黄呢子。煤老板中有位一口长着黑黄牙的汉子悄声地问：希拉里也听得懂你这京撇子土话啊？众人失笑，黄呢子道：看看，土老帽了不是？别看这电话小，可这电话里十八种语言同声翻译，现在这高科技语言还能成障碍？众人点头，都说，电视里常讲各国总统无障碍地互通电话，是这样啊？黄呢子道：长见识了吧？咳，我给你们说吧，知道世界大文豪泰戈尔不？众人摇摇头，道：没听说过。黄呢子道：他老人家说过一句话，那才是至理名言，他说男人再愚笨也是大砍刀，女人再锋利也是水果刀，希拉里厉害不？还不就是一把水果刀？真要有啥过不去的坎坷，还得找我这个北京爷们儿！实际上世界的高层都串着哩，瞎老百姓知道个啥？整天狗脑子打出猪脑子，飞机大炮地折腾，而高层呢，每天都互道晚安，打飞吻哩！这就是世界！众人齐声道：这样啊，不知道，不知道！真以为他们为世界操劳大事哩！黄呢子摆摆手说：除了蹬腿见上帝，啥都是小事一碟，不值得挂在心上。你们那点事还叫个事？今晚我一个电话，全办！你们想咋办？我就让他们怎么办！发改委啊，银行啊这帮小处长司局长谁敢给我吊歪歪，再见面我就大嘴巴子抽他！众人道：天爷爷，那帮人可都是我们的爷！黄呢子道：你们找到我，算你们的福气，该你们发财！众人道：都发财，都发财！黄呢子道：当今世界，从巴黎到纽约，从东京到北京，还真没有啥难为住我的！当年我家老爷子他们啥苦啥难没受过，吃皮带，啃草根，跟着毛主席打下了今天的江山，众人道：对，对！黄呢子说：大家这才有了好日子过，改革开放甩开膀子发大财。众人又道：对，对！毛主席领导得好，改革开放好！

一个被人称为四哥的静静地听着，不时点上一根烟，露出了一嘴黑黄的被人们称为四环素牙的牙齿，索性人们就直接称他四哥。四哥，一口浓烟从鼻孔嘴巴里散开，清嗓开口道：今天我可算是见到真神了，特别想说说我的心里话，平时我这话就在肚肚里憋着。我也不用找发改委、能源局呀，跑银行呀。今天见你就想说说心里话。黄呢子道：你说，说，我坐在这儿，就是想听你说心里话。四哥说：我有块七平方公里的露天煤田，下场雨就能冲出三五十吨好炭块子，现在初步测算值三十个亿。我想这煤矿扔着也就是扔着，不如拿出来办点正事。我看你兄弟也挺不容易的，管着世界这么多大事、小事，连他们头头脑脑婚外恋搞破鞋也找你平事，有些事真的需要花钱。万一要是让钱这鳖儿子难住了呢？人手头若没俩积蓄，真不行！

黄呢子一听，两眼放光道：到底是开煤矿的大老板，通透，明白！我就愿意跟你这样的兄弟打交道！

四哥叹道：钱多了也勒手啊！我整天肩上扛着个磨盘子累得慌哩！我大早就说了，给后人留多了钱不好，那鳖儿子闹不好会成大害呢！

黄呢子道：就是，我老爷子进八宝山时，家里我啥都没要，一套三进的四合院，连树枝上挂的鸟笼子全都是老爷子去潘家园淘来的，贝勒爷传下来的，全都是文物级别的，全都不要了，我就要了这身黄呢子军装！

众人说到底是老革命后代，看看这觉悟。

四哥道：你大还给你留了套黄呢子哩！我大给我留了个甚？给我留条裤子还是他妈妈的荷兰国产的尿素袋子缝的！我十几年前出门见人，前裆写着尿素，后屁股蛋印着荷兰，还觉得挺美的哩！

黄呢子道：要不咱得改革开放呢！感谢伟大的邓公吧！让一切不可能变成了伟大的现实！咱不是外人，你有啥事，放开胆子说！我也放开胆子给你办！

四哥道：你要是把我提叙的事给办了，我这座三十亿的煤矿就归你了，拿去办正事！你办事，我放心！我早看透了，我那混蛋儿子扶不住上亿的财产！他就想天天吃饺子还得是羊肉丸的，早上白糖蘸糕，还要每天晚上换女人，这能守得住财？早晚得是别人家的！

席间有人评判道：娃娃没志向，不争气，别说给他几十个亿，就是给他留下座金山也没用！

四哥道：谁说不是呢？我早看透了，扶不住！扶不住！就是个吃糕吃饺子的穷命！我想，要是让我那混蛋儿子踢蹬光了，我还不如早替我大了个心愿，把这矿转出去让这位兄弟办个正事，办些大事。我那大死在黎明前的黑暗，眼见着好日子来了，他老人家却走了，心不甘哇！兄弟，他忽地拉住黄呢子的手说，你今天要把这正事办了，明天我就跟你去转手续。我要是关键时刻下了软蛋……

四哥又要起誓发咒的，黄呢子着急地道：四哥，你这铺垫太多了吧？你有啥正事？敞敞亮亮地说！我痛痛快快地给你办！把人急得！只要是不让你死在黎明前黑暗的大活过来，我没有办不成的！

众人笑了。

四哥也露出黑黄牙笑着道：这兄弟说话实诚，先说办不了的。我又不傻，能提那起死回生的傻事？谁都得死，有钱的没钱的有权的没权的，都他妈的得死！死了就活不过来，兄弟，这我知道，知道。

黄呢子道：你快说正事吧。

有人道：我四哥就这毛病，甚事不把根根梢梢掰扯完，捋不清楚他就过不去！上次盟里政协会上，四哥发言，一人占了一个半小时，还没说清一件事，把主持会的政协贾主席急得呀……

黄呢子瞪起了眼：这是怎么的了？你们这帮人全这毛病是不是？啥事都爱掰扯是不是？

四哥道：掰扯不清，谁给你办啊？兄弟我老家是米脂的，我大就是大顺王李自成二十七代的玄孙，这是有家谱的，祖宗案子上供着哩！不瞒你们说，说来我也是大顺国帝王之后。我大活着时常说，按推背图上说，俺李家也得有三百年基业哩，若不是姓吴的搅局，哪有爱新觉罗家的什么事！

黄呢子道：失敬失敬，原来是闯王之后。

四哥道：前年家乡要给李闯王祖宗塑石头像，找到我要赞助，我二话不说，出了一百万。骑白马挎洋枪，米脂出了个李闯王。这是给祖宗长脸哩！

有人附和道：这都上了电视报纸了，大家都知道。四哥这事办得大气漂亮！现在米脂人说起这件事没有不竖大拇指的！

四哥道：那天揭幕，还是我跟王县长揭的红绸子哩！过去谁瞧得起光着膀子挖煤的哩！过去受那牲口罪呀，真是天上布满星，月牙亮晶晶……

黄呢子着急地问：你到底有啥正事呢？利利索索说行不？你这到底是哪出对哪出呀？

四哥对黄呢子道：我祖上也算是名门之后，我大临死托付我这么件事，说不管千难万难，砸锅卖碗，也要把我大的遗像挂在天安门城楼他老人家最崇拜的毛主席的旁边，别说一天，一分钟都行！这事你不难吧？

黑黄牙龇着短粗的黑黄牙，看着黄呢子。黄呢子笑了说：要说这也不是甚难办的事。我稍后给管理处的邱处长说说，他是正管！这事得找正管！越找上面越麻烦！

众人都点头。四哥道：你兄弟说得对路子。

黄呢子笑笑说：这邱处长，当年是我家老爷子的马夫，就是我家里的人一样。你这事呀，趁哪天没月亮挂下就成了。我可以让他们拍照片留个念，你看就当一夜游行不？四哥龇着牙傻笑：成，成！一夜游就一夜游，有照片存证就行！等我大八十冥寿时，说甚我也得给我大立个汉白玉石的九十九米高的大坟，再把这照片放大镶上，光耀门庭哩！

你要是有三百亿的大煤矿，你还想干啥呢？黄呢子阴阴地看着四哥。四哥看着黄呢子，一本正经地说：咱先不说三百亿的事。没有的事说了也是瞎说。你要是把这事麻利利地办了，我就利利索索交矿过户！

我是问你还想干啥呢？黄呢子阴阴地问四哥。四哥道：不想干甚了，这事就成！

黄呢子忽然翻了脸道：你成个屁啊！我啐死你！呸！

黄呢子狠狠地冲地上啐了一口，斥道：你要有三百亿还不想变天啊？让你大列在毛主席旁边，那我爹他们跟着毛主席鞍前马后的老一辈呢？你可真敢想啊？真是李闯王的好孙子啊！你家的匪气几百年了咋蜕不掉呢？这事，你别说三十亿的煤矿，就是三百亿三千亿三万亿也不行！我给你说吧，你有这样的想法，我很生气，很生气，我第一个不答应！十亿中国人民不答应！五十亿世界人民更他妈不能答应！你傻你当我也傻啊？把你大挂在天安门城楼上？你不怕一人一口唾沫，淹死你个老丫挺啊？你有俩黑钱就拿北京大爷当猴耍啊？

四哥龇着黑黄牙笑道：瞧把你日能的！你拿鸟大的手机糊弄谁啊？昨天我还见过一个说他小时他江妈妈常抱着他的呢！喝了两口猫尿，就流着鼻涕眼泪哈喇子地唱：想起当年吃苹果，江青阿姨多爱我？这哪对哪呀？瞧瞧那份德行和出息？你更好，北京中国装不下你了，一下子忽悠到美利坚的白宫了，啥克哥、希拉里嫂子的，蒙谁呢？想测测我们鄂尔多斯人的智商咋的？你真当我们是鸾屎傻蛋哇？你真以为你们是北京喇嘛返阳啊？说透亮了，你不就是想从我们手里蒙俩讨吃子钱嘛？你要是真有那么个大，你就不怕把你大气得从八宝山跳出来？

四哥说着站了起来，说：我现在也是有百亿身家的人，是人不是人的就想往我身边凑呀？我身家也是按秒算的人，今天也就是跟你扯淡换一下脑筋。我忙着哩。

他说着要站起，摆出一副马上要离开的样子。众人忙叫四哥，你这是干啥呢？坐下，坐下，免得让人家大地方的人又说咱挖煤的财大气粗没文化。

四哥坐下道：咋了？咱鄂尔多斯咋了？招来这么多讨吃子大爷呀?！咋？传说中的丐帮复活了？

众人大笑了起来，黄呢子很沉稳，静静地看着众人，不动声色地听着黑黄牙四哥的数落。

四哥挑衅道：咋？我说的不是？

有煤老板劝说：四哥，人家出来混也不容易，还跟咱表演双簧哩！你也别走，这顿饭算我的，咱们再听这位兄弟拉拉话，多少也长点见识。我们今天要是不结账走了，我怕这兄弟出不了门哩！众人又笑。

黄呢子开口说：人得厚道是不是？黑老鸹还嫌猪黑？你们不就是膘厚点？兄弟们想找个站脚的地方？我今天算领教了，但我留下句话你们要记住，国家的煤不是好挖的！我这句话放在这儿，你们那煤矿不如我这身旧黄呢子军装值钱，这话，你们都给我记着！

众人笑道：记着哩，记着哩。

黄呢子军装对黑黄牙道：四哥，我叫你声四哥，你就不担心明天会有人找你问问话？

黑黄牙牙一龇说：我担啥心？我这些日子担心的是我这几百亿咋个花出去？你想找啥人帮我花花？明天我等着他，我等着，等着！我就不信，他能把我的屎咬下来！那人道：你那是金屎，怕是没人咬得动！众人哈哈大笑，黑黄牙手一摆道：敬酒，唱歌，塞龙塞冬塞，咱红火咱的，我等着，等着！等他来咬我的尿！管他太阳明天从哪边出来，人死尿朝天，好活一天算一天……

黑黄牙在人们的笑声中，手舞足蹈了起来。黄呢子万没想到自己会在外相傻乎乎的鄂尔多斯栽了，更没想到的是这些人们都醉麻麻地走了，就是拍着胸脯结账的那位也不见了踪影，啥时走的，黄呢子都没察觉。黄呢子要走，服务员拦着他买单，一单就是五万多，黄呢子来了个更绝的，立马直挺挺往后一躺，重重地摔在了地上，人们慌慌大叫120，黄呢子趁乱爬起，掸掸黄呢子的尘灰，然后开溜回北京……

| 第五章 |

丁新民是个思索者，想问题的角度有点奇特

这个故事流传得挺远，不少人绘声绘色地用自己的想象与认知演绎和描述这个故事，一直讲到人们开心地大笑。一次，我和交通系统的一些朋友吃饭，丁新民也在。有人又讲这个故事，大家不知听了多少遍了，但仍是认真地听着，凑趣地笑着。丁新民道：这故事酒摊上的人不知说过多少遍了，每次人们笑得跌倒骨碌的，可我真是听不出有啥好笑的。好笑吗？我也说：我怎听着臊臊的？人咋都变成了这德行！丁新民道：大家想了没，咱鄂尔多斯人的脊背靠啥撑着？有人说：反正我是知道没钱走不到人前。又有人说：老辈子人话说到家了，茶无盐不如水，人没钱不如鬼。众人又笑。丁新民道：人有钱就如鬼了？我看，不如鬼的有钱人海了去了！众人道，是啊，是啊，老丁净讲至理名言，快成哲学家了。丁新民道：你们就臊挞我这没文化的人吧！

我倒是觉得老丁是个思索者，想问题的角度有点奇特。我说：实际上人类世界就两类人组成，最基本的组成是男人和女人，现在括弧里再加一条：穷人和富人。这就构成了世界矛盾的冲突点，谁都绕不开。人类世界的舞台话剧，就是不断重复着这两类人的故

事。战争与和平，阴谋与爱情……老丁说：听听咱肖作家的，看看人家，你们懂了吧？啥叫有文化？众人又笑道：肖局长是靠写书赚钱的人哩！咱修路赚钱的人根本没法比，不在一个层次。我说老丁，你就是四两拨千斤，挑事的精灵，你稍一抖打，我就成了话题中心了！你太会转移话题了，众人又是大笑不止，我喝了口酒道：行了，咱不操有钱人的心了，喝酒，管他如鬼不如鬼。丁新民也喝了口酒说：肖作家肖局长哇，你应当操这个心，你是写家，写书是让人看的，不仅是赚钱！我看你就应当写写，人穷有人样，人富没鬼样，这才是正理，要不你写书干甚？知道某某不？这个某某大家都知道，我曾听我们大局长骂他：你就是粘在我们公路工程上的一条蛆。这人已经在我们公路工程系统揽工程十几年了，上上下下积攒了不少人脉，也挣了不少钱，他就是待手下人太刻薄了。克扣手下打工汉的工资，十多年前的欠账现在还没清利索哩！挣了钱对村里人也不闻不问的，连他亲叔叔的打工钱都克扣，他叔叔患病做手术，他都不把欠的钱还上，眼见着他叔叔咽气……众人道，听说前些天他不是翻车摔没了？遭报应了吧！

一个施工队长道：这孙子过年时，总忘不了送我几瓶好酒，这人待我还行。有人说：他还不是想从你的标段揽点工程？沾上点油花花，要不他亲你哪？那队长道：这还不是心知肚明的事？我早给他说过，千万别克扣受苦人的工钱，让受苦人找发包的闹事。我就没少给他擦屁股！钱谁不想挣？只是吃相好看点，别太恶水了。丁新民道：他能听你的？说到钱上，怕是他连他亲大的话都不听！队长说：咳，人都没了，说甚他也听不见了。他也算是跟着咱们瞎忙活了一辈子。这人有石匠手艺，涵洞活儿做得还算精细。说来也是老交情了，人品不咋的，可也是给咱伊盟公路出过力的人！咳，我得奠奠他，队长说着，端起一杯酒洒在了地上，众人也都学着他的样子，往地上洒了手中的酒。

丁新民叹一声道：咳，人有钱也好，没钱也好，都要拿得住自个儿，得活成个人样！我想人这一辈子最难的事情哇，就是活成个人样！

是啊，是啊。那队长道，你看看现在活成甚了，净鬼没人！众人道：这是咋了？钱是催命鬼呀？老丁说：咋不是？没听说他人没了，可连自家的老坟都进不去。他的老婆娃儿给村里人跪了一地，央告着想让他进祖坟，可村里族里人不让，就是不让进，嫌他生前做事没个人样！不配和先人待在一起！

那队长道：还有这事？

丁新民道：你们不信？主事的竟是他亲爷爷，捋着白胡子宣布说：家里根本没他这个子孙！苦家哭塌了天，就是不许进！最后家人无奈只得给他另寻了一个地方下了葬，你看看！挣了钱又咋？还是孤魂野鬼哇！

众人有些唏嘘，我想象着那画面，心里也有些不是滋味。我说：人都死了，还掰扯这干啥？咋连人死为大的老理都不讲了。队长说：从上到下都一样，谁谁不是从八宝山清出去了？我说：哪能比啊？你这是家里的老坟啊！我看呀，全是钱惹的祸！丁新民说我：你还是作家哩，咋连这么个事理还解不开？你仔细想想，钱有啥错呢？要是我说呀，这得看是人拿住钱，还是钱拿住人了。他是六亲不认，人家六亲也不认他哩！

队长说：我看还是钱不到位。我太知道那些认死老理的人们，钱要是到位了，有啥不能通融的？丁局长，你说是不是？丁新民斩钉截铁地说：我说不是！

众人都愣住了，我看丁新民脸色有些发青，大家也都有些扫兴。有人说：快散屎了吧！全是钱闹腾的，咱们也是咸吃萝卜淡操心，这酒不喝了。人们一听，也都站起四散了。我问丁新民：咋了？他沉吟了一下道：不咋！我问：咋了？还是东杨路的事情？丁新民道：那事还好说，我是想以后……

我问：以后咋了？

丁新民说：你说修路是不是修人哩？

我有些不明白，说：酒喝高了，你说的更让我迷迷瞪瞪的。

丁新民说：你当我不迷瞪呀？我得想想，人这一辈子，真不能让眼跟前的蝇头头拿住，真得往长远里着想……

我说：你到底想啥哩？

他拍拍我的肩膀走了，我忽然感到熟悉的丁新民变得莫测高深了。

后来，我知道丁新民的东杨路没有批文就开工了，一排排推土机轰轰隆隆地在黑风口铲高垫低，整理线形。我去东杨公路的黑风口工地看过，仍是红旗飘扬，熟悉老丁的人们都知道，他特别爱在自己的施工工地插红旗，只要看见工地上红旗飘飘，人们就会说：丁新民的工地到了。但熟悉内情的人，都为老丁捏着一把汗。谁都知道老丁把自己的身家性命全押在这条东杨路上了，这就像押宝一样，其中的风险甘苦也只有丁新民知道了。记得看过一本叫《好人丁新民》的书，也是十几年前的事情。作者田培良是我的一个好朋友，他在书中曾有过一段精彩的描写，大约是写老丁那时的心境，有些动人心魄，我现在只要想起来心都跳得有点怦怦的，是为自己的好朋友老丁。我感到那时的丁新民就像一只困在无形笼子里的雄狮，左冲右突的，颈毛奓着，咻咻喘着粗气，甚至咆哮着粗话。书中记录，大意是跑项目屡屡无形受挫，任何一枚公章，都是一座让人仰望的高山，关键是你永远不知道顶在哪里。藏在笑脸里，藏在眼镜片后，藏在冷漠与傲慢中，藏在笑眯眯的贪婪之中，藏在不急不慌的太极八卦之中，老丁手足无措。曾生与什么同归于尽的强烈念头，这大约也是英雄气短，他在一种无形面前也只能是咻咻气喘。世上哪有什么雄才大略的英雄？不过是看谁世俗的承受能力强

一些。这大概是跑项目给他的最大教育，能承受者为雄，走出承受者为王。丁新民在无数个磨难盘缠之中，就是一个默默的承受者。熟悉承受，与承受共舞，为的是跳出承受，不受这份鸟气才是傻瓜，而多少人当了这个聪明的傻瓜，识时务者为俊杰。而丁新民就是咬住了这个事情嘴不撒，他有极大的耐心和勇气，还有好的体力和热情。

说起那段岁月，丁新民的司机张志鹏曾对我说过：好了你了我了，不能提了。张志鹏用这字面并不准确的感叹，叙说着那段日子的不易。面对细风润雨般的承受，老丁肚里烈焰腾腾而脸上总是挂着憨憨的笑容，就这样憨笑着与形形色色的脸子对峙共舞。这是一架慢腾运转的机器，人人都是看不见摸不到的螺丝钉，人人甚至都是在照章办事，没有谁能想到排若长龙，拥挤不堪的东杨公路，没有人能想到老丁着急的是打通卡着鄂尔多斯经济发展的无形魔手，更没有人能想到这个挂着憨憨笑意的人正为它绞断肝肠，食不知味，夜不能睡的中年汉子是将一个伟大的梦想交托在这条公路上。用他的话来说，我这个人哇，就是想办件事情。我不敢想象丁新民红着眼睛默默地瞪着暗暗的长夜，这个铁人般的男人在想什么呢？夜色里梦想多的男人是孤独的，无助的。在孤独和无助面前，这个男人打没打过退堂鼓呢？一切由他去吧，费这个心操这个神干什么呢？我想这个念头一定爬上过老丁的心头并在暗暗咬噬着他的心灵，谁是他暗夜中的携手者呢？我又想起了丁新民的妻子胡承慧，这个柔媚的，在兵团风雨中摔打出的女人，说话总是悄声细语的，时不时地叫一声“新民”，这大概是这个慢性子女人表达对这个托付终身的男人的最好呼唤。在与丁新民的多年接触中，我觉得胡承慧就像是一团温柔的水，时刻洇润着丁新民，让他舒服、展活，让他内心世界自由得像一只鸟儿。他的心飞得高飞得远，却又不整天呼呼喘粗气，活得满头大汗。让办大事的男人活得不累，这是优秀女人的人生大艺术，我不知道胡承慧是怎么样做到的。这也许是天性使然。而且，我无法想象这个与老丁承受着共同压力的女人，是怎么样消解四面八方给老丁的多重险阻的，是那一声声柔慢甜甜的呼唤吗？发自心底的，母性的，让人巴心巴肝的，是胡承慧这一声声敲叩老丁神经的叩动着老丁内心的呼唤，让这个男人抹去心中的泪水，呼啸着不下征程。拿下东杨路，拿下东杨路，这个呼唤不仅是老丁的，也是胡承慧的。它是一个梦，它是破晓里的启明星，光亮亮地闪在黝黑的夜空。实际上每个人的人生，都有这样的启明星，有些人抓住了，有些人只是傻傻地望着，这个永远的诱惑，永远的存在。

同样，我也不知道老丁是怎样给胡承慧描绘东杨路的美妙前景的，让这个慢性子女人成为他甘心情愿的死党，为它押上全家的身家性命。改革就是杀开一条血路，我也不知道老丁是怎样引诱胡承慧义无反顾走上这条血路的，更不知道胡承慧如何成为丁新民的精神支撑。那是一种由衷的信任，信任会使人们的家庭生活变得轻松，于是内心世界再累的丁新民，只要回到自己的家就是浑身舒泰，得到一种由衷的释放。胡承慧是丁新民的福音，在丁新民的生活词典中，家永远是一波碧水的清清港湾，平静祥和。哪怕外部世界是浊浪排天，山摇地动。我常给丁新民说，家宅的平和安宁是男人的出发点和加油站，胡承慧就是你的镇宅之宝，大福气。听我这样说，老丁总是憨憨地笑着，那甜甜的笑纹溢在脸上，透着无穷尽的满足，让我不禁羡慕和妒忌。在我的记忆里，胡承慧不满意的是老丁的抽烟和喝酒，经常悄声地埋怨，有时听得我也悄悄地不出声。老丁常帮喝酒吞云吐雾的我打圆场，抽吧，喝吧，全是兔子尾巴长不了了。我和老丁是朋友加战友，也是数十年的烟友和酒友。那段特殊的兵团经历和多年的交通工作生活经历，再加上鄂尔多斯地域文化的陶冶，养成了我们大碗喝酒大块吃肉的生活习惯。这是我们的糙生活，不是现代文明和健康生活所提倡的。我们心里都知道，但抵不过多年养成的生活习性和一种惯常的生活。我都不记得我们大碗大碗地喝过多少次大酒。胡承慧曾给我慢条斯理地讲过老丁醉酒回家的故事，她慢悠悠地说，就是你们几个喝酒。天都那么晚了，隐约听见有人砸门，就去开门，我知道是他喝酒回来了。门开了，人却不见了，新民这人去哪儿了呢？我左看看右看看，就是不见这人。你说怪不怪哩？我对胡承慧说：是啊，他去哪儿了呢？是不是跑别人家去了？这事我干过，我曾醉过跑别人家去，人家又让小区保安把我送回家。胡承慧慢悠悠地说：那倒也不是，他再醉也认得自己家门，他这点，我还品得住。我也奇怪哩，这人去哪儿了呢？我明明听见有鼾声，就是这人的，我知道是这人的。我低头一看，这人倚在门旮旯里睡着了，你说天这么冷，这人咋睡着了呢？不怕冻着？我忙把他拖回家里，他多重？老丁憨笑着说我也纳闷哩，咋越睡越热乎哩？你咋把我拖回家了呢？胡承慧说你看这人，就该不管你，让你冻着。这是我听到的胡承慧说丁新民最重的话。

鄂尔多斯的许多女人都有把醉麻麻的丈夫扶回家的经历。月光下，扶得醉人归，在诗人笔下是美好的，醉微微，蒙眬眬的。我就曾有醉卧街头，被妻子像拖死狗（妻语）一样拖回去，醒来后确真是不知。每次与丁新民喝酒，胡承慧一边忙乎着烧菜、上菜，一边颤巍巍地叫新民，还不时地替老丁喝几个。我发现胡承慧喝酒是不动声色地小饮怡情型，但酒量似乎很大，我曾与老丁说起，老丁想想说：好像能顶挡两下。我说：怕不是好像。单位给我开车的我的司机老夏，说嫂子胡承慧那人要是喝点酒特别“栓整”，“栓整”到十几杯下去，不误厨房炒菜，厅堂上菜。老丁与酒客闹翻了天，又唱又叫，又蹦又跳，人家总是笑吟吟，不慌不忙的，酒也从不少喝。老夏也是老丁的朋友，是老丁家的常客。他汽车兵复员后，局里想让他去交通监理所当所长，他嫌没意思，非要开大车。他一直在局里当车队长，后来又当我的专职司机。老夏喝得好酒。开了一辈子车，喝了几十年酒，行车几乎没出过事。还是市里汽车学校的资深教练，开车技术是顶尖的。老丁常说：人家小夏那酒喝得“栓整”，车开得也“栓整”。他清晰地记得，他曾无数次说起小夏：那酒喝得，那车开得，一个劲啧啧，两斤酒下去，能把车稳稳地倒进库里，纹丝不差，然后锁车回家，他都忘了是怎么把车倒回库里，怎么样回到家床头上的。而且一大早就跑到昨晚喝酒处寻了一上午的汽车，这技术你不服不行，那记性你不服也不行。我觉得老丁说得不虚，夏师傅临机处理的能力非常强，他曾把车开到一个新建的大桥上，正是两省区交接处。那面还未铺设桥面，是个半拉子工程，我在副驾驶座上都能看见几十米桥下的滔滔河水。我惊叫一声，只见老夏狠踩刹车，紧紧地把方向盘牢牢抱在怀里，车在断桥前嘎的一声停住。我惊出汗来，他说咋也不竖个警示牌牌呢？能花几个钱？我连连赞扬老夏好技术，这是由衷的，我总觉得他就是我的保护神，我的车也一样，那是一辆黑色进口的丰田4500。分配给我使用前听说是某单位给某领导打兔子专用的，越野性能出奇地好，钢也好，看上去比新款的要轴实蠢夯许多，我喜爱它，有安全感。我这人爱夸车，夏师傅也喜欢它，虽是旧车但打扮得干干净净，朴素大方像个灵物，性能都在最佳状态，刹得住，跑得稳。老夏是个老汽车兵，车开得稳，十余年来未见出事故。行车总是不急不慌，慢慢悠悠，一次市委副秘书长吴永清陪我去下面采访，在前面引路，总是等我的车。实在等急了，竟把我强拉到了他的车上，绝尘而去。老夏跟在后面仍是不紧不忙，匀速前进，事后说起，他说咱是个做甚的？不能急，一急就出乱子。不出乱子，是他行车的唯一标准，是个好的职业司机。这次在断头桥上稳稳刹住车，亏尔几十年来养成的职业素养。那是我参加老丁的企业调研，也叫联检联评，几乎是清一色的大马力的V8车，一起步就把老夏和老车落下好远，甚至掉了队误入了断头桥。

丁新民见我没有跟上来，一个劲打电话催，并在草原一岔路口等我。说起刚才的险遇，老丁说得压压惊，为小夏压压惊。他总是称夏师傅为小夏，那是几十年前的老称呼，并不仅仅是夏师傅长着一张喜人的娃娃脸。那天，当地的书记旗长招待我们吃午饭，我一高兴喝得很是到位，回去的路上在后座上唱了一路。快到家时，渐进常态，老丁说老肖今天喝好了。我高兴地说：好了，好了。老丁说：你倒是好了，可今天某某窝囊死了。我奇怪地问：他咋了？因为我知道，某某是刚提不久的旗委书记，正仕途顺畅，春风得意哩！他咋窝囊了？老丁说：你真喝高了，真的不记得了？我问：记得啥？老丁这才微笑着告诉我，刚才酒桌上我嫌某某来得迟了，没喝几杯，就劈头盖脸骂书记不守时，端什么臭架子？我们这些人的时间是你能耽搁起的？而且骂得很难听，连母亲外祖母都问候到了。我说：老丁，咋可能呀？我骂老婆也没用过那恶毒的词呀？有人说，你倒是敢？你骂骂试试？我知道这是旁边的武新民在插话，他说：你骂骂试试，看你老婆不把你的骷子打烂？当地人把头部叫骷子，众人一听，都不禁哄笑开了。老丁一本正经地对我说：我估计某某一辈子没挨过这样的骂。今天你可把他的头脸骂膀了。我不禁大吃一惊，连连说：不可能，我跟某某也算是多年的熟人，从未有过节，我怎么会骂他呢？我俩挨着坐，一直有说有笑的，不可能，不可能。我连连摇着头，还说我这辈子最看不上的就是撒酒疯。我怎么能骂人呢？再说，人家是王爷，我怎么敢骂书记呢？我这胆你又不是不知道？老丁瞪起眼睛说：我这一路上也奇怪哩，老肖咋了？喝点酒就疯了？我高叫不可能，这点酒我还能把持住。老丁板着脸说：我还冤你了？你要是不信，问问他们，听见了没有。众人都看着我说：真的，真的，绝对是真的！人们纷纷佐证老丁刚才说的话。还有的批评我，还说你刚才太让书记下不来台了，是有点不像话了。我一下子蒙了，想这是咋了？真老得拿不住酒了？耍文人脾气了？看大家一本正经的样子，不像是开玩笑。忽然感到挺惭愧的。一时有些蔫蔫的，有些后悔不迭，实际上，我是最讨厌在酒桌拿不住酒撒酒疯的人，我的学养告诉我，喝酒一定要有品。所以几十年来，在各式各样的酒桌上，我总认为自己是沉得稳，拿得住酒的。说起我喝酒来，熟悉我的鄂尔多斯人都会说，那人喝酒品得住。所以，人们送我了个绰号叫“肖不醉”。

可我这次咋了？咋好端端地骂开人家书记了？人家好心好意招待我们，我却喝了几口黄汤，就没个人样了？当时，我很自责，酒也全醒了，一下子有些蔫头耷脑的，闷恹恹地呆坐着。众人大多是兵团战友或“老交通”“老公路”，纷纷说我受打击了，伤元气了，受摧残了，有的还劝我骂就骂了，有啥呀？咋这么小胆胆？武新民一个劲安慰我：不咋，不咋？以后见面多喝几杯甚也不害，他当他的书记，你当你的作家，谁也不碍谁。武新民现在是集团常务副总经理，是老丁的好副手，四十年前我们同在一个兵团机关工作过，也是好朋友，好酒友。我说：好好的，咋把人家书记得罪了？武新民扯着哑嗓子说：得罪就得罪了呗！他还能把你咋？他又说丁新民：看看你这个老丁，跟老肖说那个干什么呀？看他后悔的，霜打茄子样样！老丁，今晚你得给提提气！

老丁点着头说：对，对！今晚我得给肖局长提提气，晚上补一补。继续喝酒，十全大补。

武新民嘎嘎大笑着：就等你这话哩。

众人也大笑，我也莫名地笑了。武新民指着我说：看看，高兴了吧？你骂他是抬举他哩！

众人又笑，我说：人家可是王爷哩，没听说过灭门的知县这话?！武新民推了我一把说：你又不归他管！怕他个干锅油气！

我说，不是这个！我怯怯地问老夏，刚才，我真的骂人家书记了？老夏红圆脸上微微笑着，也不回答。我更心慌了，有些懊悔不迭，连连说对不住了，也许耽误公事了，我咋管不住自己的嘴呢？我知道老丁正在和他们旗里谈一桩很重要的项目。我是担心给老丁的企业添乱，一个劲直赔不是：今天喝酒误你的大事了。项目要是为这事耽搁了，我可就成罪人了。老丁劝我说：这项目要是你这么骂几声，他们就变卦，那还是个项目？我也不尿屎他！老丁说着，哈哈地笑了，见他笑得很灿烂，我这才放下心来，自解说：咳，骂就骂了，下次见他面自罚几杯也就是了！想想，还是老武说得对，各干各的，浅色的裤腰蓝色的裆，谁也踩不了谁的行。众人说：就是，就是，这才是作家，天子呼来不上船，自称我是酒中仙，你这么大的作家还在乎他那个！众人纷纷劝我，劝我放下包袱，开动机器，还是一个好同志。我说：大家的好意心领了，这有啥呢？老武说：他们都是些小蛋泡子，有啥呢？咱听老丁的，我看晚上咱还得接着回回酒，给老肖压压惊，去去心病。武新民是出了名的大酒量，我俩喝酒，从来都是一人一瓶，谁也不劝谁，喝到瓶子立起，滴不出一滴酒为好。老武说：你中午喝得太猛了，劝都劝不住。要说咱是啥酒量？眯一觉啥也不害！你得学学人家老夏！那才叫十杯八杯尽管来，风雨不动安如山！老夏说：武哥你别晕架我，把我们局长喝醉了，我还没说话哩！我说：咳，神仙也过不了酒的关，喝酒哪有不醉的，况我辈还是凡夫俗子？你不醉，你还是没有喝到位。众人笑得咯咯叽叽，都说还是作家说得好！我说：诸位哥哥姐姐，别再晕架我了，我这不今天就没品住！要说哇，老丁说：今天是有点喝高了，听老武的，今晚一定得给肖局长回回酒。回酒，也叫淘淘酒，这是鄂尔多斯酒文化中独有的一种解酒方式。帮客人解宿酒时，好客的主人总是在早餐时再给头天晚上喝高的醉客敬上几杯“淘淘”，回一下酒，颇有点以酒压酒的意思。听到晚上回回酒我又无端兴奋了，我说：淘淘就淘淘，这辈子咱就不怕个酒。老丁高兴地说，就这么定了，现在直接回酒店。老丁晚上安排的酒店就在我家旁边，走路也就是个百八十米。等我们到酒店，天已经稍稍有些晚了，夜色浓了起来，街道上的车灯已经铺满，在马路上闪闪亮亮的，像一条条流动的铺天盖地的火龙，映得城市流光溢彩。老丁说：也没觉得咋，咱这城市夜景越来越好看了。众人都说：是，鄂尔多斯越来越好看了，越来越有个看头了。

那晚，我是摇摆着进酒店的，早见胡承慧笑盈盈地等着我们了。开桌之前，老丁说：大家都老大不小的了，中午喝了不少，晚上主要是回回酒，好睡觉。中午肖局长喝大了，咱今晚帮他淘一淘醒醒酒。胡承慧细声地自言自语道：喝多了可不好，真的不好。

我说：今晚听嫂子的，谁都不能多喝。众人一致通过，淘淘就淘淘。武新民说：老丁今天就是意思一下，给老肖醒醒酒就行。我说：别借我的名，吃谁喝谁感谢谁。武新民说：听老肖的，咱今晚还得谢老丁，我以为老丁不用谢了呢，来，来，我先干一个谢老丁，老肖你也下一个。我说：淘淘就淘淘。喝了一个，立即感到胸内冲上一股东西来。就想再淘一个，我敬老丁和胡承慧，又淘了两个，感到和老朋友们喝酒，无拘无束，非常惬意。喝酒的人知道，酒这东西，真是不以人的意志为转移的，那才叫酒进肚里红似火，感情上来不由我。在座的几乎都是几十年的老朋友，你淘一杯，我淘一杯，很快勾起了涟涟往事。讲兵团趣事，讲创业艰辛，那晚不知什么话头，让老丁动了感情，眼圈子有点红了，我不知那天是谁点燃了、触动了他的那根筋，让他非常澎湃，他是想起了兵团的峥嵘岁月呢还是触动了创业的艰辛呢？或是见当年的我们都已经是两鬓染霜的壮年？我发现老丁是个感情特别细腻充沛的人，经常会热泪盈眶，非常好激动，激动起来就敢歌敢舞，大碗喝酒。原来是想淘淘醒醒酒，回家好休息，老丁却突然激动了，高脚杯子倒满了白酒给这些昔日的战友朋友同事员工敬酒，然后在胡承慧轻轻的“新民”的呼叫声中，与人一杯杯干开了。那晚，光我就干了三高脚杯，还不算零打碎敲的。小二斤白酒下肚，自然是头重脚轻摇起了太空步。那晚上，依稀记得胡承慧的细声劝阻，但鄂尔多斯山曲唱得好：烧酒本是五谷水，先软胳膊后软腿。后来老丁说我唱的是：扳住妹妹亲了个嘴，一肚肚生铁化成了个水。唱没唱，我是记不得了，只是找回家里天都亮了，我也不知道这一百多米走了几个小时。老丁却无大碍，可能三斤酒量不是他的天花板。第二天中午，又给我打电话，说下午有事谈，让我去他的家里，小夏会准时接我。下午到了丁家，丁新民要谈一下创建社会主义新型企业问题，并有了理论和思想框架，准备个材料，要在第二年的公司工作会议上提出这个问题。我俩正谈着，胡承慧进来送茶，还给我送了个纸条子。我有些莫名，看她仍是笑盈盈的，我便接过来，老丁说：回头再看吧，先说正事。我便将纸条塞进了衣袋，但心里多少有些忐忑，不知是什么事情，为什么要采取这种小女生的传递方式。那时老丁正在考虑企业的发展方式，提出创建社会主义新型企业的构想，这还是世纪之初的事情，从他的本意上来讲，是想梳理一下企业走过的路，扎实企业生存与发展的理论构架。他把这个想法与我和公司机关宣传口的人说了，大家都挺兴奋，胸中荡起一种久久的冲动。老丁让我联系一些市内外有理论建树的文化人士共同研究探讨企业的发展方向。因为在企业创建之初，他就在党委的工作会议上，提出了“让无产者变成有产者”的宏大奋斗目标和构想，我就是被他这个宏大构想吸引到他身边的，觉得这话挺有琢磨头，实践起来挺有干头。当时被这个宏大目标吸引到他身边的还有自治区党委宣传部的阿龙副部长，自治区党委理论刊物《实践》杂志社副总编辑田培良，大家谈起这个宏大目标时，个个都兴奋得满脸透红，都认为这目标有奔头，使人们的宏大理想和设计，能够量化，树立阶段奋斗目标。我想老丁哑着嗓子喊出这一石破天惊的口号时，大约是企业行为企业目标，是对跟他创业的朋友们的一种期许和承诺。因为当时聚集他旗下的大众是一群无可复制的穷光蛋，地地道道的无产者。有大山褶皱里的农民，有草原上的牧人，有刚出校门的青年学生，有扛着锹头每天等在自发劳务市场的打工者，有下岗的工人，有流浪街头的市民，有为腹中的下一顿找饭辙的人，有在瑟瑟风雨中梦想发财者，这揣着自己形形色色的梦想者、心大者、欲望者，在苦苦寻找着自己改变命运的时机。这一切人员，就像一滴滴雨点，一股股弱水，一注注细流，涓涓汇入到了他的旗下。这是一群在改革开放的狂风暴雨下寻找生存空间发展机会的弱者，他们需要一个领头人，敢做事敢承担的人，哪怕是暂栖在他的旗下，寻找着鱼跃龙门打滚翻身的机会。那时，鄂尔多斯，内蒙古，中国有太多的传说，人们都被这些传说刺激着，纷纷窥探着时机，寻找着时机，改变困境，发财致富，成为有产者，这是多大的梦呀……丁新民微微笑着迎接他们，接纳着他们，不出几年的工夫聚集起上万人的队伍。他知道，他们当中的许多人就是冲着他那“让无产者变成有产者”的呐喊来的，而作为领头人，他将把这些形形色色的人引到哪里去，这是摆在他眼前每天就像吃饭一样的紧要事情。许多人是做着梦来的，或者说是来丁新民这里做梦的。面前的是成千上万的穷光蛋，而想的是要让他们过上有车有房挖空脑筋变换一日几餐的有产者，丁新民是带领他们实现梦想的人。他们要在丁新民这里，感受着这个天翻地覆的巨大变化。

为此，丁新民也一直在苦苦思索着。这思索，彻底改变了丁新民的生活，改变了胡承慧的生活，一个念头并将之实践，首先是改变了他的生活。那就是毫不犹豫地抛弃过去，抛弃你曾经熟悉的一切。当时的伊克昭盟是个传统的地级城市，既没有铁路，也没有民航（只是每年黄河开封河时，每天由两班双翅膀的安二型飞机飞到包头，可以面对面坐十余个人。这是开封河时期，伊克昭盟与外联系的唯一交通工具。飞行员有时离开驾驶舱走进顾客当中，伸伸懒腰，抽支烟与乘客聊聊天，我都惊得连话都说不出来，飞机飞得摇摇摆摆的，越过沙漠，越过黄河，越过层层叠叠的黄土高坡），当时公路是伊克昭盟单一的交通形式，公路工程局也是唯一的公路施工企业。一年几百万工程量，虽不像别的盟市那样活得滋润，但也是够吃够喝，也是数得上的好单位。后来改革了叫企业化管理的事业单位。到老丁出任局长、党委书记时，工程局国家包养的性质一直没有变。所谓一线施工人员，都是小工头，指挥着临时招募的农民工实行生产劳动，基本上不从事体力劳动，老丁曾经说过，我是领着一群吃蹲蹲食的大爷。有的领工员小皮鞋擦得锃亮，有的还留着黑油油的抹着发蜡的分头，可每月领的施工补贴都要比月工资高，这让泥水里滚的农民工非常眼红，“看看人家”，人们不禁有些感叹，称每月能挣几百元的正式工都是一些“好活的人”。

老丁是公路工程局的局长，也可谓是衣食不愁，还受人抬举。对这种懒惰的惯性，老丁是痛心疾首，担心这些人就这么混下去就要废了，我自己也要废了，这种生活是他要彻底改变的。他曾断言，再这样下去，早晚得整体下岗，全都没有饭吃，他大声疾呼，众人仍是乐哈哈的，只要有修路有工程款，就有他们的饭吃。老丁曾问过他们，你们想过没有，要是有一天没有工程款了呢？众人哈哈大笑了起来，那怎么可能呢？伊盟不发展公路建设事业了？当时伊克昭盟八万六千平方公里的浩浩国土上竟没有几条黑色路面，加起来也没有三百公里黑色路面，大都是晴通雨阻的黏土路面，许多旗的街道都是砂石路面，国道省道县道坑坑洼洼，人们开玩笑说坑槽大得可以蹲进几个养路工打扑克，当时伊克昭盟的公路建设是地地道道的一穷二白，草原上沙漠上能有个固定的线形就算是公路建设和养护的大发展了。公路要发展当然公路工程局就有活做，有饭吃，老丁这是瞎操的哪门子心呢？不少人认为老丁是在危言耸听。

老丁说要是狼来了呢？众人大笑，哪会有狼呢？这美丽的世界怎么会有狼呢？老丁疾呼，看开点吧，要想发展，一家独大的局面肯定要打破！大家想想，改革开放已经十多年了，世界变成什么样了，你们还解不开啊？众人哈哈地笑着，解不开，解不开。当时，他的身边人和部下能与他对成话的没几个，但是要跟他做事的，却呼啦啦能站出一大片！他们相信老丁，几十年来算把这人品出来了。曾有人对他说，丁局长，你想啥道理我们不是太懂，但我听你的，我就是不相信自己也相信你！这让丁新民感动，也让他压力倍增。丁新民隐约觉得现在伊盟的公路建设体制需要大动一动了，净等着上面拨款搞建设，永远不会有大的改观，咋样发动建设者和投资者及社会方方面面的积极性呢？这是公路建设改革需要下狠心迈出的一步。唯有打烂坛坛罐罐才能有质的飞跃和前进，才能迎来鄂尔多斯公路建设的百花齐放。他想了若干天，下决心自己要扯旗单干了，汇入到奔腾的“下海潮”中。要把吃了几十年的蹲蹲食，改变成想着自己每天刨食吃，不光自己要找食，还得想着那些跟着自己的工友弟兄，没有白晚地为大家的饭碗想辙，这里面的甘苦老丁自知。但这怨不得别人，这是自找的，是自己把端在手上的铁饭碗摔在地上一脚踢烂的。脚上的泡是自己走出来的，这个落差变化让丁新民一开始有些陌生，从里到外都不适应。在体制之内人生是幸福的，不用动太大脑筋的，有人会为你规划一切，甚至是生老病死，都有人给你扛着；而走出体制，无人可依可靠是恐怖的，一种无着无落的感觉甚至会使他从睡梦中惊醒。你做自己的主，是好还是坏呢？好坏怕是最不准的，最没有表达冲击力的，我想还是一种习惯，习惯有时真是无敌的。当生活的前景需要自己去创造时，抬头看不见那块天花板时，挡住了无数有梦想的人在这个时代的作为。成功者就是捅破那层薄纸的人，但这是极少数，而大多数勇敢者都是死在沙滩上。丁新民会成为哪种人呢？我想，这个问题肯定纠结过丁新民，他也要吃饭，养家糊口，当好丈夫当好父亲。现在已经无法想象和描绘旋涡中的他，我想，当丁新民为之纠结时，有多少个夜晚他是不是也有些茫然地看着沉沉的夜空？这得有多少个夜晚啊，也许，他现在已经记不清了，可我想，那些日子在他脑海里盘旋得更多的是那些穷工友、战友、朋友。他们也是带着理想，带着疑虑，但是义无反顾地聚到了他的身边。那时，他不是高峰，而是有容乃大的洼地，形形色色的人浪掀起浪花冲涌着他，推动着他，他不断地思索着，斗争着，他清醒地知道，以后的日子是领着几千人寻食的日子，这个压力不是当事者是永远体会不到的，这一切，还是要从东杨公路说起……

东杨公路将是彻底改变丁新民人生之路。身边的一些老人还习惯地称他为“丁局长”，可他知道，“丁局长”已经成为过去，他知道，他现在或者正在变成一个找食吃、找工程做的大工头，他的身后聚集着几千人甚至上万人，他们是丈夫，是父亲，是儿子，全都是背负着家庭的人，集合起来，这是多大的群体，有几万人吧。这么多的人都盼着他，看着他，思着他，想着他，从此，他的一颦一蹙、一言一笑都与这些人的生存、生活质量有关，他无疑成了他们的大家长，这是人生最大的压力，当一个人与他人息息相关的时候，那他还成为他吗？

事情超出了他的想象，自然压力也就来了。可我感到丁新民这人，不管遇到天大的事情，他总是哈哈地笑着，憨憨的，和他接触让人特别踏实。他乐呵呵的样子，像是在告诉人们，一切都会好起来。有时，有些琐事，他也非常关心，细细地铺排。让我感到他挺累的。我曾多次对丁新民说过，你现在大家长了，多少人把自己的身家性命全系在你的身上，而且别人的事情，往往与人家的身家性命有关，思来想去，你这辈子也是替别人操心的苦命。我觉得说得挺重的，甚至担心丁新民不愿意听。

他仍是憨憨地笑着，不知是赞同还是不赞同我这话。关于丁新民“让无产者变成有产者”口号的提出和呼唤，二十年来，经过方方面面专家的论证，媒体的宣传，带有很大的理论冲击力和社会影响力，有许多专家做着形形色色的论证和考察。它就像标签一样贴在丁新民的身上，与之共生共舞，有许多大专家想挖出更多的料来，以佐证他们的论证。可我知道，丁新民的出发点还没有专家想的那么高远，我总觉得这只是一个始创业者的创业规划、心理预期，是地地道道的企业行为和思想准则。他喊出这个口号，也许当时就是想让身边的人，用他的话说“跟着我们干的人”，即企业的员工、农民工脱离贫困，这也是彻头彻尾的经济行为。

那段时光，丁新民就常用这样的话鼓励自己：来企业的人跟着你干什么？联合来联合去还是穷光蛋，还是无产者，那还不如不联合呢！我想，老丁说这句话时，在他的脑海中浮现起的一定是那些来自陕北黄土高原上的打工的穷汉，草原上的想改变命运的穷苦牧民，刚出校门的有着小鹌鹑一样赳赳雄心的大学生们，是想改变命运的内心涌荡出来的无比豪情通过他的嘴呼唤出来了。曾有朋友想开掘这句口号的理论高度，我说我想起了陈胜的“王侯将相宁有种乎”，我所知道丁新民的学养没有那么多的理论储备，也不过是胸中激汇出来的东西让他振臂一呼，就像是旱天里的一声春雷，激起了那么多人的发家梦，把一些不少无可复制的穷光蛋聚在了他的身边，要说这个是丁新民一生的核心理念和追求的初衷也不过如此。当然，实践出真知，实践出英雄。我觉得丁新民，在他经历的改革开放的岁月里，是一个思想者，探索者，实践者。我知道，这一切都与东杨公路有关。那时的丁新民与这条路有关，它是这条公路的儿子，没有这条公路，丁新民后来的生活，都无从谈起。假若没有这条公路，丁新民后来灿烂的人生，像美丽传说般的人生，也许会

是另外一副样子。

人生没有假设，对谁都一样。你承认不承认，就是丁新民承认不承认，也没有多大的关系，我作为他半个世纪的朋友，始终认为，丁新民的宏图大梦就是从东杨公路开始。

东杨公路，我不知道它是不是常走进丁新民的梦里，我总觉得它就是飘动的玉带，如梦如幻常走进丁新民的生活里，让它何时品起来都如醉如痴，他改造了东杨公路，同样东杨公路也改造了他。他也在改造建设东杨公路时，淬炼成了一个地地道道的人，说到丁新民，还是应当从东杨路说起。

这条盘旋在鄂尔多斯高原上的东杨公路，像一条带子紧紧系裹

在丁新民的身上，把他的未来命运，甚至是家族的命运，以及成百上千人的命运紧紧系在一起……

啊，东杨公路，我不得不承认，这是丁新民人生的命运之路，也是他的修炼之路，他的身上有抹不去的东杨印记。

……

| 第六章 |

丁新民自寻的甘苦，是真正的甘，真正的苦

我去东杨路改造工地时，那时施工还没有工程批文，丁新民先用几十台推土机轰隆隆地干了起来，至于以后，我也不知道丁新民想过以后没有，反正是干了起来。他要把掐住鄂尔多斯经济发展的卡脖子路修好，彻底打通，摆出了一副豁出去了的样子。他先在系统内集资，用于开工的先期费用，而且成了社会上的一个热门话题，许多人都打电话问询此事。我也只能说，批文正在争取，老丁集资自然有他的道理和考量，大主意还得自己判断，自己定夺。说实话在九十年代中期拿出万儿八千块钱的户家还不是很多，我记得我的一部中篇小说改编成电影剧本，得了一万元稿费，当时许多文坛顶级大腕，还找我寻求经验。现在呢，刚出道的影视创作专业毕业的大学生开口就是一百万。我在车海中穿行着，在布满坑槽搓板的道路上颠簸着，不时看到运煤的煤车误在坑槽里呜呜地喘着粗气，后面鸣喇叭的车子响成一片，交通警察和公路路政的“大盖帽”们声嘶力竭地吼着、叫着，养路工们嘿嘿哟哟地帮助推车，车排成了长龙，黑压压的望不见个头尾。好在夏师傅车技高，车开得灵巧，总算把车开到了东杨路改造路段。我们的车蹿来蹿去，总算

拐进了东杨公路改造指挥部。这是一排路边的破平房，好像都是跑风漏气的，墙上贴着一些大标语，大都是拼死拼活要拿下东杨路的。处处透着一股丁新民的气质和风格。

不一会儿孙平来了，这是个个头不高的年轻人，浑身透着精干和机敏。我知道他是交通学校的毕业生，在盟公路工程局一直是搞工程技术的。我也知道，他现在是公路工程局的副局长，是丁新民的副手，也是全盟最年轻县处级干部中的一个。我曾听丁新民多次向我介绍过他，那口吻充满了长辈的爱护和期许，是个能干有想法有闯劲的好后生，好后生哇，有希望有前程，比咱们年轻时有文化有技术多了。以后伊盟的公路事业就靠他们这样的青年人了。丁新民常给我这样说他的副手，这是孙平留给我的唯一印象，而这印象全是丁新民灌输给我的。

孙平知道我与丁新民是老战友，给我说：看丁局长来了？他不在工地。我不禁有些奇怪，说：工地上马踩车呢，他人去哪儿了？孙平说：这些日子他就跑这条路的批件，那可是卡脖子的事情哩。这批文一天不下来，咱这就是个二乎悠悠工程。我懂二乎悠悠这方言，意即没把握，没着落。我问：现在有点眉目了吗？我听老丁说，盟里的手续不是全有了？孙平说：得等自治区发改委，交通厅报自治区政府，还得备案国家发改委、交通部。说是备案，给批复走的手续基本是一样的，少哪条都不行。草原、交通、林业、水利、电力、环保都得出具文件，少哪个部门都不行。北京要的详细着哩！我问是不是阎王好见，小鬼难缠？孙平说：我也跟着跑过，反正麻烦事挺多的。丁局长说从现在起我们要适应麻烦，不怕麻烦。只要拿下东杨路批文，不怕这些，这对我们也是一个锻炼，一个考验。

我知道，这是一个磨人性子的事情，丁新民遇到过什么，也许人们已经忘却了。遇到的甘苦，也都成了往事，也许它们还深深地藏在丁新民的记忆里，但事情过去这么多年了，一切都会变得云淡风轻。我记得，丁新民的司机张志鹏曾给我说起过，到发改委跑项目批项目的各省各类人员都聚集在走廊上，等着的都是各类人物。我和丁局长就是小捏捏了，我们等着递材料，时间久了，丁局长犯了烟瘾，跑到楼梯抽烟，正好碰到了一个中年人也躲在那儿抽烟，慢慢和丁局长我们成了熟人，交谈起来，我们只知道他在中原地区的省政府部门工作，那人看着挺实诚的，说话也不急不慌，部里的小女女掩着口鼻跑过来训我们不让抽烟，那人忙掐了烟点头称是，后来交谈起来才知道那人是分管交通的副省长。副省长呀！我说：人家再小是京官。张志鹏说：那些脸子你真是没见过，昨晚上还喝得称兄道弟的，第二天早上就当不认识你！丁局长还跟没事人一样，说咱要是坐在这个位置，比人家也好不了多少！肖局长哎，好你了我了，张志鹏提起往事，一个劲说好你了我了，够够的哩！一星期跑三几趟呼市北京是常事，我是跑灰了，可丁局长是越来越沉住气了，见的人多见识也广了，也更沉稳了，说话没得脾气了，他心里的火总是能压住，啥事也不急不慌的，我是真真服了他了。我说：北京就不是外省的官员撒野的地方，河北的一个交通局长撞了卡子，硬让北京市公安局的人跨省追捕，硬从单位提溜回北京，生生判了两年。张志鹏说：都上电视了，是有这么回事，不是说天下交通是一家嘛?！咱这车过收费站时，给人家好好说一声，是内蒙古交通局的，摆下手就过了。这两年不行了，别说北京，在内蒙古都得查你半天。有时通行证都不灵！肖局长哎，这路修得咋都六亲不认了？我说：这也许是市场面前人人平等吧。仔细想想，也是好事！张志鹏说：啥叫不进北京不知道官小哇？咱就是小捏捏呀！反正我是越跑越没有脾气，求人家办事千万不能着急，后来丁局长常说，想想全国得有多少事情都集中在那几间小屋里，办事的人就那么十个八个，你着急也没有用，等吧，熬吧。底下天大的事，到了北京全国一平衡，你这算个啥呢？我想想也是，只得苦笑了几声。

说一千道一万，这还真怨不得人家官僚主义！

我问孙平：东杨公路的事有点眉目了吗？

孙平想想说：我也真说不好。你看丁局长那样子，像是有点眉目。听说bot项目国家还是比较重视的。再说这个项目国家立项批过，就是前家耽搁了，这次丁局长想把这事接过来，说难比登天也难，说易也就是上边一句话的事情。该磕的头都磕了，该说的话也都说了，说是已经走程序了……

我说：那是有希望了？

孙平说：丁局长说希望总是有的，他遇到甚事总是笑眯眯地说，面包会有的，反正我们高骡子大马地干上了，没有退路了。批不下来我们也看透了，就是个死！

我听了心中有些酸楚的，为老丁，也为公路战线的朋友同事们。我知道这个死代表什么，并不是指肉体的，而是指一种倒霉不走运，不得势的形态。伊盟人常说“死下了”，意即办不成了、不行了等等，非常多意思又极耐人寻味。

我叹了口气，啥话也不说了，我知道孙平的担忧也正是我的担忧，这也正是丁新民这些日子日思夜忧的。我在工地上走了一路，知道公路局的中层干部、技术骨干和参与东杨公路建设的人们，都在为这件事情隐隐担心。谁也不知道，这个项目批不下来会发生什么，我想，丁新民考虑没考虑如何善后呢？小山一般的资金压力，那可是集资者一点一滴从牙缝里抠搜出来的。处在风口浪尖旋涡中心的丁新民岂止是担心?！还有他的妻子胡承慧整天为他悬着的是一颗什么样的心？在某种意义上来说，属相还不清楚的东杨公路就是他们的衣食饭碗，寄托着无数人的希望和梦想。丁新民带着这些人聚在一起，为东杨公路出力出资流汗，为的是一个灿烂的生活自由度更高的明天。在颠簸的东杨公路上，我像是忽然理解了这些公路人，也理解了丁新民的甘苦。自寻的甘苦，是真正的甘，真正的苦。见我有些恹恹的，司机老夏对我说，肖局长，我看不咋，看着这施工队伍还挺齐整的。我说，是的，是的。我望着蓝格央央的万里碧空，丝丝缕缕游荡的白云，还有不时飞过蓝天的野鸽子、雉鸡，衷心祝愿和希望老丁像鸟儿一样自由飞翔，祝愿他和他的东杨公路有个好运气。

在东杨公路上，那一刹那，我竟然相信了世界上运气之说。我哈哈地笑了……

| 第七章 |

丁新民说，我是光着屁股下海了

那年，告别了东杨公路，我去了北京，开始创作一部电视连续剧《爱在冰雪纷飞时》的剧本。故事是写当年知青们在黑龙江生产建设兵团的故事，是我喜欢写的作品，可以看到自己兵团生活的影子。这部电视连续剧是根据当年的知青作家，当时是黑龙江农垦总局的一位主要领导，还兼着省作家协会副主席的韩乃寅的长篇小说《远离太阳的地方》改写的。从小说到剧本改编，是一个非常漫长的过程，说来，我也是去临场救火的。剧组都成立了，而剧本还啥都不是没有个着落哩。制片人和导演急得不得了，眼见着人吃马嚼地花钱，却无法开机。制片人临时找我救火，一口一个肖哥，叫得非常亲切，他说，你得帮帮我，稿酬好说。跟制片人不能客气，但也不能乘人之危大开口。我取了个以往的中间价，制片人挺爽快地答应了。我到了京，看了书，然后赶到哈尔滨剧组，又与原作者进行了沟通，很快拉出了大纲，竟然导演、制片方一致通过，并交口称赞。随之我开始了闷头写作，几乎用一天一集的速度进行，写了前十集，便开机了，片子的导演张汉杰对我说你可是救了制片人了。我于是闷头写作，在键盘上敲得昏天黑地的，用了十天时间，写了十四五万字，而且一稿过，说来，当时我都挺佩服自己的。演员看完剧本也都挺兴奋，有感觉，后来有些演员还成了朋友。进入了疯狂的写作状态后，渐渐地忽略忘掉了一些东西，也包括与丁新民生命息息相关的东杨公路工程的进展。回到鄂尔多斯家后，听老婆隐约说丁新民的东杨公路项目国家批了，丁新民他们还成立了一个东信公司运营这个项目，现在搞得挺火的。我说是吗？心里真是为老丁和他的东杨公路高兴。一天和单位的几个同事一起吃饭，才知道丁新民表态了要当年立项施工运营一气呵成，众人都说老丁这次是拼了，东杨公路一派红旗招展，红火得热闹得就像在打大仗。我说老丁算对得起大家，对得起国家上的这个项目了。有个女同事拍着手说，真好，真好，我还入了两股哩，当时我都没敢告诉我家老汉，怕他抽我！这回好了，好了，能睡个安稳觉了。两成利哩，可比存银行强多了。前些日子，有人说这个项目不行了，好多人嚷嚷着退股哩，这次傻眼了吧！不知是哪个灰毛驴放的臭屁，差点把我坑了。还有同事说啥事都得咬牙坚持，老丁这几个月要不咬牙坚持住，往后一出溜，现在鼻子准比脸大！还有的说老丁找见了一个大人物，大人物发话才有了今天，光凭老丁哪行？我说咋不行？只要功夫深，铁杵磨成针！还有的同事对我说，你和老丁是战友，这次好了，你还不抓紧入几股？现在听说你们兵团好多的人都入股哩。也有的说现在入不进去了，肖局长要是开一口准行。听说每股干拿二分利，我的心也动了一下，但又觉得难为情的，心里还是有些七上八下的。回去和老婆商量，老婆立即说你们是好朋友，你就更不能张这死人口了，咱就没发财的命！我说你骂得对，是他妈不能开这个口！老婆骂着，我忽然对老婆有了几分敬意。她是宁愿旧衣烂衫，粗茶淡饭地苦自己，也不愿意在道德层面上委屈自己一点点。我说这次去哈尔滨写电视剧挣了点钱，咱们还是在北京买房交个首付吧，以后咱得把儿子弄到北京去。老婆说你可想好了，我说想好了，为了儿子进北京，打死不变了。老婆说那就看孩子自己了。

关于老丁和他新成立的东信公司，这段时间成为交通系统干部职工们聊天时的谈资，社会上的人们也是津津乐道。发财挣钱贩羊毛贩黄芪，好像人人都卷进了这发财致富的旋涡之中。我感到这座城市蕴藏着一种萌动，那是全新的这个城市从未有过的，那是对金钱，对财富，对未来的向往和追求。人心一下子撑大了，走西口闯荡天下的后人们又迸发了偾张的血性，这血性刺激着鄂尔多斯这条经济巨龙正在拱起脊背，欲一飞冲天般飞跃和升腾。难道丁新民也加入了这个行列之中，抑或会成为龙头？我了解敢作敢为敢为人先的丁新民，他只要认准的事情就会不住气地坚持做下去，事无巨细，亲力亲为，共产党人最讲认真，时代呼唤着最讲认真的丁新民。我被丁新民吸引了，我知道要想让自己的文学之树常青，就要不断吸纳身边人的故事，保持文学生命的活力。我想，我要盯紧丁新民，也许我抓住了一个时代符号。他的转变，会不会是又一个乔厂长呢？我把丁新民与这个时代改革的文学典型紧紧地联系在了一起。

这天，我抽空去东杨公路工地去看丁新民，司机老夏说东杨公路正式批复了，我想他准在公路工地上。我问老夏：你在他那儿入股了？他笑笑说：好你了，我哪来的钱？孩子们还没拉扯出来。再说，你都没入，我入啥？我笑了笑说：咱们可是一对穷光蛋。老夏说：那程子可是有不少人入股了，后来听说工程批复下不来，不少人吓得又退了。这些人咋好意思了？我说：这有啥？人挣俩钱都不容易，反反复复是人之常情！老夏说：反正老丁那儿是碗大汤宽，进退自由。老夏连连说老丁人性好，天都帮他。这不批复下来了？他还不得在工地上快马加鞭？我笑了说：你们真是好哥们儿！

我们果然在车水马龙的东杨公路建设工地看见了风尘仆仆的丁新民。他那张国字脸让鄂尔多斯的山风拍扑得黑黝黝的，头上戴着一顶红色的安全帽，穿行在一排排推土机之间，不时还挥手吆喝着什么。他的身后还跟着孙平等人。我下车与他握手，他笑笑说：你来了？我问：听说工程搞定了？他呵呵一笑说：世上无难事，只要肯登攀，我这次是信了。孙平说：肖局长，那天你不在。我们是真高兴，每人干了三大碗白酒。我说：天爷，每人三大碗，那还不得躺下一片，咋？高兴坏了？老丁的司机张志鹏说：好你了，肖局长你那天是不在，就在工地上，职工们高兴地把丁局长抬了起来，一二三，往天上扔……

那天，天真蓝啊，阳光也是那样灿烂，丁新民眯缝着眼睛回忆着。我看到他是陶醉沉浸于一种幸福的回忆当中。我当时就笑了，老丁睁开眼睛道：你笑什么呢？我说：我笑什么，你当然知道。丁新民道：你这家伙果然是作家，咱们战友没白当，朋友没白交。啥事爱刨问个根底究竟，啥事情都爱看到背面，不像有些人鼠目寸光，顾头不顾腚的。我说：你甭给我戴高帽子，咱可是二十多年的老弟兄！丁新民拍拍我的肩膀说：我要说有啥想法，也躲不过你们这些文人的眼睛。我这个粗人咋也爱与你打交道？我说：咱俩脾味相投呗！他哈哈大笑，非常粗犷，然后对我说：走，咱们回办公室聊聊去。说实心话，我也正想找你聊哩。我说：好啊，咱们好好聊聊。

丁新民转过头去对孙平说，你今天就在这儿盯着，垫层不铺完，决不收工。今年咱们就要通车见效益，不是上下嘴皮碰碰就能完成的！孙平说：丁局长，你放心，我保证拿下它！丁新民说：我回办公室一趟，和老肖谈个事情。孙平说：丁局长，你放心，我们这儿肯定误不下事情。丁新民又冲张志鹏等人摆摆手说：你们全在这儿跟着孙局长，看看他有什么吩咐，你们好跑腿。张志鹏笑着说：丁局长，你放一百个心，你也抽空眯上一觉，都在工地上撑了几天了。丁新民笑着道：我咋觉察不到呢？这些天，一眨巴眼睛就过来了。

他笑，大家也笑。浑身上下洋溢着兴奋，精神抖擞地上了我的车。老夏说：老哥，你还在一线指挥呀？听人家说你可是当老总了？丁新民笑着道：啥老总？我咋不知道？他说着，哈哈大笑了起来。老夏说：老哥哇，你这人呀我也品出来了，你就是当成了个啥，裤腿上也是沾满泥巴！丁新民说：我就这么点出息，听不见工地大车喇叭响，我就睡不着觉。我算看透了，我就是当啥，也是个受罪的命！我擂了他一拳，说：你个老丁哇！他说着，随手摘下了安全帽，我一看他竟然留了个光头，头皮青青的。我奇怪地问：你咋留光头了？他笑着说：不光我，整个公司的爷们儿全留光头了。当政府办公厅的批文一下来，大家激动得不行，那天酒喝嗨了。我说兄弟们，光喝酒庆祝不行哇。咱们要创造一个奇迹，闯出一条道路，我有这么个想法，那就是拼命拿下它，今年要整个完成施工，今年就运营，今年就收费见到效益。众人一听，高兴得哇哇直叫。我说我就叫它东杨速度吧！众人一听就把我抬了起来，往天上扔啊，扔啊。我又给他们说，东杨公路是我们的第一桶金，按签订的责任合同，谁完成得快完成得好，我就按合同奖谁！众人一听乐坏了，呜哇叫着，丁局长，我们水里泥里，照死里干！我说，你们照死里干，我就照死里兑现发钱！众人还不乐疯了？有人还拉拉我的衣服，意思是不要让我把话说满！我想，这话就得往满里说，要不签那合同，盖那红章大印干什么呀？我们是公司，没人管着我们，我们自己得放开手脚大干！我对职工们说，今天我剃发明志，公司定下了，咱就得算！众人激动了，都跟着喊，我们也剃发宣誓，保证按合同完成任务，照死里挣钱拿奖金！于是全公司的爷们儿，全都剃了光头，上了工地，当工地上出现这些光头们时，来往的行人非常奇怪，这是哪来的一支光头施工队啊？而且传得越来越玄，说是监狱劳改队的犯人上了东杨公路了……

丁新民说着哈哈大笑了起来，我也笑了，老夏说：新民老哥，看咱的队伍真和过去不一样了，到哪儿都是嗷嗷叫。丁新民说：咱办公司就是要带出冲得上打硬仗的公路施工队伍，剃头明志只是一个形式，但这形式很重要，我要的是这一股一往无前的气势，带出和打造一支无往不胜，无坚不摧的铁军！老夏说：新民老哥，就是喜欢军队那股劲！

丁新民说：想想当年在兵团时，咱们那股气势。我说：老丁哎，现在可和兵团那会儿是两回事。丁新民说：这我清楚，我是说人呀啥时候都得有那么一股精神！精神的旗帜永远不能垮！

老夏把车开进了东杨公路边上一个道班里，这个院子非常大，还有好多空地。老丁下车后对我说：以后就在这里建收费站，现在就是个烂大店。我正规划着把这院子整一整，建两幢楼，以后公司就建在这里。我说：你早想好了？老丁说：想好啥？真应了邓小平说的，摸着石头过河，慢慢摸索，规划，打理。我当时是赌着一口气，要拿下这条路！这条路现在是真的拿下了，新的问题又来了，原来是想局里自筹自支建养这条路，现在不行！要让你自建公司与公路工程局脱钩，这你知道的。

我说：我听说了。不就是要剥离吗？单独运营吗？

老丁说：啥剥离，单独运营？来，我给你讲讲，我估计你这书呆子啊，这事情你一时半会儿嘱哇不清。

我说：我是不清楚，这不是找你来聊聊？让我也长点见识。

我们说着话，进了老丁的办公室，刚坐下不久，有勤杂人员送上了茶水。我和老丁抽起了烟，喝上了茶。丁新民吐着烟，慢悠悠地说：懂啥叫剥离不？说白了就是让我在工程局长书记和这条道路的运营上选一头，我想了想说，我选东杨公路吧。那盟委领导说，你要下了这个决心，可就是白手起家，一穷二白了。我给领导表态，我说我不后悔，这是我理智的选择。我看着老丁说：这你真的想好了？不是说可以停薪留职吗？还有个缓冲。丁新民说：缓冲啥？我不喜欢西瓜皮擦腚，没个完了！人得把自己逼到河边上才有生路。我说：那你现在可是要锅没锅，要灶没灶了。丁新民说：这叫置之死地而后生。人们现在还习惯地称我为丁局长，实际上我知道，我这个局长是光着屁股下海了。

他有些自嘲地笑开了。我给他点上了一支烟，他慢悠悠地吸了几口，又缓缓吐出。几道细细的烟雾缭绕着他，他的面庞有些不大清楚。但我感到这是条真正的硬汉，世上的人，包括我，一辈子都在为到手的那点坛坛罐罐所拖所累，在大时代面前畏首畏尾，无所适从。那一刹那，我挺钦佩他，这是个男人，有担当的男人！

丁新民抽着烟，笑眯眯地看着我，我忽然感到他憨憨的笑，挺有特点和魅力。他忽然说：我知道你现在在想什么。

我说：我挺佩服你的胆量的！

丁新民摇摇头说：这与胆量无关，实际上人的内心深处都是个小胆胆的，谨慎再谨慎，这正是我的人生信条之一。正是谨慎我才选择了这条东杨公路，细品起来，你才会明白这是谨慎的选择。

我笑着说：老丁哟，你还是个思想者。

丁新民说：我时常想啊，这条东杨公路，现在寄托着太多。咱先不说国家什么的，想来，我不过是为国家经营着，对国家来说，你上缴税款利润，都是一样的。但对我来说，就不那么简单了，它不光是你的，还是许多朋友弟兄战友们的希望和梦想。那么多的投资者，我不过是替他们经营打理。我说：这我都知道，这也许正是你的压力所在。你之所以这么拼命办这件事情，是因为你的眼前常浮现这些人们期待的眼睛。丁新民笑了：这事情我认，眼前净晃动着熟人。我说：我不知道准不准，也许你正在选择一条利他之路。听我这样一说，丁新民的长眉毛不禁一挑，说：要说这个我还真想到了，我还真不是为个人，要说为朋友弟兄，这对搞企业的人，想把企业做大做好的人，起点又不是那么太高。让人笑话我这大老粗，没啥文化。我笑了，大笑着说：这才是丁新民，我的丁铁人，我的兵团兄弟！老丁说：你要是这么认为，我心里挺高兴的。然后我们又聊起了新成立的公司与行业主管局的关系，与原先单位的关系。我说：这个，我这个业余局长还是知道一点点的。老丁哈哈笑了起来，一副不太相信的样子。我说：你还不信啊？他说：咋不信？我还能不信领导的？我笑笑说：你老丁还是尊重领导的，这很好嘛！我说着笑了，他也笑了，还伸出大巴掌，拍了拍我的屁股。丁新民说：你呀，就是个写书的。说起体制内的事情，我看你也就是个业余水平。不过，写书人也有毒劲，要不你能把部长伤到尿根上了。我说：我他妈也是吃一堑长一智。丁新民用粗手指点画着说：我看你也是狗改不了吃屎，甭又捅出什么娄子来！我可是听领导说了，有事还真得防着你点！我说：操，我成甚了？眼中钉还是肉中刺?！丁新民说：那倒不至于，你不揽权，所以谁都愿意跟你合作！你占着个指数，又不恋事。我说：操，把我调走呀？丁新民狡黠地说：他们傻呀？你走了来个新的，那可不像你那么好说话了。我指了指丁新民：你是啥都明白，比我强一千倍。你也是狡猾狡猾的！丁新民哈哈地笑着：所以呀，你甚事也就是知道个皮毛，你就知道我们公司从公路局分列出来，要实行独立运营，自负盈亏了。这你知道深层次意思不？我摇摇头道：不就是这个意思？丁新民哈哈笑道：说白了，就是把我老丁一脚踢到姥姥家去了。从现在开始，我老丁，我们这百十号人，跟你们，跟公路工程局没有一毛钱的关系了。我现在是爹不管娘不要，成了没爹没娘的娃了。这是真的？我有些惊异地看着他，好像是不敢相信他说的话。丁新民狠狠吐了一口烟说：假的包换！我都四十多张的人了，连这么个话我都听不出来？我说：前几天局长办公会议上好像还指定领导负责联系你们哩。这不还是自家人？老丁笑笑说：你还是写小说去吧！这话你也信啊？他们也就是那么一说，留个会议记录，以后哄哄你们这些写家书生。我说：也他妈是，我参加的会议就他妈没研究过正经事。丁新民笑了：你没听说过，大事不开会，小事开大会。他又哈哈地笑了：我算是看透了看透了。政府行业部门联系我？那也就是你们说说。我要是真没饭吃了，你们管吗？我大声叫道：我们凭什么管呀？咱得把话说明白了，你脱钩出来，我想，不是为了没有饭吃吧？老丁笑了，脸上泛出了狡黠的笑纹，掐掉烟头说：你还是个明白人。

我也笑了：谁比谁傻呀？你要明白人情练达，世事洞明才是文章！这条东杨公路要是经营得好，还养不活你这百十号人？老丁站了起来，双目炯炯地说：养活这百十号人？我脱钩下海就为了养活这区区百十号人？老肖，你真以为我是开个小作坊啊？

我听丁新民这样说，不禁看了看他，他长眉下的眼睛中闪出锐利的眼风，这眼风是我从来没有见的。但我暗想，丁新民也是个有野心的家伙！他聪明，能洞察鄂尔多斯的未来，说来这也是一个心眼被鄂尔多斯的未来撑大的家伙！丁新民擂了我一下说：我知道你这家伙在想什么。

我俩不禁都哈哈大笑了。

我问丁新民：咱说点实际的，盟里对你是怎么想的呢？真就光屁股滚蛋了？丁新民看看我说：咋？你还想他们给我件黄马褂呀？现在，盟委鼓励干部脱钩下海，可以这样说，我现在是个体户了，没爹没娘的单干户了。就是这样的安排，干干净净，这样也好，真好！

我说：这是不是太不近人情了？你咋着说，也是盟委任命的县团级干部呀！一般人迈不过这个坎呀！咱这街里地面不大，你咋日哄你爹娘的？日哄胡承慧的？

丁新民笑了说：实话实说呗！我老爹给我说了句话，挺让我受用的。在咱中国，啥事你得想它个十年二十年！现在盟里让我光屁股滚蛋，到时上上下下都好看。

我点点头说：姜还是老的辣。

丁新民对我说：咱这么多年的朋友兄弟了，我想给你说说实心话。你说我也是四十多张的人了，在咱这地方当个县处级干部也算行吧？

我说：工作上那有啥说的！这些年，你可是没少给战友们办好事。这大家心里都记着哩！

丁新民说：你不说这个，我想都想不起来了。真从体制中走出，当个个体户，你还真得有硬肚渣子！

我说：可不是！我不知道别人，我是挺佩服你的。可我也听人说，要是给我这么一条路独自经营，给我个盟长我都不干！

丁新民说：咳，说啥的没有？这话也就是说说，真要有那么一天，就不是那么回事了。我在工程局时，常组织工程队为工地附近百姓办好事、实事，见一些人过得可怜想掉泪。有人说，等我挣下了钱，你看我……我说要办好事现在就办，不等着你有了钱，等你有了钱不知道是啥样子了。你说是不是？

我笑了。

丁新民说：扔了这局长，自己刨食吃，你说我能没有想法？我也得过烟火日子是不是？听到跟着我的这些人还一口一个局长叫我，可我心里想，这局长已经成为永远的过去，早被我甩到太平洋里去了！

丁新民忽然哈哈大笑了起来，这笑声非常激越，还带着几分苍凉。我不知道为什么听着竟生悲壮之情。我问丁新民：那跟着你来公司的职工们呢？他们怎么办呢？丁新民说：怎么办？跟着我丁新民干呗！我都单干户了，他们还不是单干户？我给职工们讲得很清楚，愿意跟我干的，留下。不愿意在这儿干的，继续回工程局去！

老肖哎，他亲切地叫了我一声，笑笑继续说：你给我说个实话，咱工程局是不是也得转制？我不置可否，他一笑说：我看他们也是兔子尾巴长不了了！不过人家转制还是高骡子大马，不像我光着屁股滚蛋！我对职工们说，大家都要留下，那我把丑话说在前头，咱从今往后就没有亲爹热妈了，再没有蹲蹲食可等可吃了！从今天开始，我们手中没有铁饭碗了，得自己刨食去！一切全靠我们自己，《国际歌》唱得好！我丁新民一不是上帝，二不是印钞厂，我也得四处给大家找活路去！我看透了，我们面前将是这样一条路：干得好，未必就有饭吃，要是干不好，肯定得当讨吃子！

我说：要说这还真是实话！可你这么说，还不得把人吓跑？

丁新民说：你想，让这话吓走的，他还能有多大的出息？走了我也不强留。我告诉他们的是大实话。反正我这里是搭好台子了，那就看你能翻多大的跟头了，看你的本事了。老肖哎，我话这么一说，真还没有走的。

我说：老丁哎，人家留下是看你多年的好人品，跟你干下去有把握，踏实。但咱可得想清楚，吃饭吃不上饭，有时跟人品真没多大关系！以后，你们要面对的是市场，市场可是风云变幻，说翻船可就翻船，它可不管你人品好坏！

丁新民说：我也是这样想的！明白人得办明白事，好话歹话都得给人家说清楚，这可是砸手中饭碗的事情哩！

是啊，这是砸饭碗的事情，将心比心，就是我们遇到这样的事情不也得好好想想，与父母老婆孩子商量商量？我看着丁新民，不知道他用了什么样的法术，哄过了爹娘和老婆。我只是隐约感到他是个厉害人，有一套的人！我曾听夏帅傅给我讲过，有一次他去老丁家送炭，却见老丁穿得十分滑稽，正给他身体不舒服的老妈大声唱歌，好像是《北京的金山上》什么的，就像个小孩子似的。他老妈高兴地大笑，而胡承慧趁机哄着老妈多吃些饭。那两口子配合

的。老夏感慨地对我说：新民老哥真是个孝子，那可是我亲眼见到的。装娃娃样哄老妈，肖局长哎，你说新民老哥咋想出来的？我是真服他了。

我也非常感慨，依稀记得古代二十四孝中有这么个故事，但万没想到丁新民真这么干上了，而就发生在我们身边。是啊，丁新民咋想出来的呢？为了欢娱母亲，是不是殚精竭虑了呢？这让我不得不对他刮目相看。我也不知道丁新民晓得不晓得古先贤老莱子戏彩娱亲，欢娱父母，几千年前就有先哲曾这样做过，但千古孝道肯定是流淌在丁新民的血脉中的。通过这一件小事情，我就知道丁新民肯定是个靠谱的人，人味十足的人。难怪有那么多的人甩掉了铁饭碗，义无反顾地跟他走上了东杨路。

丁新民那天说：碰上这事谁不掂量掂量啊，谁不是上有老下有小，一大家子人哩！我说是哩是哩，谁都得掂量考虑一下。这可是人生大事情哩！丁新民说，我给大家这么一讲，原来有些犹豫的人都坚定地留下来了，说丁局长不会把我们往黑豆地里领！好多人都表示跟着丁局长干，水里火里相跟上，你指到哪儿我们打到哪儿！这些人真起套啊！有多年的兵团战友，有风餐露宿的工人兄弟，有书生意气的技术员工程师，还有一些刚参加工作不久的娃娃，都会聚到了东信公司的旗下。我纠正说：是你丁新民的旗下！老丁啊，你就别客气，实话实说。老丁又憨憨地笑了，说：你说得也对，他们当中的好多人是冲着我丁新民来的！肖局长你说，我压力大不大？你知道不知道，人家是把身家性命，一家老小全押在你的身上了！这是多大的信任！人民的信任现在绝不是虚说，这可是看得见，摸得着的！方脸的长脸的，胖的瘦的，战友，工友，一起耍大的兄弟，活生生的，你能理解不？

丁新民看着我，眼睛中露出的光束，让我一辈子忘不了。我点点头说：老丁，我明白，明白。我理解你的心情，知道你的压力，更能体会出你的感动。

丁新民道：那些天，我只要想起，鼻子都有些发酸，这真得让我想一想了，真得想一想了。丁新民连连说道：信任是让人感动，人和人之间的相互信任，这是成事的基础。人们信任我老丁，是让我想起来感动，可我不能让感动把我的眼睛糊了，把自己的心给蒙了。

我有些吃惊，我不知道丁新民为什么会这样想？我可以想象得到工程正式批复传到建设工地引起的兴奋和狂喜，在职工们看来，这是通向美好未来和幸福的通行证，也是一个看上去非常美好的开端。新成立的公司更是给职工们以美好的期许，但对丁新民呢？他也许正为新成立公司的事情焦头烂额，期许并不是现实。丁新民非常清楚人财物独立运营是什么意思，自主经营，自我发展，没有主管单位意味着什么，对他和跟着他干的兄弟们来说实质是什么？丁新民刚才对我说过，老肖啊，我老丁辛辛苦苦干了多半辈子，混成个体户了。跟着我干的兄弟们，也都是没爹没妈的孩子了，说句难听的话，他们是把我老丁当爹又当妈了！老肖啊，你说我压力大不大？

丁新民肯定说的是大实话，从此他的生活里不仅是他自己，他的妻儿老小，还有战友朋友工友。我甚至感到他像负重的蜗牛，是那样艰难地前行。

我说：老丁，我咋能想象得出来？但我知道中国一句古话，能者劳，智者忧嘛！

我随口来了这么一句，话说出来，我也觉得有点轻飘了，但我知道没人逼着你这样干，这完全是你自己的选择。所以，你必须承受。

老丁摇摇头说：你说的我闹不机密，闹不机密。和你们这些有文化的人说话，有时真累。以后你这大文人常来我这个体户这儿，我也跟你学学文化。你笑什么？我可是真心话。毛主席可是说过，没有文化的军队是愚蠢的军队，而愚蠢的军队是不能打胜仗的。

我笑着说：你看你，毛主席的话随口就来，你还没文化啊？老丁啊，真要说文化你真有文化，最起码是比我有文化！

老丁摇头道：你是局长又是作家，我能比你有文化？他又哈哈地大笑了起来。

我斩钉截铁地说：老丁，你肯定比我有文化！我今天就把话撂在这儿，咱们以后还会见面的。

丁新民看了看我，憨憨一笑道：这么认真啊？我说，你看我像个不认真的？

丁新民笑道：我看你是动了书生脾气。我说：老肖啊，你也得想想我啊，我支起这么个摊场，得苦心维护，苦心经营，还得四处刨捞钱，说揭不开锅就揭不开锅！说句你这当局长不愿听的话，我老丁这摊场真要日瞎了，我连个哭的坟头都找不到，谁管我呀？几百口子人哩，要是拉拉扯扯能给你捣鼓出上千口子人呢！

我说：你老丁甭给我装可怜！要是经营好了东杨公路，你的日子不比谁好过？

丁新民叹道：连你都这么说！我的难处谁想过了？

我看了他一眼道：你的难处当然是你自己想了，你甭指望着别人想，也不会有别人替你想，这你可得想清楚了。

老丁一摊手道：还老战友哩，你原来是个心更狠的！得，我算是想明白了，自己脚上磨出的泡，得自己踩出茧子来磨平！我算是明白了，真要是遇到揭不开锅的难处，到时谁也指望不上！

我说：老丁啊，这么想就对了，就要往绝处逢生想！

丁新民笑了，大声道：全靠我们自己救自己！我们这回要做自己的救世主，要当自己的上帝！

我也笑了，暗想，丁新民呀，这是个比谁都明白的家伙！这是个大智之人，是个大明白人！明白人就通透，还能为别人着想，我喜欢和有利他思想的人打交道，这会让人生之路越走越宽。人海茫茫，实际上每个人都很孤独，甚至能真正找个说话的人都没有。这么多年来，我自以为算得上能和丁新民说上话的人。因为，他对文学对艺术有特别独到的见解和罕见的热情，我始终以为，文学和艺术是一个通往人类美好和善良的桥梁。

十多年前，上世纪八十年代初，我所在的盟交通处在公路总段曾经组织过一个文学笔会，我和丁新民负责会务，实际上所有的后勤工作全是丁新民负责。当时北京作家协会的副主席老作家雷加，天津作家协会党组副书记张少敏，秘书长谭成健亲自率队参加，全国有那么多作家艺术家参加。记得当时盟委的领导曾说过，这样的盛会六十年代有过，那是拍摄电影《鄂尔多斯风暴》时，有王晓棠那样的艺术家参加，这次也是空前的盛会，大事，好事。

那时丁新民在公路总段工会当主席，其安排布置得非常周到，事无巨细他都亲力亲为，给我留下了深刻的印象。当时，我们几乎走遍了整个鄂尔多斯，大家讨论文学艺术时，他也从不缺席，听得津津有味，其认真的样子就像是刀一样刻在我的记忆和脑海里。我感到他是个胸中有美，心中有艺术细胞的汉子。雷加曾问过我，你们这个丁主席也写小说吗？我笑了。我记得我给丁新民曾说起过此事，他也差点把腰笑弯，从那次笔会以后，我俩真成了无话不谈的好朋友。

记得在乌审旗陶利草原上，我们笔会一行人，遇到了过云雨。大雨过后，太阳出来了，云层散开了。那天湛蓝的天空中出现了两道彩虹，七色交织在一起，像桥梁一样挂在蓝蓝的天空中，闪着灿烂，泛着绚丽，对映着西斜的红日，好漂亮的天幕哟。草原上杂花怒放，绿草都浸在地上积起的雨水里，草儿都湿淋淋水灵灵的。更有水洗过的蓝天，一望无垠，澄静碧蓝，其美其静，都让我们这些作家艺术家看呆了。我记得一位女作家呆呆地说：看得我都想哭了。人们谁都不会想到，雨后的鄂尔多斯草原竟然是这样美丽，这样让人神往，这样让人浮想联翩。人们都沉浸在其中，静静地看着，忽然丁新民啊地叫了一声，张开双臂像鸟儿一样大叫着飞出，他张开双臂跑着跳着，草儿被溅起水球，光彩熠成团团流金溢彩的水雾。人们一下子都受了他的感染，跟着他跑啊，跳啊，披着细细的雨丝，我们好像都涌进了彩虹中、西斜的残阳之中。那天，草原上的落日，红晕晕的，被七色彩霞包裹着，流彩溢金，光华绚丽。我们对着太阳喊，我们冲着彩虹唱，真是玩疯了。丁新民和我就像孩提一样拉着手蹦跳，在水草上喊叫，大笑，纵情放松自己的生命，我俩啊啊地叫着，喊着，至今我都不知道是什么触动了我们的

神经，让我们变得如此疯魔？就是在这个明媚的雨后，让我一下子认识了丁新民。他对美的渴望和追求，他在大自然面前的天真奔放，让我清清楚楚地见到了丁新民的另一面。就在这个落日余晖弥漫的陶利草原上，我见到了一个我从未见到过的丁新民，一切都是全新的丁新民。

他那在雨中草原奔跑的身影，多少年来总是在我的眼前晃动，我们真的成了能过话的好朋友。有时非常想见他，也没有什么事情，就是想与他说说话，说些家长里短的琐事。我一直以为，从他身上能摸到时代的脉动。丁新民这次退职铤而走险，也真让我佩服得五体投地，也不是每个人都有这个勇气和胆量。这是时代之音的律动。我知道，在我们生活的这个小城，像我们国家的大多数地方一样，官本位是根深蒂固的。在这里，人能当上科级干部就算过得不错的，就会被人高看一眼，老婆就敢仰着脑袋走路。真要是当上县处级干部，那更是少之又少了。一般说来，这种县官出门就有小车坐了，生活各方面若用非常不错绝非瞎说。官位子爬上去不容易，人们是不敢丢掉的，也是舍不得丢掉的。

那些年，上边鼓励干部下海，尤其是鼓噪领导干部下海，但也就是提倡提倡，没几个真干的。敢于摘掉县团级帽子光着身子干个体的，太少见了。好多人想发财偏又舍不得头上的官帽子，人们干上个县处级，得努力一辈子。当然，在小城内，我也知道几个亦官亦商的干部，有些是非常熟稔的人，但有时坐在一起，互相真是没有什么话说，吃顿饭也都是互相受罪。有道是，不是一家人不进一家门，这个道理我还是懂得的。人家跟我这个虚戴一顶局长帽子的文人更是无话可说。我倒是非常感谢这个无话可说。一次与一位领导聊起来，说起房改，领导说他正发愁呢，为五千元的房改费发愁呢。我听后，很紧张，因为我刚得了一笔稿酬，有万数块。这可在单位里引起轰动了呢！好多人说，看看人家，写一篇稿子就是万元户，搞得我有些尴尬，好像这钱是偷来的。当然也怕招人恨，耽误以后自己的写作时间，我是非常看重写作上的时间自由，自己能够说了算。这天回家我跟老婆商量，不行给领导借五千元钱，让他先过了这个难关。人家平时也挺关照咱们的。听我这样一说，我老婆眼睛瞪得老大，然后嘎嘎地笑了。我被老婆的笑搞蒙了，一时不知怎样应对。老婆笑够了，我看她笑得把眼泪都流出来了。她说我的傻老汉哟，让我说你什么好呀？你写东西真要写傻了哇！你这点稿费算个屁呀！人家麻将桌上要一把，够不够人家和一把的？你到外面打听打听，现在外面变成啥样了？我啥都不给你说。我知道你老说那些领导都是好领导，我也不给你嚼老婆舌根子，你给别人说说，你就问问你身边人，问问老夏，看他笑不笑死？你还要给人家借钱，你今天真真是先笑死个我了！

我被妻子一下子笑蒙了。但我想起了许多传说，许多坊间流谈，觉得不会是空穴来风吧？我忽地一下子明白过来了，就像是被针刺了一下地疼，脸上烧得厉害。我对老婆说：你不要笑了行不行？我忽然明白了，我傻我蠢行不行？我他妈书呆子傻逼行不行？

老婆擦擦眼中笑出的泪花道：傻老汉啊，幸亏你没给人家说，要不让人家心里笑死你！

我说：好了，好了！咱以后不提这事了，我也不问谁了，以后我决不会问任何人，包括像兄弟一般待我的老夏！

但在好长一段时期内，老婆还会时而提起，像是提醒我的愚蠢，我的不识时务。说实在的，在那个时代，我和许许多多善良的中国人一样，面对眼前产生的世间万象，有些发蒙发傻。尽管我写了那么多文章，但对人心，对复杂的社会心态，对正在悄悄发生变化的一切，仍是雾里看花，有时可以说是一窍不通。

怨不得妻子笑我，想想确有可笑之处。

那天我与丁新民分手时，我的心情也颇为复杂，感到他除了对未知生活的向往憧憬之外，心里还有那么多迷惘和解不开的疙瘩，我们谁都无法预知未来会是什么样子，我也不知对我的这位好兄长好战友说些什么。我握着他的手说：老兄多保重吧。有句话叫险中求生，算是我送给你的。

丁新民笑了，道：也只有你这么说。可我不明白的是，我求甚呢？你说我求甚呢？

我上了车，对他笑着说：这只有问你自己了！我敢保证，没有人能回答你这个问题。

他说：我知道，这事只能靠自已。

我与他握手告别：愿你和你的公司多福吧！他大叫道，咱说了半天，等于啥也没说啊！

丁新民显得有些沮丧，我在他的耳边说了什么，他忽然哈哈地大笑了起来，实际上我不说，他也比谁都明白，都清楚。我说了句什么呢？我说的是什么呢？我说的是啥事没有，再糟还能比改革开放前糟？他一直哈哈地笑着说：你这话，我得跟那些跟着我干的战友兄弟们说说。我说：你可别说是我说的。他点着头说：我知道，什么都知道。后来，我听人们说，老丁有句名言，用来鼓励大家：我看事情坏不到哪儿去，再坏还能坏到改革开放前？这话你们信不信？反正我是铁信。我想，这个丁新民，是个神人哩！也是个一点就亮的聪明人哩。处在一种全新境地的丁新民的确想得很多，这是多少人的饭碗啊？多少人靠着他吃饭啊？他的一招不慎，会直接影响到人们的吃饭问题。丁新民想起了伟人说过的一句话：世界上什么问题最大？吃饭问题最大。他用这句话常常警醒自己。丁新民走出了体制，用他的话说，他是光着屁股出来的。是啊，谁走这一步也不容易，丁新民走出来，是要干什么呢？我也笑自己，咋不知不觉地钻进了丁新民的思维里了呢？我不得不承认，丁新民的确是个厉害人。他举重若轻，甚至能控制你的思维，而你是在不知不觉间。我也在想，丁新民究竟要什么呢？现在是个谜，也许，这个问题十年二十年，我们都难以回答。而丁新民呢？他是这台已经响起锣鼓点大戏的主角，可他心里想的、要的究竟是什么呢？

我这个旁观者不清楚。想想，就是那些砸掉饭碗，表示与他风雨同舟的工友战友朋友们清楚吗？我觉得这还真是一个谜。

第八章

丁新民的父亲丁树林，是一个耿直的老革命

我知道丁新民的老父亲丁树林，是一个耿直而有些固执的老革命。暮年的他，蓄着一副长长的白胡须，风儿吹动，飘飘洒洒，一看就是个有阅历有故事的人。他“文革”前就是我们交通局的老局长，是鄂尔多斯交通运输事业的开创人。上世纪八十年代，我在盟里搞地方交通史志的时候，与老人家打过交道，请教过许多不解的问题。老人家那时还在岗位上，是在盟里战备办公室主任的任上。我特意去过老人家的办公室，专门找他了解过一些史料。他是撰写伊克昭盟交通史志绕不过去的一个人物，说来老人家也是“老交通”了。老人家脱下军装后，从盟里的运输站站长干起，当时基本没有汽车，只是管理着一些赶马车的，赶驴车的，也可谓筚路蓝缕开创着伊克昭盟的交通运输事业。老人家很风趣，他说：二饼子牛车慢悠悠，何时才到西包头？路要顺，得走个四五天，要碰上个情况，十天半个月也是它了。当时包头东河半个南城，都是咱伊盟各个部门的转运站。在咱伊盟人看来，包头真是个大地方呀，水旱码头，四通八达。咱这儿刚解放时，穷得甚也没有，哪有汽车？伊盟人见个汽车兴奋得跟过节似的。那时，盟长书记也就是能配匹好走

马，处级干部下乡有头毛驴马子骑，就算牛的了，一般干部就靠步颠，拉步杆。那时干部都得有副好脚杆。嘿，那时伊盟穷啊，要甚没甚！像运输站啊，监理站啊，还归包头管着。直到抗美援朝结束后，军队转来了一个汽车团来咱这地方，才成立了盟运输公司，嘎斯，老道吉，有的汽车楼子上还留着弹孔眼眼哩。我那时就在公司那儿当经理，第一次坐在汽车楼子里出门，半个东胜城的人都跑出来看新鲜，汽车快，也舒坦，可比马牛骆驼快多了。我当了十多年的兵，骑了十多年的马，要说战马也好啊，通人性，就是不会说话的战友！我那时就职讲话，就是要求运输公司的驾驶员们，要像爱护战马一样爱护汽车，检修汽车，人人都要成为多面手，会开车会修车，多拉快跑，不准趺垛趴窝……

说起过去，老爷子思维清晰，讲起盟里交通运输事业发展来如数家珍，还特别生动有趣。比如说汽车追狼，他叫“断狼”，讲得眉飞色舞，妙趣横生。老人家的确为我厘清了伊盟交通史志的不少疑难问题。

老爷子也知道我与丁新民是多年战友，说起丁新民，说小时候有些“淘”，但挺聪明，“文化大革命”很早就去兵团了，没好好上学，文化上给耽误了。我给老人家说：都一样，我们都给耽误了。他一抖白胡子说：你不就是盟里有名的文化人？我知道你，知道你！啥时候也得看个人，看你是不是那块才地！新民读书不行，他坐不住，我看不是读书的那块才地。我说：人家新民是测设队的书记哩，管着不少大中专生哩。老爷子说：我知道你们是兵团战友，新民啊，我看他现在也就是扛着测杆，拉着步杆子测路。老爷子说着呵呵笑了，我还想替新民说点什么，老爷子说道：小肖啊，你别替他说甚了。自家的娃，我还不知道？我也只得笑了笑。看来老人家也是做过功课的，对我的根梢还是十分清楚，也许是从丁新民那儿了解打听过。丁新民一定是给我日了粗，在老爷子那儿，把我给放大了。实际上我当时刚刚勉勉强强在区内外杂志上发了几篇小说，严格说来啥也不是哩。当时，我也不好说些什么了，也只能看着老爷子傻笑。但这次采访，老人家给我留下了深刻的印象，他那飘飘的白胡子特别有风度，让人联想到一些大师、老中医什么的。

说起丁树林老汉，给我开车的司机老夏，了解得更为清楚。他说那老汉爱吃炸花生豆，在那个年代是稀罕物，平时也舍不得吃，连丁新民也不让吃。只是丁鼎（丁新民的儿子）来了，才拿出一点。老夏自豪地说，只要我每次去送个炭拉个白菜土豆的过冬菜过去，有时也没啥事也过去走串，就是想听听老人家拉拉话。老爷子见我总是乐呵呵地说，小夏来了，上瓶酒，把我那花生米给小夏弄一碟。老夏眯缝起眼睛，回味着和丁树林老汉在一起的日子，总是感慨万分地道：那真是个好老汉啊，那时的干部，真是毛主席教导出来的，好啊，真好啊！

老夏和丁新民是熟人，朋友，兄弟，说来也有几十年的交情了，两家走串得也近，相处得就像朋友弟兄一样。他告诉我，丁树林老人家离休后，是享受正厅级待遇，和现在的书记盟长一样。离职后，老汉嫌东胜有些闹腾，便回到了土默川老家盖了一个院子，真正过起了悠闲的田园生活。老爷子平时种种地，养养花草。那时，只要到了入冬时，丁新民总是叫上老夏给老人家拉一车炭送回去。每次去，爷儿几个，总是炖点肉，喝点老酒。老夏说，这些年，老人家喝上几口酒，就给他们讲革命传统教育，特别爱讲在大青山上抗日打鬼子的事情。这些老一辈真不容易，老夏说，打仗时，要是弄点黑豆大麦甚的，都舍不得吃，全留给马子。听着老人家讲过去的艰苦岁月，都让人家鼻子酸酸的。老爷子回到土默川，就是想看见大青山，守望着牺牲的老战友们。过去打过仗的人，感情就是不一样。

老夏知道我想写点丁新民的东西，多次给我说：丁新民家那点事我门清，说来丁树林老爷子与我还是好关系哩，老人家还常给我打听新民的事情，没有贪吧？没有占吧？我说老爷子，你那儿子你老人家还不清楚啊？我听了也哈哈笑了起来，我说：老丁光屁股出来的，还不是他家老爷子坚持这样要求的！真是个好老汉啊！老夏说，我说这丁家老爷子呀，丁家门里的人，他最信的就是胡承慧嫂子了。我说：是吗？老夏说：可不是！老爷子啥东西都让胡承慧照看着。我有意地问：老爷子还信不过新民？老夏说：我看他不如胡承慧在家里有地位。在丁树林老爷子的眼里，还是觉得胡承慧最可靠。肖局长，你是不知道啊，当年老爷子的特供酒、下酒的花生米，老丁过去没少弄出来，给兄弟们吃喝！你说他不得挨老爷子的骂？我听着，哈哈地笑了。老夏说：老爷子常骂新民，我都听见过几次，老子的酒花生米你又弄哪儿去了？老夏说完，也笑。

我曾问过丁新民，你咋哄着你家老爷子同意你下海的？丁新民道：天爷，我哪有那本事？给老爷子说了个头绪，他就炸了，等于是打了一场大仗。他说：那天老爷子听我一说，当时就急了，白胡子抖着，眼珠子瞪着，冲我吼道：咋？你这是要给组织算清账了？单干跑哇？想当叛徒是不是？你说是不是？这是哪儿跟哪儿呀？我说改革开放了，市场经济了，我这也是响应组织的号召呀！老爷子不信，组织会有这样的号召？你放着好好的公路工程局长不干，你想干啥呀？组织待你们不薄呀！你想年轻轻的屁股上就坐着一幢楼，你想想农民们得种多少地打多少粮才能换一部你们屁股下的乌龟壳呀？几十万啊？就这，你这还不满意呀？还想跑单干？对得起毛主席不？对得起党不？我们当年在大青山上，大雪封山的时候披着条破麻袋片……那天，老爷子是真火了，把我骂了个痴眉愣眼，要不是胡承慧悄声细语地劝着，老爷子真得给我几棍子！吓得我跑了个一溜烟——害得我多少天都不敢跟老人家照面，怕再惹他上火生气，好像我干了什么散德的事哩。哎呀呀，肖局长呀，我家老爷子这疾风暴雨来的……劈头盖脸，他把对当今社会看不惯的，都劈在我身上了……

我说我能想得出来。老一代有老一代的想法，咱要是老了，兴许比他们还固执哩。丁新民说：我有啥办法？开弓没有回头箭，只能他喊他的，我干我的。反正我把该说的话也都言传给他了。我让他老人家放心，我今天行事不是给祖上散德，是像他老人家一样，要给后辈娃娃们积德哩。我知道，我爸年纪大了，生不起气，我说甚也得把话给老爷子传到。让他老人家放心，这些打江山的老人家就是不放心，怕我们是败家子，怕他们用血汗打下来的江山被后辈踢蹬完了。我得言传给他，我就是变成了啥，但我共产党员的追求和气节肯定是不会变的。

我问丁新民：谁帮你言传的？老爷子能听得进去？

丁新民说：这还能是谁？你胡承慧嫂子呗！别人的话他可能不信，但胡承慧的话他信。

我说：老夏给我说过，说老爷子顶信任的是胡承慧。

丁新民笑道：他们是能说上话。小夏是不是说我偷喝老爷子的特供酒？

我说：好像还有花生米吧？

老丁咯咯地笑了：这个小夏！反正后来老爷子总算不咆哮了，也不知胡承慧咋劝住老爷子的。他让胡承慧告诉我，让我出去就坚决光屁股出去，要自己闯自己干。千万别借着转制把公家的全划拉成自个儿的了，公家的东西你吞不下，早晚都得吐出来。说来，我家老爷子一点都不糊涂，对外面的事情和老百姓的反映还是知道的。那天，我回家去，给我家老爷子说，我就是光屁股出来的呀，领着一帮兄弟经营破破烂烂的东杨公路。最后我家老爷子说：你付出这么大代价办这个事，办就要办好！别忘了，你是我丁树林的儿子，一定要把这件事情办好，办踏实，办得得民心！儿子哟，你就要像打仗一样，多杀鬼子，多为跟着你的工人弟兄造福。不管是啥年代，共产党员就是要为人民服务，为人民造福，这才是根本的。

我说：听来是老生常谈，实际是警钟长鸣！

丁新民说：我家老爷子这人他要想通了，想明白了，他是真支持你！我当时感动得啊，真想给我家老爷子磕一个。

我说：你家老爷子那才真叫有眼光呀，他为什么坚持让你光屁股出来，我想，这是老人家非常看重第一桶金的干净。我也算是明白了，要不人说姜还是老的辣哩。丁新民憨憨地笑着说：我倒是真没想那么多。人啊，不管怎么样，散德的事情决不能碰，更不能做！

丁新民斩钉截铁地说：让我听后不禁一震，我知道“散德”是当地人爱说的一句话，发表不满时常会说：看看这个散德货。此时，德往往发die音。我诚心地说：老丁啊，你真有个明白事理的好老爹呀！老丁笑着说：他就是不明白事理，也是我爹，我也得整天拿他在头顶顶上贡着。这可真是我做人的原则！

我拍了拍丁新民的肩膀，由衷地说：你家老爷子讲的是至理名言，你就听老爷子的话肯定没错。第一桶金若是干干净净，那就真的是金光闪闪，这样，你就可以没有包袱地甩开膀子往前冲了。你就尽可以实现你人生的抱负和雄心。

丁新民哈哈地笑了说，现在能糊弄住这些人的吃喝，我就阿弥陀佛了，哪来的抱负和雄心。我拍了拍他滚圆的肚子说：在哪儿？就在这里面哩！丁新民哈哈地笑了：好，抱负，雄心！男人是得办点事。说实在的，我老丁这个工程局长算干得不赖吧？也有领导好心地劝我，别那么着急离职，别和体制划得太清丽，让我再等等，说工程局也很快要改制了，到时我可以以局长和党委书记的身份优先组阁，到那时情况会比现在好许多。我说我还是听老爷子的话，就这样光屁股出来吧！你想想，有啥呢？白手起家，艰苦创业，又不是什么大不了的事情？这么一想，我才不干那糊糊事情哩。你就是再公平，人们也会给你说下一大摊，有的没的先给你扣一屎盆子再说。我大，我妈这一辈子没让人家背后戳过手指头，远的学不了，咱学学爹妈还是能做得到的。

我笑了，我觉得丁新民说的是真心话。

丁新民高兴地拍了拍自己的秃脑袋，喝了口茶水说：要说搞企业我们自己说了算，就说这剃头吧，要剃也就剃了，没人说个长短。你定下来的事情也能办了。咱就说这次兑现奖金吧，那也是大惊小险，那也是得看你的肚渣子硬不硬。现在是从自己的钱袋子里往外拿钱，这真能考验人的骨殖。就说我们剃头时答应下的事情吧，一线员工是真干啊！你知道刘忠义吧？我点了点头，脑海中浮出刘忠义那瘦高的身影，还有黑黑的脸，还有那副眼镜。我知道他原先是公路工程局的工程师，是个有学问肯吃苦的人，多时见他，都是风尘仆仆，给人感觉，这人办事是非常踏实的。丁新民说，他现在是公司的一个项目经理，搞个工程让人放心。按签订的合同兑现时，他一下子要拿十几万，天爷，咱这辈子见过十几万吗？咱不是每月几百块钱的工资干了大半辈子，这下他奖金一项就能拿十几万，有过这样的事情没？人们原以为合同是不是签错了？一条一条地审核检查，结果人家全保质保量保时地完成了。大家拿不准，首先是领导层拿不准。说白了，我们公司的领导班子都是从国家单位出来的，还是经见得少啊！最后，到了我这儿拍板，我是企业法人代表啊！我拿着合同问他们，这是不是我们签的？牙印子是不是我们咬下的？众人都点头。我说那还犹豫什么呀？我还给他们讲了古人一个故事，说是城门前放了根柱子，县衙发告示，谁把这柱子扛到县衙去，就奖谁一根金条。人们都犹豫观望，不信。有一个人就把这木柱子真扛到县衙里去了。县令真奖了他一根金条。我说：历史上是有这么一个故事，好像是要推广商鞅变法，我记不太清楚了。丁新民道：古人尚且如此，况我们是刚起步的公司，得讲诚信，企业和人一样无信不立啊！我说：这肯定是的。丁新民道：我们钱是紧，可诚信比钱更重要！有了诚信，我们可以由小变大，由弱变强，由没钱变有钱，如果我们食言了，舍不得了，那我们以后损失的是百万千万亿万！人们老说舍得，我看是不舍不得！舍了才能得！人不能光算小账更得算大账，要考虑公司的未来发展！我们办企业，无信不立！我们不要怕员工挣钱了，只有他们挣了钱，企业才能发展！我提出坚决奖，坚决兑现，而且要开兑现大会，给刘忠义这些先进人物披红戴花！大张旗鼓地奖，让员工挣了钱，还要有强烈的荣誉感。以后这要定成个规矩，也不能由着领导的性子来，这要成为规矩，条条，谁都不可以破坏。说白了，这些条条规矩主要是给我这个一把手定的。是自己给自己拴个笼头。

丁新民笑了，我也笑了。

我说：要说还是你们公司的体制好，要是原来的国有体制这事还不得报到盟委去？

我清楚局里都没有这个权力。

丁新民道：这我太明白了，过冬时，我负责搞冬储，给职工搞些肉啊菜啊山药蛋粉条啊，这人们吃上了，他还得告你。我够够的了，还是现在这样好，自己能说了算，可着自己的愿望办事。

我说：你说着容易，你不是也定了公司的条条框框，给自己拴个笼头，现代企业办啥事都要有个法度，条条杠杠。

丁新民点着头说：是呀，啥事也得一步步摸索，毛主席给咱们军队定三大纪律八项注意时，不也是摸索来的？洗澡避女人，不是也慢慢定成不许调戏妇女了？

我问他：你咋知道的？

丁新民一笑道：我咋不知道？你别忘了我可是出生在骑五师部队大院里，我爸可是个老兵，我爸高兴了，啥不给我讲？老人家临走前，还拉着我的手说，要给受苦人办好事。我给我爸说，你放心吧，我牢牢记住了。

| 第九章 |

丁新民的名字还是骑五师寒峰政委给起的

说起丁家老爷子丁树林，我就想起狮子山，狮子山是大青山脉非常雄浑的一段，离老远望去，就像一只昂头长啸的雄狮。就在它的怀抱里，有一座美丽的小山村——把什村。这里住着土默特人，这是蒙古民族非常古老的一支部落。他们最早游牧于西伯利亚，是八百多年前，成吉思汗的儿子术赤带领他们走出西伯利亚森林，开始了漫漫征途，在征战中成为一支英雄的队伍。丁新民的先祖就是这支队伍中的勇士。骏马弯刀，独步欧亚，成就了土默特部落的丰功伟业。有一支蒙古古歌这样唱道：

银肯山下的土默特
白桦林中的土默特
雄鹰长啸的土默特
骏马狂奔的土默特

这古歌里闪着豪迈，透着辉煌，记录着土默特部落光荣的历史。大约是三百多年前吧，这支骁勇善战的蒙古部落来到了大青山下的古丰州，这里是一块浩大的黄河冲积平原，青山为屏，黄河为乳，土地肥沃，利植五谷。丰州滩有着丰厚的农耕传统和黄河文明。土默特部落来到这里以后，渐随农俗，长期纵马征战的土默特部落，慢慢由游牧生活改为农耕，为了发展经济，大批大批的晋陕人家来到了这里，带来了中原文明。在这里，游牧文明与农耕文明交融相汇相得益彰互相交流与同化，丰州滩变成了土默川，蒙元文化深深扎进了这块万里沃野里。炒米羊肉酽茶成为人们生活的最爱。而汉族人口的大量聚集，中原文化耳濡目染如东风渐进，晋陕语言渐成为主流语言，好多土默特蒙古人被交融得渐渐失去了自己的语言，而勇武忠诚始终浸淫在土默川人的骨血当中。上世纪二十年代初，就学于北京蒙藏学校的革命青年乌兰夫等人创建了《蒙古农民》杂志，为正在到来的共产主义革命鼓与呼。一大批蒙古农民子弟吉雅太、奎壁、贾力更等人奔赴莫斯科接受共产革命教育，成为早期的中国共产党党员，是中国共产党播撒在内蒙古草原的革命火种。大革命时期土默川平原就掀起了强烈的革命风暴，乌兰夫等老一辈无产阶级革命家，就在这里发动共产革命，土默川大地曾是红旗漫卷。那是个激动人心的岁月，赤色的火焰曾把大青山脚下的一座座小山村映红，曾把大青山脚下农家娃们熏染。大青山脚下有个把什村，蒙古人称为“巴格希板申”。翻译成汉语就是老师住的房子。汉人按着谐音称为把什村，这称谓不蒙不汉的，但细琢磨却是又蒙又汉的。这是土默川平原上的土特产，内蒙古草原上的土特产。蒙汉交融，是已经渗透在内蒙古蒙汉儿女的骨血里了。咋扯咋掰也掰扯不开，真的谁也离不开谁了。把什村地好，还有官府修的将军渠环绕，是上好的水地。这也是前辈子丁家女人给挣来的。丁家门女人心好，曾经在野地里救过一个教书先生模样的人，这人病倒在地上，是丁家门上的女人把他抬回家救活的。原来被救之人是归绥将军衙门的师爷，受将军之命微服私访民间疾苦的。将军知道后甚

为感动，要重赏把什丁家女人。丁家女人坚辞不收，将军感动决定为把什村的田地修水渠，搞水利，把旱田建成了水田。这条水渠被人们称为“将军渠”，实际上给把什村带来益处的是丁家女人。

在把什村丁家是大户，也是地地道道的蒙古人家。村中竖有几丈高的丁家牌楼，平展展的土默川上一眼就能望见，远近的人们都知道那是把什丁家，也是积德行善之家。近观更是巍峨。牌楼下住着一个长得周周正正的年轻后生，是丁四秃和他的漂亮妻子灵泉。为把什村带来“将军渠”的丁家女人就是四秃的祖奶，四秃也是沾了祖奶之光，才住在还算风光的丁家院里。灵泉家也是蒙古人，住在土默川平原上的萨拉村，这也是个蒙古地名。可汉人叫着叫着就成了三两村，也是取了个谐音，人们以后就叫三两村了。灵泉是个水灵灵的俊女子，嫁过把什村丁四秃家也已经四年了。也是家里遭了变故，他的堂兄吉雅太在外边闹共产，被官家赶得四处躲藏，还带害了整个家族。原本灵泉家好好的，日子过得还算丰裕，她还能到呼市的学校念书，那时女娃娃念书的蒙古人家也是凤毛麟角。可灵泉刚刚念了半年的书，家里就出了变故，爹娘死了，亲家们也逃得没影踪了，好好的一家七零八碎了。可怜的灵泉只得自己受孤苦，最后还是出嫁在把什村的表姐，给他撮合了把什村的好后生丁四秃。表姐对灵泉说，四秃就是那么个汉人叫法，可是个光眉俊眼的好后生，家景也栓整（栓整意即好的意思）。说来，四秃是个好庄稼人，还有车把式手艺，农忙时忙田，闲时赶个脚，还能见着现钱。灵泉大了，也愿意这门亲事。又都是蒙古人家，生活习俗也过得来。灵泉嫁过来后，两口子日子过得也滋润，恩恩爱爱的平静庄户日子也没甚波澜。后来日本人打过来了，这庄户日子也就不安省了。四秃本来是个正经庄户人，冬天还跑个脚挣些现钱，贴补家用。日本人来后，灵泉光见四秃黑白不分地外面忙活，却不见带回钱来。灵泉原以为世道不好，不好挣钱，也就没往心里去。后来四秃赶脚的牲口也不见了，说是让蒙奸伪军给抢走执行军务了。灵泉这才有些恼四秃了，四秃蔫蔫的也不说话，任凭灵泉责怪，仍旧还是神出鬼没的。灵泉发怒也没办法，任由四秃早出晚归的。这天，天晚半晌了，灵泉还在家里等四秃，灵泉的表姐来了。告诉灵泉四秃常和邻村的一些人混在一起，神神秘秘的，怕是没干什么好事。灵泉说家里的大牲口也让伪军抢走了，表姐说谁说的？今天早上我看见你家青骡子驮东西上山哩，咋让抢了？不过赶牲口的不是你家四秃，是神秘的外村人，那人姓高我认得。我也奇怪哩，咋？你家的青骡子卖了？那可是好驴驹哩。灵泉道，我哪知道？这都是四秃说的呀！

表姐道，男人一撒谎可就作害大了，不是嫖就是抽，一直到败光家产拉倒！你快看看家里，还少甚物件没？灵泉这才被提醒了，跑几个屋一看，值钱的东西都没了，连过冬的羊皮袄也没了，瓮里的米面也只剩下了个底底。灵泉哇的一声哭了，这以后的日子可怎么过呀？表姐道：我看四秃跟那几个外村人学不成好哩！这是哈上料子了呀！天爷爷，日本鬼子，汉奸，蒙奸，再加上抽洋烟的料子鬼，这是不让人活了哇！灵泉，你跟四秃照死里闹，看他说甚！灵泉哭天抹泪，四秃甚话不说，脸冲墙睡下了，人挺疲累的。半夜里，听见外面有猫叫，四秃一下鲤鱼打挺，翻身就下床，猫着黑就往外走开门，门口站着一个人，被四秃拉进了家。点灯一看，来人是贾力更，灵泉认识的，原来是前些年和吉雅太哥哥一块闹共产的朋友。天爷，官府整天派兵丁想要拿他，扬言要把这些造反的蒙古共产青年们用大洋钉子钉在绥远城的城门上。人家不是说他和吉雅太哥哥跑去苏联了吗？他多咱回到土默川大青山来了呢？灵泉一肚子解不开的疙瘩，像是在梦里，呆呆地看着一脸微笑的贾力更。

贾力更说灵泉妹子，我们回来打日本鬼子了。共产党领导的八路军李井泉支队已经上大青山了，四秃现在把家里倒腾光了，是为共产党的队伍筹军粮，你可千万不要错怪了他。灵泉说四秃没有告诉我，我以为他哈料子败家哩！贾力更笑了对四秃说：咋给灵泉妹子还保密？四秃说：党有纪律我宁愿挨骂也不能给家里说呀！贾力更说：组织上考虑了，你家现在这里就是中共绥蒙区委的地下交通站，负责我们与大青山支队的联系。灵泉妹子，你现在就是区委的交通员，你吉雅太哥哥要是知道了甭提多高兴哩！灵泉说：我更高兴，我早知道你们全是为了天下受苦的穷人。贾力更高兴的是从此四秃夫妻开始闹革命了。灵泉当区委的交通员，传递情报掩护同志，不知经过多少大惊小险。四秃跟着贾力更当警卫员，也不知打了多少大仗，恶仗。一直到贾力更准备去延安参加党的“七大”，带一批蒙古族青少年学生投奔延安时光荣牺牲。贾力更是中共建党九十周年时，确定的建党以来一百位无产阶级革命家之一。而灵泉的哥哥吉雅太是新中国成立后首任驻蒙古国大使，后又担任内蒙古人大主任，他也是建党初期的无产阶级革命家。丁四秃参加革命后，参加了骑兵部队，在大青山打鬼子，打国民党，还跟着乌兰夫在锡林郭勒盟剿匪，解放初期时驻扎在达拉特旗，而灵泉也随军参加了革命，救护伤员，还做过部队保育员。参加革命后，他们都有了自己的名字丁树林和赵淑珍。1950年7月，在达拉特旗骑兵第五师的部队大院内，赵淑珍生下了一个男婴，婴儿哇哇地大哭大叫，丁树林听着婴儿的啼哭声，这个饱经战火考验的汉子心酥了，化了，浴血奋斗的穷人好日子真的来了，赵淑珍也是脸上挂着幸福的泪花。丁树林赵淑珍夫妇原先有两个儿子，一个幼年夭折了，一个因家境穷困四处颠簸也送人家讨活路了。面对新生的婴儿，夫妇俩真是乐坏了。部队的师政委寒峰，从丁树林手中接过男婴，他说，四秃啊，我看你这个儿子就叫新民吧，咱们加劲建设保卫我们的新民主主义。那时全党全国正为建设新民主主义国家而努力奋斗着，

寒峰政委说，你这孩子赶上了人民当家作主的好时光。丁树林、赵淑珍两口子高兴，都说政委起的名字就是好。寒峰政委，是丁树林夫妇的上级，而且还是把什村的老乡。寒峰说：我们打了这么多年的仗，就是为了孩子们的这一天。这个叫丁新民的男孩就是在骑兵第五师保育院里慢慢长大的，新中国成立后寒峰是我国公安战线和国家安全战线的重要领导。而在团里担任供给处副主任的丁树林也离开了部队，转业到包头运输公司当副经理，还兼任伊盟运输站的站长。而赵淑珍呢，却成为随军家属随着丁树林一同脱下了军装。赵淑珍说我三七年就参加革命了，在部队一直是革命军人，怎么现在成了随军家属了呢？丁树林说，国家刚建，多难！有多少军人要转业安置呢？这得给国家花多少钱？咱就这样定了，谁让你是我丁树林的老婆呢？

遇到了丁树林，赵淑珍真是无话可说。丁新民曾给我谈起他的母亲赵淑珍，那是在海南的一个度假村里，面朝大海，海风习习而来，近海是白色的，这是最清洁的海的本来颜色，小鱼游来游去，像黑色的木条在浮动，远海碧蓝，让人感到非常清爽和惬意。这是丁新民在海南的清水湾，由他出面组织自愿加入的单位的中高层共同出资购置的十余套别墅，而后由单位统一管理，用来安排单位的先进工作者和员工来海南度假。这个形式非常有创意，个人产权不变但利用率又非常高。这样，既让出资者减少固定投资的负担，又能有效地利用固定资产为企业服务，这是一个聪明的一举几得的办法，但更重要的是加强企业的凝聚力。一次丁新民邀了一些全国知名的画家和作家来清水湾度假，一位画家评价丁新民，这是个为企业发展为员工增加收入和福利待遇操碎心的家伙，好老板就得这么当。的确，丁新民善于捕捉时机，只要他脑瓜一动眼睛一转就会想出许多好办法来。多年前，他就鼓动他身边的人，他的员工，他的亲戚，购买北京的房产，凡是听他话的，现在身家都比较高，而犹豫不买的，现在与丁新民说起此事时，都后悔不迭，说：领导哎，那时要是听了你的……

丁新民会嘿嘿一笑道：生活就是这样，过去就过去了……他有着他的幽默和机智。他说，人这一辈子呀，后悔事多了去了，你说我不后悔？我不遗憾？咱不说别的，就父母的名下，不如意的事情多了去了。我曾听丁新民谈起他过世的母亲，讲了母亲的一生。

我知道，赵淑珍离开部队后，带着一家人以丁树林家属的名分住在盟运输公司大院内，一直在街道当个居民小组长。那年头居民小组长啥活都做，啥苦都吃，从打扫卫生到城外种树，组织街道女人学识字，发老鼠药，灭臭虫，搞爱国卫生运动，一天到晚忙得脚打后腿根，就是个不在编的街道干部。就这样，“文化大革命”时还被关进小黑屋里两年多交代问题。丁新民想起那段时间就愤愤地说，造反派要我妈交代我家与成吉思汗的关系。闹运动时，这些街道造反的老娘们抄我们家不算，还说成吉思汗来过我们家喝茶，想搞串联复辟，你说这是哪儿跟哪儿呀？老肖，你说这是要干什么呀？

我也苦笑了，那是个不讲常识的年代，人们傻得真是啥也说不清楚。这就像打开了潘多拉盒子，把人们内心世界的疯狂和肮脏全都放了出来……

丁新民叹道：那时候，人们是真不讲理啊！人啊，咋会有那么副嘴脸？我爸有一把当年缴获鬼子的军刀，那是当年经寒峰政委亲自批准我爸带到地方留个纪念。我记得，小时候常见我爸拿布抹擦着这把刀，常见老父亲眼睛泪盈盈的，我想父亲肯定是想起了战争岁月，想起了牺牲的战友们。那年呼啦啦闯进了那么多造反派，打啊，砸啊，最后还把那把刀给抄走了，说是老爹走资本主义的罪证。那些日子，老父亲难受得叫啊喊啊，可有啥用呢？后来落实政策，我爸说甚没了都行，就是要找回那把刀，但始终也没有找回。

这把丢失的战刀成了我爸爸的一块心病，那是战争年月的纪念哇！真像挖走了我老爸身上的一块重要东西。我老妈就更别提了，算是让我老爸压制了一辈子，三七年就跟着贾力更他们闹地下革命了，最后闹成了个甚？跟我老爸啥福都没享上，还落了一身伤残。前些年，上级落实政策，办伤残证，每月都有补助，还百分之百报药费。可我爸就不让我妈去办，他还是那句话：谁让你是我丁树林的老婆呢?！国家这么难，咱共产党员就得替国家着想！想想，我妈三七年就参加革命了，可到死也没领过国家一分工资！

我能说什么呢？在鄂尔多斯，谁都知道丁树林老汉是个扛硬的人，更是个不徇私情的人，越是对自己亲的热的，越是过于地严苛。他对自己的子女常说的是：一坡羊一坡草，个人的吃食自己找。丁树林可不是说说，这是他对子女实施教育的一种铁定原则。丁新民兄弟姐妹，谁也别想通过丁树林的关系，为自己闹个什么好处。丁新民丁建国兄弟去了兵团，妹妹建华也差点被丁树林赶到兵团去，后来千说百劝，才留在了东胜的一个绒毛厂当了一个挡车工。建华要强，还是全国劳动模范，忙完单位的事情，还得关照丁树林老两口，忙得实在拉不开栓了，后来丁新民从兵团困退回家照顾病中的赵淑珍。他的兄弟丁建国又参加了部队，根本抽不出时间照顾家里。赵淑珍从小黑屋出来，完全是靠一股气顶着，但身体落下了毛病。用老太太的话来说，浑身上下哪儿都痛，根本就没舒服过一天。家中没人手照顾，平时全靠丁建华搂揽着老人们的生活。丁新民回到家中后，一心照顾母亲起居，暂时也没有工作，这么大的人得自己养活自己，成不了家立不了业，赵淑珍心里也着急。丁新民除了外面找零工打，每天回家还得兴致勃勃地让老母亲高兴。丁新民的情况丁树林一个清楚，却总是视而不见，当老伴提叙丁新民的工作安排时，仍还是那句话，自己的草料自己找，别想着从我这里开后门。赵淑珍也只能长叹一声，几十年的夫妻了，她太了解丁树林了。那时交通局是大单位，下面的企业事业单位有几十个，有时局里研究招工时，丁树林总说首先落实知识分子政策，向工程技术人员的子女倾斜，向一线工人的子女倾斜。具体办事的工作人员会提醒丁树林说，新民的事情，局长，你也得点点头哇，我们去办。对丁树林来说，他就当没听见，连哼都懒得哼一声，这个家规在丁树林那儿是不能破的。丁新民在家里晃来晃去的，他也只当没看见。丁树林指望不上，赵淑珍对丁新民说自个儿刨闹自个儿的生活吧。

街道让丁新民去给一所工厂当临时工，工作就是烧锅炉。烧锅炉当时是苦、累又脏的差事，人得一锹锹地往锅炉里送煤，碰上大煤块子，你就得抱起往膛眼里扔。工厂的正式工根本不屑做这种事情，丁新民也每天一身煤屑子干活，一个班下来，头脸黑得就像个非洲人，但还是乐呵呵的，看不出苦大仇深的样子。丁树林看在眼里很高兴，说：年轻人吃点苦，有啥呢？这又不是掉脑袋的事情，脏点黑点咋了，多用肥皂洗涮几下就行了。当人们知道浑身脏黑的青年人是丁树林的儿子后，都吃惊，问他：你大疯了，咋不管管你？那时，丁树林已经摆脱了所谓内人党的事情，从黑屋子里放了出来。丁树林因为态度不好，脾气又不好，被造反派折磨得不成个样子，但就是不认“内人党”的事情：老子就是烧成灰，也是共产党！丁树林被整整关了四年，放出后官复原职，又回盟里交通局当主持工作的副局长。七五年交通系统社会招工时，街道上让丁新民去报名，丁新民这才摆脱了烧锅炉的差事。他拿着招工表去了交通系统报名。交通局人事科看了丁新民的档案，知道他在兵团就入了党，各方面的条件也不错，就把他分到了交通监理所上班。那时的交通监理所，就是现在公安交警的前身，那时在东胜这个小城是数得上的不错单位。当时，东胜城内有点头脸的人家就想把孩子往这里送，他们都要为孩子谋个好一点的工作。同样他们知道丁树林老头子不好说话，找丁树林的老领导、老同事的人不知有多少。丁树林会对他们说：我家新民是好小伙吧？在兵团就入了党，现在还在当临时工烧锅炉哩。这也是丁树林搪事的好借口。这次，丁新民招工分到了交通监理所，内心还是非常满意的。可赵淑珍知道了，只是叹了口气，丁新民奇怪：咋？妈你不高兴？赵淑珍道：妈高兴着哩，这得看你爸高兴不高兴了。这天，丁树林回到家后，对丁新民说：明天你就要上班了，一定好好干，千万别怕苦和累。我给你娃娃说句话，苦不死人，累不死人。丁新民说：我知道了，我工作上保证不怕苦和累，爸，你放心，这些年我甚苦甚累活没干过。丁树林说：明天你就去公路总段报到吧。丁新民心里一惊：爸，人事科不是让我去交通监理所报到吗？丁树林说：我刚才不是说苦不死人，累不死人嘛，你就不能去公路总段修公路吗？要不是你妈病着，需要你照料，你老老实实地给我到沙漠里的道班去。新民，咱得感念组织上的照顾吧！丁新民脸色有些发阴，他真是有些想不通。丁树林耐着性子做他的思想工作：新民啊，修路多好，老辈子就是积德行善的事情哩！现在可是盟里重点发展的行业，大有前程哩。我说了，这事情就这样定了。丁新民想，肯定是老爹给他调单位了，他知道说啥也没用了，老爹认定的事情八头牛都拉不回来。丁新民一咬牙去了公路总段。修路就修路，谁让我是丁树林的儿子呢？谁让我老爹是这里的局长呢？

丁树林的存在，让丁新民的生活搞拧巴了。不身临其中，那里面的甘苦局外的人是体会不到的。说起丁树林，丁新民曾对我说过，老爷子的光你想都别想，一点我也沾不上。我家的人谁都沾不上。要说共产党的干部，我还真服我老爹这样的！我也说你老爹真是个好老汉呀！现在局里的老人说起老丁局长来，没有不竖大拇指的。丁新民说：我爸是想炼我一身好筋骨。他老人家常说，人得皮实，皮实的人扛得住事。我现在就是皮糙肉厚。丁新民说着笑了起来，我对他说，我觉得你家老爷子留给你的，够你受用一辈子。

丁新民也不无遗憾地说过，在有创办企业的想法之初，事业刚刚有点眉目，我的父母都先后去了。要说，现在生活比以往好多了，可老人都走了，说来也没享上我的什么福。可老人教我做人的道理我一辈子都享用不完。我做什么，总觉得我的父母都在天上看着我哩！咱干什么天上都有丁树林的眼睛看着哩！

丁新民抬起头，望着湛蓝的天空，似乎天上真有丁树林老爷子那双炯炯有神的眼睛。敬畏父辈，敬畏先人，这似乎化进了丁新民的骨血里，校正感化着这个勇敢忠诚的草原汉子。我问过丁新民：你老爹这样严格管教你们，你有过怨言没有？丁新民哈哈笑道：我疯了，埋怨自己的老爹呀？要说我那老爹呀，骨子里可是真善啊！他见不了受苦人，有件事给我的教育太深了，这辈子我都忘不了。不管我好我歹我穷我富，可我下定决心了，做人一定要当老爹这样的人。

丁新民给我讲过丁树林这样一个故事。

丁新民说他还是上小学二年级的时候，是六十年代初的一天，正是闹吃不饱肚子的年月。这天下班时，天色有些发昏，我爸往家带回了一个破衣烂衫的人，鞋都开了花，大脚趾露了出来，人也有些慌里慌张腼腼腆腆的。我爸说来战友了，我妈吆喝着他上炕。可这人他靠在炕沿上，不好意思地说：丁主任，你看我这副汤水，脏里吧唧的，你的好心领了，这炕就不上了。我爸火了，让他立正，他才挺直了身子，然后脱鞋上炕，那双乌黑的大脚丫子啊，丁新民说他一辈子没见过那么黑那么脏的脚丫子。我爸说这人是骑五师的老战友，是到盟里找一位领导，让他帮着解决落实什么政策的事情，给他救济，渡渡难关。那人说孩子小有病，老婆也有病，家里只剩下一堆山药蛋了，过不下去了。再不想办法可真要死人了。五尺高的汉子说着就哭，我妈听得直拿袖子抹眼泪，那人还认出了我妈，说：你是保育院的赵淑珍嫂子吧？那年看着你就像从画上走下来的。我妈说：你我可想不起来了，那人说：我就是个喂马的，哪轮得上我到台面上去？我爸说：你我倒是有点印象，常去团部领马料，当时比现在要胖一些。那人说：部队有白面馒头敞口吃，咋现在连过年都舍不得吃一顿了。我妈说：看来你好一程子不学习了，苏修赫鲁晓夫要债哩，咱中国人民勒紧裤腰带还债。我爸说我妈，你快弄点吃的喝的，把我柜子里的酒拿出来，难得见老战友。我妈一听急忙下厨房去了。我看看我爸这位老战友，咋和爸过去的老战友不一样哇？那些老战友，戴肩章牌牌的，几杠几星的，太多了。还有穿灰风衣的皮鞋嘎嘎的，个个都谱着哩。可这位，我就记住了他的黑脚丫子。这人又说起一些老战友，我老爸听得高兴，一个劲说：对着哩，你记性真好。那人苦歪歪地说：我现在给队上放羊，闲得没事就想那些老战友。两人谈起在锡盟剿匪，剿胡图林嘎（锡林郭勒盟土匪头子）和牺牲的战友，都是非常激动。我看我老爸眼圈都红了。我妈还给他上了肉，上了酒，两人吃喝得很高兴。我和我妈蹲在厨房灶前，吃了块肉腥汤炖的山药蛋，也挺香的。以后我真就特别爱吃山药蛋了，不管它是炒的煮的烤的，真香啊！当天晚上这人和我们睡在一条大炕上，那呼噜打得震天响，丁新民说：我睡不着，感到仰层纸（纸制天花板）一轰一动的。心里想，爸咋有这样的老战友呀？看来老战友也有日子过得不咋样的。可爸待他是真好呀。第二天临走时，我爸让我妈给他拿了二百块钱，几十斤粮票，我知道那可是我们家的所有积蓄啊！你想想，那时一年我的学杂费才多少钱，八毛啊！爸爸一出手就是二百元送老战友啊！我爸和这个半生不熟的老战友的故事我记了几十年，我知道，知道，爸爸严肃的外表下是火一样热情的人，还有柔软的心。我现在做点事情，一是想拉扯兵团老战友，二是老战友也是企业的财富，这都是互相的，这才能把摊场越做越大。

我当然也知道丁新民的事业越办越大，企业的名头也越来越响，他和他企业的事迹也不时见诸报端，我也挺为老朋友老战友高兴的。记得在1999年，是个夏天。我收到过一张请柬，是东方实业集团的成立大会，让我代表交通局去参加，就在当时的东胜市委大礼堂里。我看到丁新民西装革履出现在主席台上，和盟委公署及自治区交通厅、建委的领导们交谈着，显得谈笑风生。我是第一次看见他穿西装的样子，觉得挺有气度的，觉得人凭衣装马凭鞍，这话说得也不错。我在会场上还见到了孙平，他现在是东方路桥集团的总经理。还有武新民、李颖梅等人。他俩也都是当年的兵团战友，武新民当年我俩就在兵团的一个单位工作，是多少年的老战友。他是盟交警支队的支队长，现在是东方路桥集团的常务副总经理。李颖梅原在盟外贸局当副局长，现在东方路桥集团任党委副书记。我们打了招呼，武新民说：有时间过来喝酒。我说：你们是搞企业的忙人，哪有闲工夫陪我喝酒？

老武说：你来看我忙不忙！说来，孙平、武新民和李颖梅是丁新民的左膀右臂，看他们一脸喜气洋洋的，说了几句我便看桌子上的材料，原来这是一个盟内许多民营企业的大联盟，似乎还有香港的什么企业，多少带点外资，主席台上充满了许多商业大佬和政府官员。

开会了，我听着各类人的讲话，还有丁新民的讲话，全都是对未来充满了期许和祝愿，听不出企业经营的实际内容来。看着会场内的红火气氛，我不禁隐隐地有些为丁新民担心，这些搞公路的搞建筑的搞酒店的，能团捏在一起吗？他们企业的核心理念和价值观一样吗？丁新民能和他们团捏在一起吗？我本想会后找找丁新民，听听他的真实想法，会上讲的一般都是场面话，大都是给报纸电视台发新闻稿用的。本来还有招待宴会，我下午还有个事情，便和武新民打了个招呼，大会一散便开溜了，武新民指点着我说看看你老肖，真给你喝几杯，你又……我说下次，下次，我一定不请自到。

下午，有内蒙古一个影视公司的老总要来东胜找我，说是有一个电视剧要创作剧本，看样子他们催得挺紧，我便与他们签了创作合同，随后开始看这部电视剧的有关材料，为剧本写作做些案头准备。原以为轻车熟路，不费多大劲，谁知一染上手便没个完了，光大纲就写了七八稿，制片方都快把我逼疯了。泡了快一年的时间，创作大纲才得以通过，这是部反映鄂尔多斯抗战题材，重点反映成吉思汗陵园西迁内地的故事，也是鄂尔多斯历史上和蒙古族历史上一件非常重大的事情。这是从中央电视台到地方党委宣传部高度重视的一部长篇电视连续剧，这就是《我的鄂尔多斯》。剧本创作的前期压力全在编剧身上，我看材料听建议，自己天天精心研磨，写作压力也是挺大的。一晃竟用了快一年的时间，基本是全泡在北京写作。这期间，也只是知道伊克昭盟不存在了，换成鄂尔多斯市了。但关于丁新民的消息也知道得很少，只是从单位同事那里知道，已经开始给集资者按二分利发钱了，大家都是兴高采烈。我也挺为丁新民高兴，我知道对丁新民来说，他最艰苦的一段时间也算过去了，丁新民的承诺已经开始兑现了。我也和丁新民有一年多时间不见面了，基本上算是失去了联系。但总算把电视剧本写完了，杨伟光、李准等影视大佬又看了一段时间，当中提了几次意见，修改后央视方面总算也通过了。央视说可以开拍了。那天，制片方给我结了稿费，我也挺高兴的。那天，天气暖洋洋的，是晚春的一天，北京的街道上飘着树木的花香，柳絮飘着，一团一卷地随风跑着。那天，我是看天天蓝，看草草绿，总算出了压在胸中的一口气，心情也是非常愉快的。

就在这时，我接到了一个电话，是个陌生电话，我拿起手机看了看，显示屏上出现后面尾数连着五个7的电话。我想持有这类电话号码的人一般来说非富即贵，我想了想没有这般富贵人与我有联系，也没有接。当时，我心想，这位大佬肯定是电话拨错了，这等富贵人物找我个写小说的穷作家干什么呢？我便有意不接电话。对方电话也识趣地挂断了。

| 第十章 |

丁新民道，钱这东西你别老想着，越想越不来

顷刻，那个尾数五个7的电话又打来了，看来真是找我的。我刚刚接通，声音还未发出，对方却爆发出了爽朗的大笑，我立即听出是谁了，这声音太熟悉了，我也禁不住笑了，是老丁啊？丁新民说：不是我还是谁呀？他然后指责我说，你那手机跟没带一样，从来都不接电话。我也吼开了：你多时给我打电话了？我何时不接你电话了？电话那头，丁新民又笑了。他说：我知道你这个毛病，手机响得哇哇，就是不接。胡承慧也是这样，不爱接电话。你说她拿着个电话干什么呀？我说：干什么？你不明白呀，好找你呗！丁新民又是大笑。然后他告诉我，他现在正在来北京的汽车上，住下后，明天中午找我见个面，有个急事。我刚要问问啥事，他那面已经把电话放下了。

两三年都很少见面了，丁新民找我有什么事呢？他现在可是大老板了，找我能有什么事情呢？第二天，他的司机张志鹏开车来接我，还有一个文文静静的小伙子在一起，小伙子见面就冲我叫肖叔。我这才看出他就是丁新民的儿子丁鼎，几年不见，一下子长成大小伙子了。我非常喜欢丁鼎这名字，觉得既古朴又厚重。我曾问

过胡承慧：你家丁鼎这名字起得真好，是哪个高人给起的大名啊？胡承慧抿嘴一笑道：新民呗。这人还没对象时就给自己儿子想好这个名字了。看得出，胡承慧也非常喜欢这个名字。我曾对丁新民说过，你挺有文化的嘛！孩子这名字起得多好。不像我儿子生下半年了还没有个名字，就叫宝宝，气得老婆直骂我穷得儿子连个名字都起不下，闹得儿子户口都没法上。最后还是天津作家协会党组副书记，《天津文学》主编、兵团老战友张少敏，专程来东胜看我时，才给我的宝宝起了个大名。我对丁新民说，你儿子这名字起得真有文化，也有气度。丁新民笑着说：还不就是个名字，没你这文人想得那么多，我是一次和刘大山、田世耀（兵团战友）他们瞎谝时，随口来的。儿子名字是起下了，可连媳妇都还不知道在哪儿哩。我感到丁新民是个奇人，在连媳妇，他生命的另一半遥遥如若天上那颗星时，他竟为自己未来的儿子起好了名字。眼见着丁新民都要奔三十了，可还这么单着，他的母亲赵淑珍有些着急。实际上，丁新民的热情，乐于助人，早被另一个女人看上了。她是胡承慧的母亲，胡承慧也是丁新民的兵团战友，一个不爱多语，文文静静的大眼睛姑娘。她和丁新民既是东胜老乡，也同在兵团三师糖厂工作，是战友。战友们探亲时，丁新民常爱到胡承慧家走串，帮助胡承慧家做点这做点那。胡承慧的母亲喜欢上了这个风风火火雷厉风行的小伙子。不时地点化自己的女儿，胡承慧那时不开窍，老太太有些着急，便直接问女儿：你说丁新民好不好？胡承慧羞羞地说：妈妈要是觉得丁新民好，我也觉得好，我的个人事情全由妈妈做主。老太太一听高兴得心往嗓子眼上跳，她更是个急性子人，带上胡承慧直接去了丁新民家提亲。东胜城不大，两个老太太自然是认识的，没说几句赵淑珍自然高兴万分，两位老太太便把儿女的婚姻事情定了下来。当天两个老太太便一口一个亲家的称呼上了，丁新民和胡承慧更是熟上加亲了，很快在一间简陋的住房里，走进了婚姻的殿堂。丁新民像个毛头小伙子，对胡承慧说：我两年前打光棍时，就把咱们儿子的名字起好了，就叫丁鼎，你看怎么样？胡承慧羞羞地问：你咋知道是儿子？丁新民憨笑着说，肯定是儿子，这我知道。胡承慧拍板道：丁鼎就丁鼎，听你的，这名字真的挺好的。

丁鼎出生了，大声地啼哭着，丁新民高兴地把他抱起，像是迎接正在到来的改革开放的春天。那些天，丁新民高兴地对战友和工友们说，丁鼎来了，胡承慧给我带来了！丁鼎在丁新民的无限期望和胡承慧的殷殷目光中姗姗地走进了八十年代的春天，这是改革开放年月中诞生的新一代……

我看着丁鼎，就像欣赏着春风中的一株幼树，他的脸型酷肖丁新民，让我不禁想起丁新民的青春岁月，一时有些感慨。我知道丁鼎在北京交通学院读书，便问他：快毕业了吧？丁鼎浅浅一笑，然后文文静静地答：我去年就毕业了。他那说话的神态我感到非常像胡承慧。我又问：那你现在分到哪儿上班了？丁鼎还未回答，张志鹏说：就在施工一线先做着哩。丁鼎淡淡地说：我爸说了，咱哪儿也不去，就在公司里干吧。我妹妹也快毕业了，我爸也说了，她也来公司。咱一家都在集团干。我笑了，想，老丁还是对公司的未来充满了信心，要不凭他的人脉，把子女安排在市里的机关单位工作应该是没有什么问题的。我觉得丁新民的此举，是给他的员工兄弟吃一颗定心丸，是对公司的未来充满了信心。他要给心目中的百年公司打下基础，我望着丁鼎，心中竟然荡起了融融的暖意……

快中午的时候，我来到了丁新民入住的宾馆。他住在一个普通的标间里，我推开门时，他正戴着老花镜看什么东西。见我进来，立即起身，握住我的手使劲摇了一下。他还真有劲，搞得我的手还有些疼，我不禁哟哟叫了几声，说你这爪子真有劲，咋不见老啊？他摇摇头说：还是老了呀，不戴老花镜都看不清字了。前些年，我单手指钩住单杠还能来几个引体向上。从兵团回来烧锅炉那年，我还敢抠着砖缝爬上四十多米高的大烟筒，噌噌的。搞得地下围了一片人，仰着脖子看我……我说人要一回忆过去，就是老了。他挺了挺圆滚滚的肚子，笑着说：可不是，真老了！你看你，这头发，白的灰的黄的，我苦笑着说：老杂毛了。要是过去打仗，人家就不掳二毛了！我现在是三毛、五毛！丁新民说：管他几毛哩，咱们还是捧起来做点事吧！我问他：啥事？还值得你这大老板跑一趟。他仍是笑呵呵地道：没啥大事，就是想你了呗！几年都不打个招呼，我来看看你到底干什么呢！我说：真有你的，我现在能干什么呢？我不像你，是忙人是大老板，你那时间可是有价值的。哪像我这写小说的闲人，有一搭没一搭地混日子。他哈哈地笑了，拿起桌上的一摞稿纸，冲我摇晃着说：你看我在做啥呢？我在读你的大作哩！你可不是闲人！写得真好，你咋知道历史上那么多事呢？有些事，连我老爸都没有给我讲过……

我拿起那摞稿纸翻了翻，正是我刚过五关斩六将通过的电视文学剧本《我的鄂尔多斯》，我不禁有些奇怪了：你咋有这剧本呢？丁新民又笑了：有人送给我看一看。我说：谁呀？制片人？

他摇了摇头：市里一个领导专门让人送过来的。我已经连看两天了，挺好看的，挺好看的。你咋肚子里有这么多的货？

我说：干什么呀？他们是不是想找你拉赞助？

丁新民摇了摇头说：没明说，可我们心里都明白。我给他们说了，钱不是问题，只要是老肖写的，又是写咱鄂尔多斯的。我说：老肖写的你就投资啊？丁新民说：谁让咱俩是朋友呢？我看你写的黑龙江兵团的《爱在冰雪纷飞时》，我就挺喜欢看的。见谁都给说，这是老肖写的剧本。有人还捎打我：看把老丁高兴得，就跟他写的一样样。我说我战友写的，肖局长写的，我能不高兴？咳，他又说我，你咋不写写咱内蒙古兵团的事情？人拉大车在黄河冰道上跑，脱坯盖房挖大渠，每人一天三十方土，个个跟小挖掘机似的，有个女战士吃十八个胡萝卜羊肉包子，还有进马班偷马料饼子、红薯干。我对谈兴正浓的丁新民说：要不再写写你把汽车电瓶上的硫酸水当酒喝？丁新民说：还是我命大机灵，我刚进嘴里就感到味不对，一口全吐出来了，喷在皮大衣上。好家伙，不一会儿便滋滋冒开泡了，不大的工夫全烧成了窟窿。我说：知足吧，那次没把你的嘴烧烂掉，你要吞进肚里就彻底算清伙食费了，说来这还是你祖上积大德了！丁新民说：我那次躲过大难，想想还真是老先人保佑着我哩！还有人哟办事还真得为下天！你不知道吧？去年夏天公司有一条新路要搞开工仪式，特意选定好了日子，上午九点准时开始。有人给我出主意说，咱也拜拜菩萨啥的？现在可兴这个哩，开工开业拜成陵的，给白云山上布施的，请风水先生摆了的海了去了。我说咱不搞这个，咱们还是发扬老传统插红旗，这要当成一种文化继承下来。人家说我是个体户，我不那么看，我说那只是一种经济形式，咱们要办，就要把企业办成党的企业，人民的企业！我把工地搞得满山遍野一片红，现在伊盟人都知道，哪里红旗招展哪里就是东方路桥的工地。你多时有空，你到公司的工地看看，看着就给人提气。我说：你说把企业办成党的企业，我可是头一次听老板这样说。丁新民说：我这样说，好多人不信。那天，我把公司的党员粗略地数了一数，还不算民工联队的党员，就有百十来个！到我公司来这些党员咋办？我得把这些人组织起来，建立公司党委、支部，不能让这些党员成为离群的孤雁。我就找上级部门提出建立企业党委的想法，他们说想法不错，可是盟内没有先例，也找不到上面的依据。把我往工商部门推，人家说我只管你合法经营，按章交费。人家根本不管企业建立党委的事情。有人劝我说，咱出来是干什么？还不是痛痛快快挣点钱！啥党委、党建的，跟咱们有什么关系？我那天火了，说党员有这种思想的，你快离开企业，愿去哪儿去哪儿。在东方路桥这儿不行，在我丁新民这儿就不行！我说我这儿这么多党员，这么多县团级干部，科级干部就不说了，我就不信建不起个党委来！于是我找盟委主要领导，讲清利害，领导看了我半天说，老丁啊，你可真是党的亲儿子呀！这话说得我鼻子酸酸的，从我举起右手向党宣誓那天，我就认定党永远是我丁新民头顶上的太阳，现在我下海经商了，可我内心想的就是为党办企业，为人民办企业。这个宗旨，谁都不能践踏，谁都不能违背，这是我们企业的魂魄。后来，上级批复我们企业成立党委，这是伊盟地区第一家民营企业党委。企业的党员们选举我担任党委书记，我这个党委是干什么的？我这个书记是干什么的？就是要为企业把住舵，永远不能偏离党指引的方向。所以啊，咱得按党的教导和要求行事办事，不搞那些歪门邪道。啥求神啊，看风水啊，我丁新民不搞那一套！从现在起，我要把每一步都搞得踏踏实实，扎扎实实。所以，我的工地插红旗镇邪，鼓气，提气。也有人问我咱的企业文化是什么？我说啊，就是红旗文化，我们就是要在党的旗帜引领下大踏步前进！哎，老肖，我说的你信不信呀？我说：这话要是别人说，我未必信，可你说，我信！丁新民哈哈大笑道：就是你不信，我也信！自己都不信，你那不是哄鬼呀？企业顺了，我信；企业不顺，我也信；对我个人也要这样！信仰这东西，永远得有着！

丁新民动情地说着，我听得鼻子有些酸酸的，他在想什么呢？我感到丁新民，永远需要我去解读、研究，尤其在这个风云激荡的时代，时代的确需要千千万万个丁新民。丁新民笑着说：我信自己就是这样的人，我也要把我的队伍带成这样！假设集合起一群唯利是图的人，你说能办成什么事情？我说：是的，是的，只有信仰才能成大事。咱说了半天，你那天的开工仪式到底怎么样了？我这人就特别爱听故事。

丁新民说：你听我慢慢给你叨唠呀。那天呀，早上六点多钟时忽然下开了大雨，还夹杂着冰雹冷蛋子，铺天盖地，噼里啪啦，真把我打蒙了。我探头看看天，眨巴眼睛的工夫，天地成了一个大灰片，就像蒙着一大块湿濡濡的灰毡子。我想坏了坏了，今天这开工仪式闹不好泡汤了，这可有点出师不利。咱现在搞工程的，挺注重开工典礼的。陈培新（集团副总经理，也是我住机关宿舍时的单身朋友）冒着大雨跑到我这儿来，着急地问：咋办呀，领导？我说：咋办？我管得了东方路桥，可管不了老天爷。管不了的事情，咱就不去想它，想它也没用。

你先喝茶吃喝上些，暖暖身子。陈培新说：好的领导哇，我现在哪有心思喝茶呀？我说：喝茶，喝茶，咱不给老天爷较劲，更不能给它着急上火。陈培新喝了两口茶道：我也知道是这么个理，可这事咋让我给赶上了呢？不瞒你说，我还两次专门问过气象局了，也看天气预报了，都说今天是个晴天好日子，要不咋能选定今天这个呢？昨晚还来那么多领导，好多还是从呼市特意赶来的哩。领导，这事我这次不是搞砸了？我想想，逗他说：这些天，你后生没干啥没的（不好）事吧？陈培新笑了，哪能呢？我问他，那你咋得罪下老天了？陈培新急忙说：我啥事也没干呀？我见陈培新着急了，禁不住哈哈大笑开了，说：你咋还信这个呀？我是逗你哩！陈培新说：领导，我现在是真经不起逗呀。瞧，我这是办了啥糊糊事？前些日子有朋友带了个平事（风水先生），找到我说以后有啥大事得先找他看看，肯定收费合理，顺风顺水，我把他哄走了，说咱这企业不信这个，咋，不会是他摆了咱们吧？咱不信阴阳，可也不能得罪阴阳。我老陈是不是得罪阴阳先生了？丁新民哈哈地大笑着说：你呀，这是遇到了事情就胡思乱想！谁有这个本事？能呼风唤雨？你以为他是诸葛亮呀？雨不停下来呀，咱到室内开就是了，有多大的事情哩？陈培新说：我觉得还是在工地上开有气势，我调了百十台推土机哩！领导一声令下，那可是排山倒海一往无前呀！老肖呀，丁新民对我说，我何尝不想这样啊？那天我虽对陈培新那样说，当时我心里也是怦怦地打鼓呀。想这是咋了？这出师不利的事情咋让我老丁赶上了？我们集团成立以来可没少干善事好事呀，我给施工单位有这么个要求，路修到哪儿，好事做到哪儿。帮贫扶困的，捐资助学的，哪个施工单位也做了一大铺摊呀！

丁新民摇着头，沉浸在一种回忆里。他眯缝着眼睛说：老天不会这样给我过不去吧？老肖啊，我不瞒你说，那天我心中真是祈祷老天，雨过天晴，让一切都顺顺当当的。可是外面雨打得啪啪的，风刮得呜呜的，我嘴上劝着陈培新，可自己心中急得不得了，这条路我们是中标拿下了，可上上下下多少双眼睛盯着哩，我是看重这个开工仪式，是要彰显出公司的一种气势。事后，陈培新曾给我说，我就差跪下给老天爷磕头了。我何尝不是这样想？但我仍跟他说，求谁也不如求自己，今早工地上搞不了开工仪式，咱就搬到室内红红火火地搞，搞出一种一往无前的气势来。那天，我刚要布置换会场的事情，忽然刮来了一阵风，你说怪不怪呀？

我笑了道，肯定社会上有说法了。

丁新民摇摇头道：那我没听见过什么说法。但那风刮得好呀，不一会儿就把天上的乌云层吹散了，一层层乌云就像破棉花套子，全给狂风吹走了。八点刚过，天就变得蓝蓝的，我和陈培新那个高兴啊，好像多少年了没见过那么蓝的天了！陈培新对我说：领导，咱是不是为下天了？我笑了，那天早上，还有太阳，那个红啊，那个亮啊，光灿灿地照着，真艳真亮真好啊！陈培新高兴地一个劲问我说：领导，你说咱是不是为下天了？我哈哈地笑了说：为下天了，咱这次可是真为下天了，天助咱这条路一帆风顺哩！助咱企业发展有艳阳高照哩！我对丁新民说：你真看重那场风啊？丁新民说：顺风啊！企业发展讲究顺风顺水顺势而为！我知道你是不信这个，我更不该信这个，可真让我赶上了，你不信就不行了。老肖啊，你说是不是这个理啊？

我说：古人讲成事者，天时地利人和，缺一不可。丁新民说：看看古人说的，有时不信老祖宗还真不行！你说这话我念书时课本上就讲过，现在听你一说，自己再琢磨琢磨，还真是这么个理。

我俩都笑了。

丁新民对我道：哎，你还是给咱内蒙古兵团写部好看的电视连续剧吧？咱内蒙古兵团的人跑到黑龙江去写，你咋想的？不想见咱内蒙古兵团的老战友了？我告诉你，我这集团，兵团战友还多了去了，算算百十来个吧？我对丁新民道：我不是早给你说过了。人家黑龙江兵团番号没了，但单位还在，还是副省级建制哩。百十万人哩。农垦总局、农垦局、分局、农场，级级还在，人也在，不像咱们兵团鸟兽散去，连个搂揽的人都找不到。丁新民认真地说：咳，本子你写，钱找我！我说话算话。现在，咱兵团的人好多都是公司的领导和骨干，准都支持我！武新民、李颖梅、刘大山、田世耀他们都来公司了。

丁新民讲的这些人，都是我们当年的兵团战友，有些还是多年的老朋友。我高兴地说：真没想到，二十多年后，咱们这些人又聚在一起了。

丁新民热切地看着我说：干事情啊，还得找这些当年的战友，说得来，劲也好在一块使。大家坐在一起有说不完的话，谈起当年在兵团啊，都说你老肖，咋不把内蒙古兵团的事情写一写？也来部电视连续剧，大家好好看一看，疯一疯，闹一闹，多好！

我说：老丁啊，每个行当都有每个行当的规矩。有些事情还真不是有钱就能办的。再说，我刚写完一部知青戏，不管它是哪个地方的，但要表现的东西都是共同的。丁新民说：你那戏我看了，没有一个班拉一辆马车过冰河走冰道的事情。你那净搞对象的事情了。我说：我那就是写知青之间的爱情故事的戏，再说还有原著。说真的，写这个戏，我的劲使绝了，多年的积累也掏得差不多了，还是缓些时间再说吧。要说写不好，连不写也不如。

丁新民道：你这说得倒是实话。你就写，别考虑钱的事情。

我说：天爷，搞影视是现过现的事情。我能不考虑？动辄上千万真金白银啊！再说了，谁的钱也不是大风刮来的！真要是那样，我连你们公司都没法去了！咋见那些老战友？老武还不得捎打我们，看看老丁老肖，你们闹了个甚？咱那些哥们儿姐们儿，嘴可不都是抹着蜜的。闹不好咱俩朋友也没法做了，战友情也踢蹬光了，真的，剧组一搭起来，钱花得跟流水似的，千儿八百万哩！

丁新民笑笑道：这点钱，朋友就没法做了？我说：也许我想得多了。他拍拍我的肩膀说：先说说眼前这个事吧，我可是专门来找你的。

他拿起桌子上的那摞稿纸，抖了抖浮在纸面上的烟灰，又吹了几下说：《我的鄂尔多斯》，好名字啊，历史、文化甚都有了。你估计，得投资多少钱？我说制片人的预算我见过了，不请大牌明星，也得六百万。丁新民说：我想了想，这钱我们公司独投了。我一听着了急，说：我自己写的东西我知道，这不是个赚钱的东西，你要全投得全赔进去。他笑了，说：原本我也没想它能给我挣钱。人啊，不能光想到挣钱，要有意做一些不挣钱的事情，这也是公司的经营之道。我说：得，得，你先别光想着你的经营之道，这次你一定得听我的。丁新民看着我道：听你什么？我笑了，道：你找我，不就是想听我的？天爷，六百万啊！老丁，我想想这么多钱就怕得不行！这次，你一定要听我的。他看着我说：你说。我说：老丁啊，这部戏你决不能投！他有些奇怪地看了看我，问为什么？我说，我写这部戏时，央视就决定投三百万。地方自筹三百万。制片人已经答应找鄂尔多斯市出这三百万。丁新民问：你是说，拍戏的钱他们已经有着落了？我点了点头。丁新民笑了，说：我还以为能帮上你的忙哩。我说：你的心意我领了，但这件事情你就不用再管了，尤其是投资的事情。他笑了笑说，你的意思我明白了，你是不想欠我老丁的情啊！我说：还是你透亮，这件事情就这样了，人家要是问起，你就说我说了，这是央视投资的项目，人家有人家的考量，未必喜欢地方企业这么深度地参与。丁新民想想说：现在不是时兴拉赞助吗？这些日子，我经常得接待几拨拍电视剧的、出书的，好多还都是名人领导哩。我说：我写电视剧有个原则，写稿子的事情我办，拉钱的事情别找我。我就是不时兴这个。丁新民微微一笑道：你是顾忌你头上那顶局长帽子！我想丁新民是个聪明绝顶的家伙，一眼就能把事情看透。我说：随你老兄怎么想，谁都知道我们之间的关系，我想，朋友战友情谊要想久远，你我之间更要清汤丽水！老丁看看我说：我明白了。我说：都明白了就好哇。实际上，我知道丁新民眼光远，也大方，但人家是企业啊，几千人要吃饭哩。我也担心，有些事情到时你说不清楚，我干吗要为自己揽些说不清楚的事情呢？我就是一个靠爬格子就能谋生的文人，从我开始写作的那天起，我就非常看重文人的斯文和体面。我非常清楚丁新民说的明白的意思，我非常感念他对我这个书生的理解。我喜欢这个能走进你心灵世界的家伙，在这个世界上能够互相走进彼此心灵世界上的人并不多，也许，你一辈子都碰不上一个。所以，我格外看重这份友谊，既是战友情，也是兄弟情。当地人讲得清汤丽水，我也非常喜欢，我觉得这是一种朋友间的交往干净，也是一种友情长久的处世智慧。

记得那天我们一同吃了顿饭，是一位在北京工作的伊盟老乡请的，这人长得非常清瘦，但有一种气度。他大概稍长我们几岁，听老丁说他在北京当了几十年兵了，现在是武警部队的一位现役将军。记得那天请老丁吃饭时，光身边工作人员就跟着三四个忙前忙后，个个看着都非常干练，训练有素。餐厅很大，装潢得富丽堂皇，单就我们这一桌，漂亮的女侍应有七八位，美食一道道上，还是分餐，我是第一次接触这样的宴席，品尝这样的海味美食，吃得很高兴，可我知道这次我是沾了丁新民的光，他和将军谈得甚欢，不时说起什么事情来，都笑呵呵的。丁新民怕冷落了我，有意把话头往我身上引，将军也聊起我们共同认识的一位军旅作家，将军也挺熟，还说是挺熟悉的朋友，就在一个大院里工作。将军还饶有兴致地同我约定：下次来北京咱们一同聚聚？将军说他挺喜欢同文人打交道的。我知道这都是客套话，但还是与他碰了一杯，连说好，好。我一边好吃好喝着，还在想着，这个排场得花多少钱啊？

餐后丁新民对我说：这顿饭可不便宜，听说光这个大包间就得两万元起步。两万啊，还起步，我吃了一惊，挺心疼的，问丁新民：谁出这个钱啊？得花我一年的工资。丁新民憨憨一笑道：当然是他出啊！咋了？我说：他出？你信啊？我看咱是吃公费哩！丁新民道：管他哩！听说将军他老哥是个瓦匠，在家乡鼓捣起了个施工队，想来咱工地揽活哩！我说：将军的老哥你侍候得起？丁新民道：咳，这种事我见得多了。能照顾我就照顾点，但你得给我保质保量完成任务，谁也别想糊弄我！我有的是办法对付他们！搞企业你得敢做恶人！咳，现在当官的也大多是苦出身，那谁，他兄弟他大都有施工队想来我这儿做工程。丁新民说的那谁，是个好大的官，人们都知道。应付这些人，丁新民也挺难的，绝不会像他说的这般轻松。我叹道：果然是饭无好饭，席无好席啊。丁新民道：看你咋苦眉皱眼巴巴的？我还不愁你愁甚？吃时看你挺放得开的，咋？你不能油嘴巴一抹就骂人家吧？我笑着说：我还不至于这么下作吧？就是想想挺别扭的，不管咋说，我也算是跟着你这大老板开眼见过大阵仗了。丁新民还是笑，说，你就捎打我吧？实际上咱知道是怎么回事就行了。要说这吃喝啊，还得是大北京这样的地方。不瞒你说，这些年求人办事，也招待人吃喝过，可这样的排场我也是头一次见过。我感慨地说，生活早超出了文人的想象，十多年前我写《同路人》时，小说中那都吃了啥啊，那还是我绞尽脑汁才想起来的。当时，为我惹来那么多麻烦，想想，那算啥啊？真是少见多怪了。我的天，我咋忘了刚才把食谱记下来了？不知这辈子还能不能赶上这么一餐呢？丁新民一听叫了起来：你想干什么呀？又写小说呀？我笑了说：啥都值得我写小说呀！

《我的鄂尔多斯》的开机仪式搞得挺大的，自治区党委的一位副书记莅临，北京还来了许多有头有脸的客人，市委、市政府在成吉思汗陵园搞了盛大的开机仪式。光各式小汽车就有三十多辆，警车开道，从东胜去成陵的各个路口都有警察把守。场面铺排得挺大，我也挺高兴，一路上观看着改革开放后的鄂尔多斯高原，那一幢幢拔地而起的高楼、一条条公路铁路闪过，还有电线杆一根根往后退着，真是沸腾的鄂尔多斯。开机仪式搞得好风光，就在新改建的成陵大道上搭起了台子，搞得彩旗飘飘，台子上挂着《我的鄂尔多斯》开机仪式的大字，各级领导们都围着自治区的副书记谈得笑呵呵，像我这样的这部剧的父亲模样的主角反被晾在一边，孤单地在一边抽着烟。实际上我也知道，一开机便与编剧没什么关联了。但我也不能免俗，心里还是有些不那么舒服。导演正在接受采访，有几台摄像机对着他，他正在结结巴巴地说着，说：虽然开机了，但还要多维度地创作剧本。我一听就笑了，他还要创作啥呀？行内讲，电视连续剧基本上是编剧的艺术，电影是导演的艺术。这位导演是想证明他是个全才，竟然在我的剧本里出现了妓女造反——抗日的改动金句，谁执导这样大戏的机会也不多，当然都想标新立异，一切也就由他去吧。我也懒得搭理他，由他说这说那去吧。曾有位同行朋友给我说过，咱剧本一交就没咱的事情了，拍出来真不知是哪个孙子写的。我正没味地听着，有人拉了我一下，我一看是丁新民乐呵呵地站在我的面前，我不禁有些吃惊，问道：

你怎么来了?

丁新民道:你的摊场我能不来?

我苦笑了一下道:我的摊场?你看看像我的摊场吗?丁新民奇怪地看看四周:咋了?人家大领导来了,大导演来了,你受冷落了是不是?我说:我后悔来了,剧本一交,就没人识得你了。丁新民哈哈笑道:这就跟咱们修路的一样,路修好了,谁还认得我老丁啊?想想咱们干的事情都差不多,他说着大度地哈哈笑了起来。他刚才的话对我来说,挺暖心的,我不得不承认丁新民是个透亮的人,啥都明白。不像我,胸怀还差那么一点,和他接触总觉得这人就是一面镜子,总能照出你的小来。我说:老丁啊,咋一见你,我就感到自己有猥琐的样样?他擂了我一下,亲切地说:那我成啥了?我说:我是讲心里话。丁新民说:我不是心里话?

丁新民告诉我,是市里领导通知他参加这个开机仪式的。我问:他们是不是还盯着你的赞助费哩?丁新民说:那倒没有,我把咱俩说的给他们说清楚了。政府还缺这点钱?我说:啥政府,还不是拉大旗做虎皮?若是从制片角度来看,钱还是要多多益善,这年头,谁还嫌钱多呀?丁新民哈哈地笑了起来,说:拍电视连续剧我看着挺高雅的事情,你咋总钱钱的?我说:还不是怕你禁不住他们的忽悠?他说:你放心,咱们说好不办就不办了,没有不缺钱的企业,没有不缺钱的企业家。但钱这东西你别老想着,越想越不来!我听得挺新鲜的,这是这么多年来,听他对钱发这样的感慨。我说:你这话挺有意思的,老丁,我真的挺愿意听你说话。他说:老肖,我今天真就是冲你来的,我真的挺高兴,我从昨天晚上就给胡承慧说,老肖的剧本明天就要在成陵开机了。胡承慧说:老肖也挺不容易的,整天就这么一部部地写,多累!我笑着说:还是嫂子体谅我。就你一个劲还催逼着我要写咱内蒙古兵团的,想累死老肖啊!丁新民又呵呵地笑了起来,说:人啊,有时就得逼,以后我真免不了逼你！我说：你快饶了我吧，你可别逼我，我怕你行不行？丁新民又笑了起来，道：干啥都得有人逼！我挺信服铁人王进喜的话，人无压力轻飘飘，井无压力不出油，干啥都得往墙角逼！老肖，我给你说，我这不是让人家给逼到康巴什来了？逼到这大沙窝子里来了？你是不知道，现在是大企业都在东胜城里圈地拆迁，撤盟设市好几年了，东胜得有个大城市样吧？这有前景，我也手痒，大家都手痒，现在谁不想在东胜搞点项目？公司也搞了个房地产公司，要开发包府公路沿线。我说：行吧，让一些年轻人去干，去闯！不是听说东胜铁西区开发前程无量？你咋背道而驰？老丁笑了道：前程无量的好事情我老丁摊得上？我摊得上的都是没人理的背圪塄地方？这不，市里城投公司又找上门来了，要同我联手开发康巴什哩！说是上级政策碗大汤宽，非要把我往大沙漠里引哩！要说啊，我就是搞得逢山开路遇水架桥的命哩！现在先搞一条从东胜进康巴什的沙漠快速路，叫东康快速公路。我这次来，就是再敲定一下东康路的事情。你得把线形一段一段闹清楚，光看图纸有时还真是不行。我说：我不懂这个，可我知道这是大事，不动十亿八亿会行？咳，我这儿你露一下，咱们见个面就行了，我心领了，真的领了。我非常感动地说：晚上回来，咱们一块吃个饭，到时再好好说说话。丁新民道：我也是这个意思，那咱就晚上见。丁新民说完风尘仆仆地走了。

开机仪式完成后，各路来宾又去参观成陵，市里领导陪同着。人们朝高高的成陵纪念堂走去，汉白玉的石阶梯上，众人成群结队，乌泱乌泱的，我也恹恹地顺着阶梯上行着。几十年来，成陵我都不知参观拜谒了多少次了，过去一到夏天，各地交通系统来鄂尔多斯观光的客人都要去成陵参观，我只要在家，这种陪同参观的事情总是少不了的。本不想再去参观了，可一想到我创作的这部剧就是写成陵的，让人们纪念抗战时期那段难忘的风云岁月，立即来了劲儿，抖擞起精神拾级而上。走进大厅，一眼见到端坐的成吉思汗雕像，闻到了熏香的味道，心中立即充满了敬意。我也虔诚地上了香，并跪倒在坐像前，默默祈祷成吉思汗的英灵保佑，这部剧作的拍摄顺利进行。我还往布施箱里敬放了一百元钱，算是了了自己虔恭的心意。

我没有随众人参观，便走了出来，想找地方抽支烟。一出门，碰见了市委主要领导也在厅外，他大概也是和我一样，也不知陪着客人来成陵参观了多少次。领导冲我招手，我走了过去，我俩握了握手，他问：咋刚才没见你？我笑笑说：编剧就是搞幕后的事情。他凝起眉毛说：我可知道，一剧之本就在编剧这儿呀。他很奇怪，我扯开了这个话题，有意问他：我听人家讲，咱们市里是不是要把首府往康巴什大沙窝里搬呀？他笑笑说：你也听说了？是有这么个想法。我说：我净知道全市人民都知道的新闻。领导说：这也是全市人民的期盼。我笑了。领导说：市里正在运作这件事情，这事还得市里人代会定，还要上报自治区、国务院批复。我说：我刚才碰见丁新民了，我听丁新民讲，他们要开发康巴什呀。领导说：这是市城投公司联合老丁他们要做的，还是让他们先行动起来再说。我说：我知道老丁，他办事可是雷厉风行。领导点点头说：要想办成啥事情总得有妥当人来办。关键是啥人来办。我说：老丁今天亲自来康巴什踩点来了。领导笑了说：市里让他们先搞条路。只要路进来了，城市规划就能出模样了。市里对这条路抱的希望挺大呀，这事交给老丁他们，市里放心。领导给我说着官话，我笑了。

我知道，康巴什是市里选定的首府。康巴什原先是伊金霍洛旗的一个小村子，零零散散有千数号农民分散在沙漠里开点小片荒，过着几近原始的生活。这里是毛乌素沙漠和库布齐沙漠的交汇处，方圆百十平方公里都是一望无际的大沙漠，有条210国道也是穿沙而行，连接着东胜去往伊旗成陵的通道，这里还有几条河谷，公路部门在这儿修了过水路面，国家的重要领导来，我们还得探路，插标志引路，前些年我就常带着处里公安科的干警和公路科的技术人员为领导的专车行进做过保证工作，探测过水路面，查验坑槽大小，立警示标志。还要专人负责，专人守护，一直到任务完成。一般说来，领导车队行进快，有些风驰电掣的，我还得带着人站在水里，拿着小旗子大声吆喝指引着。还有的根据级别，规定不许我们看领导的车队，背对着当标杆引路。人们都知道这种事情不敢大意，真要有个闪失，我这业余局长当不成不说，闹不好还得吃牢饭。开道的警车过来了，有时还会传出低沉声音：同志们辛苦了！然后车轮溅起水花疾驰而去，我竟会不理睬溅湿的衣服，胸中竟会涌起莫名的感动，我一次与丁新民和武新民谈起，老武说他每次都得自己带车开道，看见你拿着小旗子舞动着，我就让司机开快点，有意溅你小子！他嘎嘎地笑着，我拿烟灰弹他，他还是大笑嘎嘎，咳，这让我说什么好呢？丁新民呵呵地笑着说：老肖啊，咱这就是生活！

现在要在康巴什建起一座城市来，我挺佩服鄂尔多斯领导们的气魄的，也佩服丁新民敢想敢干的。不用问，现在丁新民又要穿沙开路了，他是鄂尔多斯大踏步发展的急先锋。领导见我愣呆呆的，便说，老肖，过两年你再看看这康巴什，就是一座在沙漠里建起的新型城市。我说：要高标准设计，高质量建设，要把这大沙漠建成一座大花园，我们鄂尔多斯人要创造个人间奇迹。领导信心满满地说：你说得太好了。起点一定要高，领导说，他们原来搞了一条路的设计，就是在原有道路上修修补补，还美其名曰节省投资。他们的方案让我否了，我就不信烂皮袄上还能绣出花来？领导果断地说，咱们要搞就先搞一条东胜到康巴什的快速路，我让他们要选一流的设计施工队伍。创业就得敢创，首先主要解放思想，像个小脚老太太不行。后来城投公司拿了个意见，说是要与丁新民搞整体开发，虽还不完善，但他们讲得还挺有气势，有个干大事的姿态。看来领导还是满意让丁新民上手，我趁机说：老丁这人我太了解了，我们一块几十年了。他办事可不仅是要什么姿态，他现在可是要真刀真枪干上了。领导笑了，说：那你们怎好放走他？我叫了起来：哎呀呀，领导又不是不知道，我就是个写小说、电视剧的，这等大事我哪能探上碟子？

领导哈哈地笑了：老肖，你这人也不禁逗……

我说：领导哎，我看丁新民现在就挺好，自己能可心地办点事情，你看市里一发话，丁新民不就上来了？

领导微笑着点着头，看样子还是比较满意。我也挺为丁新民高兴的。晚上会餐的时候，领导拉着我坐在他身边，说还要给我谈谈康巴什的未来。我说：人家都摆好台签了，我在二桌上哩。领导说：我知道。随手把一张台签扯了下去，让把我的台签换过来。我说：领导我跟丁新民约好了，一会儿还要……不等我说完，领导身边一个秘书模样的人赶紧拿着台签去换了，我知道这领导可是个说一不二的人，一向是以态度强硬，苛刻工作而闻名，听人说有副市长都害怕给他汇报事情。可我总觉得领导被多少有些脸谱化，他实际上是康巴什化了，基本上是离开康巴什不说话，多少带点不怎么招人待见的魔劲。

他给我说康巴什水系建设的改造，我想那大沙漠哪来的水呀？我甚至感到他多少有些痴人说梦，他说着，我有意观察了一下丁新民的台签，原来是在三桌上，全是一些市里有头有脸的企业家。领导说要搞亚洲最大的音乐喷泉，可我想，一部电视剧开机咋闹这么大的动静？我也知道这不是我的戏有什么面子，而是制片方搬动了自治区的主要领导。那天，我的身边就是中宣部的文艺局杨局长，那位主要领导还把我介绍给我自治区的副书记。副书记说：好，好，听央视的人说这片子写得不错，咱要建设文化大区，就是我们自治区的作家艺术家要不断推出好作品。我连说是的，是的。副书记说：你以后有什么创作想法，可以到呼市找我，我们互相交流一下。我说：好，太好了，我一定记着。

这位副书记还让秘书留下了我的联系方式，在外人看着挺是回事的。可我心里知道，这都是官场上的面子事，礼贤下士，这都是中国固有的为官之道，这是场面上的事情，你可千万别当真，也许他根本记不住你是谁，是干什么的。可万没想到，这事情过去若干日子后，我忽然收到一个包裹，打开后竟然是这位副书记的一本包装朴素的诗集，这当然是后话了。我忽然感到自己私下的想法，有些小人之心了，至少是不开阔。实际上那天晚上，我就是想见到丁新民，和他好好聊一聊，可他的位置一直空着，主持人已经开始讲话了，我赶紧给他打电话，是张志鹏接的。张志鹏说：说好你了，肖叔啊，丁局长还在沙漠里呢，估计是赶不过去了。我想跟丁新民好好聊聊天，而他却还在沙漠里，心中顿时有些失落。

这时，导演招呼我，本来我俩坐一块的，说来我们也是老熟人，我便挨着他坐下了。导演说：喝酒喝酒，跟那些当官的有啥坐头说头？我说：喝，喝。导演说：咱这制片人太抠。我说：不抠还能叫制片人呀？他的强项就是抠！他的业务就是抠！导演笑了：老肖算是活明白了，现在是局长当着，作家干着，啥都不误。我问他：你不是要再度创作吗？多时我看看你二度创作的本子？你能不能把妓女罢工——抗日删掉？

他说：操，那就是瞎说说，你还当真啊？实际上，我想再度创作的全在我的脑袋瓜子里记着哩。这得现场临时发挥，要灵光四射。我知道他是位作家型的导演，大师之风甚重，随意性也特别强，看架势他这是要拿这部戏练手呀。我想，完了，他要是这么在现场玩，肯定要完犊子了。我忽然心中升起对这部片子的隐隐担心，也许他是大家，玩着就把这部剧拿下来了。但愿吧，我看着志得意满的导演暗暗地祝愿。

这时制片人脸上挂着微笑走过来了。他是个年轻人，个头不高，白白净净，已经做过几部戏，走过来要与大师导演和我敬酒，导演说：喝啥酒呀？我端起喝了，对制片人说：小兄弟，我的任务是完成了，下一步，你就自求多福吧。他蒙蒙地看着我，我把空杯子给导演晃了一晃，导演也笑着喝光杯中的酒说：拍片子得有灵光灵感，还得有敢死吃苦不怕死的精神，该来真的就得来真的，刀山火海也不惧，冰河雪地也敢蹚，也敢滚。制片人听得小脸有些发白。我说，不就拍部戏吗？不至于刀山火海吧？制片人笑着说：想和片子的主创一同去给主桌领导和有关老板们敬圈酒。我说：好的。也觉得这是非常正常的事情。可导演上来了艺术家脾气，声音非常高昂地说：让他们过来给我们敬酒，我凭什么过他们那边去？今天是开机宴，甚事得有个主次之分。我对制片人说：导演说得不错，你们看着办吧！我是刚才在主桌上已经给他们敬酒了，现在得回房间休息了，拜了个拜了。我说完，也不理他们了，直接就往外走了。只是第二天听说导演与领导们喝得挺嗨的，决心拍好戏的表态也挺动人的。咳，酒桌上的话，谁要是当真，肯定是傻瓜，最起码是不智。

那晚回到了房间，我感到肚子里空荡荡的，便泡了一袋方便面吃了。吃完泡面，稍收拾了一下，就想给丁新民打电话，说说心里有些想说的话。我拿起手机，刚要给他拨，铃声却愉快地响了起来，一看，原来是他打过来了。我笑着一接通，丁新民那熟悉的笑声哈哈地振响我的耳鼓，我也哈哈地笑了。我俩笑够了，丁新民说：喂，我还在康巴什沙漠里呢，听志鹏说你打电话过来了。我说：某某等着你吃饭哩。我说的某某是市里的主要领导。丁新民说：我也就是站脚助助威，是个摇旗的。说正经的，今晚我还得看几个地方才踏实，你那摊场我就真去不了了。给你打个招呼，免得你们文人想法多。我又笑了，说：我早离座了，现正在房间吃方便面呢，再说今天哪是我的摊场？丁新民哈哈笑着说：我知道，知道。有些场面上的事啊，千万别当真，一乐呵就过去了。我说：是的，是的。他说：你也别光是的，你得撑住大主意，反正是你的剧本，这咋也是你的东西，谁也闹不走！我说：还是你老兄理解我！我只是可惜我这片心！有我这样认真调研写剧本的吗？真他妈以为我能瞎编乱造啊？我那晚特别想给丁新民说说我写作的艰难，我想告诉他，是我带上钱寻找着当年成陵西迁的亲历者，想得到第一手材料，我给他们采访费，就是想听他们说说当年的故事，钱尽管不多，但也是我的一点心意和对这些经事老人的尊重。我那时还没拿上稿费哩！我泛着点酒劲，想给老战友说说我们这行的不容易，刚说了几句，丁新民哈哈地笑着说：我给你说吧，现在没人看见你这片心，人们都是关心你拿了多少稿费。我可听说，你稿费拿了……他说出了吓死人的数字，我操，真是隔行如隔山，人们对作家稿费的想象力真是无限，我也只能苦笑了。丁新民说：人家说，等于我修了一条路！我说一条路？怕死我了！我辛苦几年，能等于你修一米路就不错了！丁新民说：这事咱们回来再叨唠吧，那我继续去看路了，还有几处没看完哩。我说：领导真重视这条路，系着康巴什的成败哩！再说大晚上黑灯瞎火的能看见个啥？丁新民说：月光下的大漠剪影好看着哩！你要是在准喜欢！我说：你老丁啊，现在听我的，快回家歇着去吧。丁新民说：好，好。不过明天要上会哩，我心中得有点数。我说：我刚才可听领导说了，市府搬迁康巴什大沙窝子还有几关没过哩。丁新民又哈哈笑了一气，在电话那头道，这事我知道，领导给你说的，都是明面上的事。市里这次是下大决心了，这你还不知道吧？他们已经运作上面把康巴什划进东胜地界了，这样操作起来地方自主权就有了。我一听就知道，这真是高招！丁新民说：我给你说吧，要说官场上高人可多了去了。我说：我不是怕你再染上东康路那样的染糊糊营生，你老丁有几层皮扒？还想抱着冲锋枪跟贪官污吏拼命啊？丁新民哈哈笑着道：你咋哪壶不开提哪壶啊？给你说点气话你就记住了？我也笑了说，我就记得住人们讲得有温度的气话！说真心话，我真担心前面有坑。丁新民斩钉截铁地说：你放心，我不傻！我知道怎么办！丁新民呵呵地笑着，挂了电话。

那晚，我打开了房间的窗户，忽然心情有些惆怅，默默地望着夜空。那晚，繁星点点，大夜如墨，黑压压的像是没有个穷尽。我向窗外吐了一口烟，沉醉的春风扑来，早已经把它刮向了沉沉的未来，没有了烟迹踪影。春夜醉人，容易让人浮想联翩，而酒酣耳热的我，那天晚上更是胡想八想。我知道，在浩大的天宇之中，我们每个人都是微小得像尘屑，甚至连尘屑都不是。就像嘴中吐出的烟雾，早化进了无穷无尽的夜色之中。再想想自己，想想忙忙活活的人们，想想不断创造的我们，我的胸中竟然丝毫没有激动的感觉。我胸中甚至涌起可怜和悲哀来。但我问夜空，人们的负重呢？我、丁新民，还有腆着肚子的领导，所做的一切，意义在哪里呢？面对夜空，人们很容易虚无，尤其是我这样的作家和文人。作家可能活得很卑微，但卑微者同样有着自己的人生使命。我们不就是不断克服着卑微，纵情放大着个体生命的伟大，尊重着尘世中的每一个人，苦苦塑造着人的模样吗？让人像山一样在人们的心中耸起，以绝我这样的芸芸众生胸中不断涌起的悲哀和可怜吗？振奋人的雄风，这也许是像我这样的作家一生永远卸不掉的十字架。负重前行，在我们的漫漫人生中爬啊爬啊，就像在暗夜中负重爬行的蜗牛。当然，这一切幽幽之思，都与我刚才和丁新民通的那番电话有关。而丁新民呢？他在这样的夜里想什么呢？真像他说的夜色中的沙漠剪影非常好看，他面对沙漠是一种什么样的心境啊？他还能发现美，看见美，欣赏美，我越来越欣赏这粗壮的蒙古汉子内心世界的俊美，他真的是一个活生生的文学形象甚至可以说是一个奇人。他总是那么忙忙碌碌，活得透亮，明白，什么都清楚，都明白，但从未听到过抱怨什么。实在是说不过去的，看不惯的最多是嘴角泛起一丝不屑的笑纹。他辛苦地活着，有着自己的追求和目标，我当时都想象着在这样的夜色中，在茫茫沙海中奔波的丁新民，他此刻在想什么呢？刹那间，我甚至都听到了他踩在沙漠上嘿嘿的喘息声，还有静静的沙海之中忽然荡起的虫儿的嘶鸣，狂风的呜叫，也许寂寞和单调正像夜色一样浓浓地包裹着这个中年汉子，而此刻的丁新民就像是一架不知疲惫的推土机一样，呼啸着克服着碾压着一重重险阻艰难，固执而又坚决地踩在大漠上走着走着。我知道丁新民，他凡是认准的事情，哪怕前面有千难万险，哪怕是再多的人阻拦，他也决不回头！开发康巴什，建设康巴什，献身康巴什，他内心里是不是喊着这样的节奏在走着，因为他知道这是建设鄂尔多斯市，提高鄂尔多斯市城市品质，他在完成市委、市政府交给他的一项重要举措，他同样需要在这个伟大的巨变中完成他的蜕变，破茧化蝶，他也要在这康巴什大漠沧桑之变中，完成自己美丽梦想的飞跃吧？

人们都知道有一句成语叫折戟沉沙，意即惨败，空有一番雄心斗志。鄂尔多斯人准备打造的康巴什，又是一只张着大嘴的沙老虎，其沙漠腹地，其莽莽沙峰之高之巨，完全超出了我们一般人对沙漠的认知。浩渺的康巴什一年四季永远狞笑着，刮着打旋的风，卷动着小山一样高的沙蓬，这是一种无根草，像一座座沙包一样在沙漠里滚来滚去，密密麻麻，望不见个头尾。年轻时，我曾走进康巴什的腹地，听在那里养路的兵团战友说，那里曾出一种红色的土豆，当地人称之为红山药，说其绵其甘绝对是马铃薯中的极品，可以生着吃有苹果的味道。我被吸引了，跟他走进了康巴什沙漠之中。当时道班建在一片硬梁地上，就像一个被风吹破的烂皮袄，我的战友和妻儿就住在那里。他那年轻的胖妻子在沙地里捡了一筐红土豆，果然看着似有点不一般，这是我第一次看见红土豆。战友说煮着不好吃，说是架起一团柴来烧红了沙子，把土豆埋进去煨熟了好吃。

于是我俩提着土豆，跑进了大漠里。战友站在一架沙梁梁上，向四处张望着，大沙漠里的凉秋，已有了森森的凉意，风儿一刮我觉得身上有些冷飕飕的。战友挥手招呼我，我赶紧爬上了高高的沙梁，战友说：我看见柴垛了，咱们往那边取柴火去。顺他的手势望去，果然在前边的沙湾子里堆着一团房子高的柴火垛。这在沙漠里会经常见到，柴火垛像一个黑色的大圆球，被风吹得滚来滚去，鄂尔多斯有民歌唱六月里的沙蓬无根草，哪儿挂住哪儿好。我俩跑到了黑压压的柴火垛前，伸手去抓草棍子，却抽不出来，这些草棍子穿插在一起，紧紧地缠绕在一起，非常费劲。我忽然听到了啾叽叽的声音，我奇怪探着脖子看了看，还是黑乎乎的，就是听见鸟的啁啁声。战友叫道：这里面有鸟窝，你看啊，看啊，我往柴垛里看还是黑乎乎的看不见，战友让我往他指的方向看，果然看见有小鸟探着脖子，张着大大的黄色的口儿发出鸣叫。战友喊道：是雏儿，口还是杏黄色的哩。我忽然想起老辈人常骂青年人的一句话：黄口小儿，大概就是指这没出窝的小雏鸟。但战友的话音未落，我听到天空传来一声悲怆的长啸，一团黑影压了过来，战友立即大叫一声，滚在了沙梁上，那团黑影又冲我扑来，我急忙缩头蹲在地上，只感到头上滚过一阵凉风。我正发着蒙，战友冲我大声喊：快跑，是鹞子，快跑……我俩赶紧跑出去了好远，看那鹞子还张着大翅膀在那柴垛的上空盘旋，还不时发出啸叫。战友说：这是老鹞子护雏哩，它以为咱俩是偷小鸟哩，要跟咱拼命哩。这玩意儿凶着哩，一翅膀能把羊的腰背拍断哩。他那翅膀要是把咱拍一下，半个脑袋能肿成球！我一听吓出一身冷汗，原来康巴什

沙漠也有主人。我问战友：这里蹿不出狼来吧？战友说：咱不是狼？然后哈哈地笑了。这是我的八十年代初的康巴什之行，现在丁新民告诉我，鄂尔多斯人开始进军康巴什沙漠了。我想这块蛮荒的沙漠，它能吞下多少东西哟，包括人的梦想、野心、雄心，但它同样也能激起人的雄心壮志，我所在的兵团成建制地从沙漠溃退了，而且是溃不成军，鸟兽般散去。但鄂尔多斯人踏着改革开放科学发展的脚步进来了，从丁新民走进康巴什沙漠那天起，这片一望无际的沙漠就开始承载着鄂尔多斯人的一切。丁新民是先锋官，先行者。当丁新民的推土机在这亘古大漠上开出第一铲沙土起，鄂尔

多斯人的一切都会与这片沙漠息息相关。鄂尔多斯人要在这里建设自己的政治中心、文化中心，那只是未来一个期许，但对首位建设者，首位先行者来说，一切都是不可知的，功败垂成也许就在一刹那，一瞬间，但对丁新民来说，可能就是他的全部，他和他的家庭，所率的员工和他们的家庭……这是些至亲至爱的连筋连肉活生生的黑压压的人群啊！

但愿丁新民和他的东方路桥企业好运，那个夜晚我向大夜，海一般的大夜，默默送上对老战友的祝福……

| 第十一章 |

丁新民道，办成党的企业，就是党和国家需要的时候，你就得不计代价冲上去

三年之后，大约是2003年秋天吧，我接到了市里有关部门的通知，让我来呼和浩特市参加《我的鄂尔多斯》电视连续剧的首映式，我乘飞机来到了呼和浩特市白塔机场。下了飞机，我搭乘了一辆出租车往所住的宾馆驰去。车未上机场高速路，却绕上了路旁的便道，却见高速路上红旗招展，像一片红色的海洋，原来这条高速公路正在建设，我感到这个红旗飘飘的场面非常熟悉，让我想起了丁新民修过的许多公路。工地上机声隆隆，施工车辆来来往往，一派热火朝天的模样。出租车司机是个瘦高的中年人，非常健谈，他对我说，你看看，这是在铺路面了，你要是运气好，明后天返回北京时，就能走快速路了。我说：是吗？这条路改造可是有年头了。司机说：这是呼市特点，干个啥事，拖拖拉拉，拆了建建了拆，就这条破路啊，修修补补了多年，从我开上出租它就在修，我换了一台车它还在修，这台车又快报废了，它还在修，路上那个堵啊，真他妈让人绝望了，这就没个完了了？我说：路面一铺，不就开通了？他说：是啊，是啊，总算盼出头了。要说，还是鄂尔多斯人利索，人家的施工队伍上来，一天一个样，下午和上午不一样，我是

眼见着这条路起来的！也就是三个多月，机场快速路就完成了。车颠颠簸簸地走着，看见公路右侧有幢破旧的小二楼，楼顶上面有竖着大字鄂尔多斯东方路桥，司机说：看见了没有？东方路桥，这是个大企业，利索，人家是老总亲自上阵，现场一线指挥。我感兴趣了问，是吗？大老总还上路？司机问：知道丁新民不？东方路桥的老总，上百亿的大老总。我说：是吗？司机说：丁新民仁义！我们蒙古人仁义！舍得给农民工花钱，真心让农民工挣钱，带的那队伍啊个个就像小老虎，真是嗷嗷叫哇！

我说：是吗？司机说：那个丁新民我见过几次，是个矮胖子，穿戴上哪像个老总？就见他在工地上吆喝，舞扎着手指挥，瞪着大眼珠子喊叫，要不是我拉的伊盟客人认识丁新民，你打死我我也不信！上百亿身家的大老总还上工地吼啊?！我说：他可能是爱好！司机笑道：爱好？稀罕！我上上下下次数多，见过泥水一身的丁新民几次，他哪像这么大公司老总啊？要我看，他就跟路上的老民工差不多！我哈哈地笑了起来，司机说：你不信是不是？我说：有啥不信的？司机说：咱要运气好，路上没准能见到丁新民哩！我笑着说：我见他干什么？看他泥一身水一身呀？司机也笑了，说：你老哥挺有意思的。我说：是吗？司机感慨地说：人家丁新民不挣钱谁挣钱？哪个大老总能像他这样辛苦？我笑了说：我看呀，你说的这个丁老总，他就是个受苦的命！司机愣了一下，然后也哈哈地笑了起来，摇摇头说：你说话有意思，受苦的命?！

对了，上百亿身家，还守在工地上吆喝，他还真是个受苦的命！司机忽然笑了起来。我想，他也许明白了我说这话的意思。

我到了宾馆，临下车对那司机说：下次你要是见了丁老总，就给他说他就是个受苦的命。那司机说：老哥，你看我这嘴脸，哪能探上人家丁老总的碟子？我对那司机说：要不我帮你说！就说呼市人民说了，你丁新民就是个受苦的命！这话呀，我肯定能帮你说到。司机嘎嘎地笑了说：你老哥能给丁新民递上话，看来也不是一般人，我说：你说错了，丁新民真还就愿跟一般人打交道，就像我这样穿得破走得慢的，在他那儿常见哩。

那年，我曾经乘着丁新民的汽车与他一同走东康快速路，到过四处开挖的康巴什，当年战友的破房屋已经成了即将建成的政府大楼，当时无数大吊车在正起的高楼上晃来晃去，挺壮观的。放眼望去，康巴什荒原上起着无数的高楼，无数的大吊车在楼顶上转来转去，衬在蓝天下显得气势非凡，好一派大建设大开发的动人景象。丁新民高兴地对我说：看看鄂尔多斯人这股劲！三年之后，市委、市政府就要进驻。

你再看看政府门前的成吉思汗广场，要有世界上最大的成吉思汗雕像群，再用两三年这里就是一个现代化的城市。我说：我知道这里，二十年前我来过这里的道班，这片荒漠是苍鹰筑窝的地方。小田骄傲地说：你看看这数也数不清的老吊车，人家说全国的吊车有一半在鄂尔多斯施工。我笑了，说：鄂尔多斯人要是日粗起来，可是没个边沿。丁新民说：我看鄂尔多斯有俩钱，闹腾得要爆炸了。人呀，啥时候都得搂架住，有俩钱数甚呀？真以为财大气粗了？我问丁新民：你那儿怎么样？你可是最早进来的，听说康巴什的地价可涨疯了。你也不错吧？丁新民哈哈笑了几声说，路通了，规划有了，地价上来了，可没我的什么事了，这就是生活。我问：咋了？咋混成电视剧编剧了？不是说城投公司和你们联手开发康巴什吗？领导可是把你表扬上了，这我可是亲耳听到的，咋没你啥事了？丁新民道：这你应当清楚，政府办事变化多，三变化两变化我就变没了。丁新民呵呵地笑了，说：挣多少钱是够？有领导问我的想法，我当时就给政府表态了，没啥想法！我完全服从政府安排，我早就说过东方路桥是党的企业，这可绝不是说说，尤其是在重大利益面前。我的企业完全服从政府的统一部署。我问：你们企业就这么撤了？丁新民说：不光是你这样问我，有直接利益牵连的员工也这样问我，办企业不讲利那是胡掰，可我说我们要办成党的企业，那就是党和政府需要的时候，你要不讲代价往上冲，往上上。有利益了，我们更要想着我们是党的企业，我这企业首先要想政府所想，急政府所急。不管里面有什么这个那个，我们都必须这样想！也必须这样做！我说：老丁啊，你这大道理，人们听得进去？丁新民果断地说，听不进也得听，也得做，我说在东方路桥这个问题没得讨论。只要我丁新民掌着这个舵，就得往这个方向走，往这个方向靠！人得知道自己几斤几两，没有人变着法子把你捏塌！人有风度，企业得有气度！我给他们打了个比方，这就像一群人围桌子吃饭，你伸筷子吃饭得夹你探得着的，你要是站起身子猛搂，吃相就不好看了。主家就会有想法了，下次吃饭就没你什么事了，所以，我们得吃相好看一点，有好事大家上，钱也得大家挣是不是？

我笑着说：你这比方不怎么样。

丁新民说：老肖啊，你看康巴什铺的这摊场，我们吃得进去吃不进去？我不能干眼大肚子小的事，那会消化不良的。我让大家动脑筋想一想，现在从央企到外企，从地方到中央，世界闻名的大企业全都撸着袖子来了，咱也得想想自己是老几？这事只有政府统筹进行市场化运作，我明白告诉人们我可以当开路先锋，别的干不了，拿不下，这个事情我们必须要想通想透，舍得，舍得，你不舍能得呀？得讲气度！我们要打造百年长寿企业，东方路桥人就得有大胸怀，大气度！老肖，这是我的真实想法，你信不信？我急了说：老丁，我闲得蛋疼啊？哪还有时间听你说假话？有这时间，我他妈干点什么不好呀？

丁新民哈哈大笑了，说开发康巴什我收获大了去了，我挖着宝贝了，你信不信？宝贝？我有些半信半疑的。丁新民洋洋得意道：我就拿了这个宝贝，千金万金不换！我问丁新民：啥宝贝这么金贵？丁新民笑而不答，一副莫测高深的样子。小田说：丁老总那宝呀，一般人可是不给看。我刚要说什么，丁新民开口了：肖局长是一般人？老肖啊，咱回到东胜我就给你看宝，这年头识宝的可不多。我说：这还差不多，咱可是几十年的战友、兄弟！丁新民大笑。

回到了东胜丁新民的家里，胡承慧为我们准备下了蒙古奶茶，有手扒肉和丰盛的奶制品，丁新民热情地招呼我喝茶、吃肉，还嫌我吃法不对，给我大把放炒米，放奶酪，切手扒肉，各种吃食满满装了一大碗，这才开始沏酽茶，他忙得不亦乐乎，还说：蒙古人讲究这喝茶，我跟我爸学的，有些人喝了一辈子还是不会喝，这得讲究泡到炒米泡绵了，肉软了，味也全出来了。我听他的，茶泡了一会儿，我才开始吃喝，果然好味道。丁新民眯着眼睛看着我笑，像是欣赏自己的一个什么杰作。

我说：你看我干什么呀？我来你这儿可是观宝来了！丁新民笑道：你还记着那个茬啊？他对胡承慧说：你把我那宝贝拿出来，让肖局长看看。胡承慧说：就你当宝贝，人家肖局长……胡承慧说着站了起来。小田忙站了起来说：姨姨，还是我去取吧。

小田说着走了出去。不一会儿，他抱着一个十分讲究的木头盒子走了进来，丁新民高兴地说：这是我从海南搞的正宗的黄花梨的木头盒子，好马得配好鞍，是不？我想是啥宝贝啊？让丁新民看得这般贵重？是鄂尔多斯青铜器？还是元青花或是匈奴金冠？我知道鄂尔多斯历史幽深，沙漠里出土啥稀世珍宝都不算稀奇，我静静地看着这木盒子，七思八想着。丁新民对我笑着说：老肖，你想想是啥？我说：我要想出来了，不是神仙了？但我保证，它肯定不是一般意义上的珍宝。丁新民说：到底是作家！胡承慧说：丁新民，也就你把它当宝贝，丁新民说：你不是？胡承慧浅浅地笑了。

在我目光殷殷的注视下，丁新民亲手打开了木箱子，我闻到了一股香气，这应是黄花梨木质特有的清香。我看到黄缎子包裹着的

一个圆圆的东西被他捧了出来。我看丁新民是那样认真，那样虔诚，连我的心也被揪了起来。丁新民打开黄缎子，亮在我眼前的是一堆黄沙土，我不禁有些惊讶了。丁新民认真地说：这是东康快速路动工时的第一锹土，那天来了不少领导破土，我也是嘉宾，这是我铲下的那锹土，我把它永远保存下来了，你说它是不是宝贝？我看着一脸虔恭的他，我想起了丁树林那把战争年代保存下来而动乱年头丢弃的战刀，再看看眼前丁新民这包黄土，是那样贴切地联在一起，我刹那感动了。奇人确有异想，我一下像是理解了丁树林丁新民父子。我认真地说：它的确是宝贝，千金万金换不来的宝贝，它见证着康巴什发展的重要历史！丁新民笑了，胡承慧也笑了，我看到有闪闪的泪花在丁新民的眼睛中滚动，一刹那，我的鼻子也酸了。可以说，当时这包土给我的冲击之大，真是无法用语言所能描述的。因为我知道这宝贝的意义，它的开掘，给鄂尔多斯带来的是一座美丽而又壮丽的现代城市。这是万古荒原中的处女地啊，这当然是一个伟大的见证，是无价的瑰宝。

我知道，丁新民是一个心细的人，但这细细的心中包藏容纳着一个什么样的襟怀啊！收藏一包土为宝的人，这是一个让人钦慕的人，尊敬的人。我对丁新民说，老丁，我真得高看你一眼了，我说着，竟有些泪眼模糊了……

我感谢这次呼市之行，又让我嗅到了浓烈的丁新民气息，引起了我满满的回忆。在待要完工的呼市机场高速路，充满、烙记着丁新民的汗水、喊声，他和他的东方路桥，在这儿化成了传说，它就流传在坊间，在普通民众的茶余饭后……

我住进了宾馆，也见到了市里的领导，还有制片人、导演，大家都喜气洋洋的，庆贺《我的鄂尔多斯》登陆央视。我知道其拍摄过程太难了，而且导演换人了，我搞影视剧本净碰上不顺事，可中途换导演也算奇葩事，稀罕事了。片子拍到一半时导演换了，许多演员也换了，这等于是灭顶之灾啊。原来，制片人坚持全部用上蒙古族演员，和导演没有谈拢，这是能拿到桌面上的原因，肯定还有大家无法说的，一些分不出对错的烂事。谈崩了，就无法再拍摄下去了。原先人马全换掉了，过去拍的戏也全部作废了，制片人赔得连跳楼的心思都有。央视只得另物色了一个导演，由他重组班子拍摄。拍的过程中，又赶上了非典，央视让停机，制片人豁出命来放手一搏，硬着头皮在非典时扛了下来，终于迎来了央视的今晚开播，要与全国观众见面了。制片人一个劲给我说赔了，这次可是赔塌脑子了。我懒得听，编剧最不愿听的就是制片方说赔钱了，好像是编剧把他害得。我参加完首播式，制片人又邀我喝酒。制片人问我能不能找找丁新民帮帮忙拉上点赞助？还说凭你们的老关系，这不算太难的事吧？我立即给他撑了回去，说你傻啊，放着市长、书记不找，现在找老丁算怎么回事？我早给他说明白了，不要他的投资。人家也不容易哩，制片人说，你怕是还不知道吧？丁新民这些年可是搞大发了，鄂尔多斯不用提了，光呼市就到处能见他的工程，那钱挣得。你看看人家，看看人家。他说着看着我，我已听出了潜台词，不禁哈哈笑了，说：你以为什么人都能发大财啊？制片人说：你和老丁是好朋友，知道他有什么发财的诀窍不？我说：发财不发财我不知道，这不关我的事。我只知道，他敢吃亏，而且是瞪着眼睛吃大亏。吃下的亏，用他的话来说，只当是一口痰啐了！制片人想了半天说：我看老丁这人可是大气度，大襟怀，要不能做这么大？

我想，制片人说得不错，的确，丁新民的东方路桥公司，仅仅用了五六年的时间，就成了内蒙古大地上的传说，传奇。这中间丁新民是在经历一个什么样的质变和磨炼啊！看来，他那年从体制内光着屁股跑出来，这一步的确走对了。前些年丁新民就给我说过，以后，我们每给社会留下的一条路，一座工程，等于对公司，说白了就是对我丁新民的评判。当然，我不是为别人活着，但我要看重社会的评判。我告诉施工单位，民工联队的弟兄，大胆亮出东方的旗帜来，让社会监督，让百姓评判。丁新民说得挺激昂，一定要透明，要告诉社会东方路桥是什么样的企业，我们东方路桥人究竟是一群什么样的人！我丁新民是不是个人，是不是干的人事？说真的，我喜欢人们用放大镜照我，显微镜看我，人啊，要经得起照经得起看……

丁新民说这话时，是那样磊落和自信，一个人就活脱脱地立在

人们的面前。听他这样说，我想，在某种意义上说，丁新民不仅是简单修路，这是他个人的修为，企业的修身。他是在有意地修炼自己，因为丁新民知道，他所做下的一切都要留给世人评判。我听他这样讲过，人们只要这样评判我们，这还是人干的活，我就满足了。人这一辈子啊，就难的是修成个人。这人要是走了，人们会说他这还是个人，就是最高的评价了。丁新民在公司的各种会议上无数次讲过，东方路桥的工程质量词典上没有合格工程一说，只有优良工程。他还提出这样一个工程口号，我们修路要在发包方的要求上再提一个等级，即三级路按二级路修，二级路按一级路修，一级路按高速公路修。他告诉人们，我们是民营企业，我们只有提高建设等级，保证公路建设的质量，才能保证公司以后有发展，有业务，才能保住大家的饭碗。我们啥时候都是处在最危险的时候，活下去活不下去的关口，有了质量保证，这才是公司的生命线，我们的一切努力都是为大家更好地活下去提供保证。他还给公司的员工把话讲开了，咱是民营公司，可没有亲爹热娘保饭碗，咱和人家国字号做的要是一样，我们就没有饭吃。我们只有比别人做得好，我们才有可能生存下去！丁新民清楚地知道，他和他的东方路桥集团，只有比别人做得好，他们才能得以生存。

虽然当时的盟委公署领导，声嘶力竭地吆喝要让民营企业唱主角，但丁新民知道，在国家这个大盘子上，他和他的东方路桥不会成为主角，他必须知道企业的这个定位。丁新民说我不想也没有能力成为主角，我和我的公司能唱配角就挺好，唱好配角我就挺知足。丁新民说这就像一出戏，得有主角和配角，我得知道自己和自己企业的定位，这也是我们人生的定位。我看不上一些人有俩钱的咋呼样，我就想一心一意做好配角！配角不丢人，同样也是国家经济事业的重要组成部分，心甘情愿地唱好配角，这就是我坚定不移地把握住建设党的企业的政治定位。我说这话，是一个老共产党员的掏心窝子话。丁新民在企业的大会小会上反复强调这一观点，并将其作为他和他的企业面临的遵循的生存法则。这个生存法则，从他创办公司的那天起，就像警钟一样在他的心中振响，耳边长鸣。他说企业不管有多大的发展，我们企业，我丁新民也是党的一员，永远与党同呼吸共命运，永远不能“头大”，当啥老板资本家，而与人民和员工离心离德……

我因此喜欢丁新民，因为这是一个懂得敬畏的人，因敬畏而大写，这是丁新民留在我心中的印象。几十年来，我见过的许多企业家倒了，企业也垮了，许多就是没有把敬畏放在心上，不知把敬畏作为企业文化组成的重要部分。而丁新民呢，他懂敬畏，永远不会“头大”。我欣赏鄂尔多斯方言中“头大”这个词儿，忙忙活活，张牙舞爪，趾高气扬的确是一副让人讨厌的“头大”样子。

老丁的东康快速公路修成后不久，市里一位主要领导邀我去一个地方喝早茶，那时鄂尔多斯市已经被国家列入国家改革开放的十六个重点典型，我担纲了中国青年出版社组织写作的《英雄中国》鄂尔多斯卷的写作任务，领导要与我谈谈一些想法。他的车就在上东康线的路口等我。当我坐上他的车，驶上了新建成不久的东康快速路，这是丁新民在浩瀚的沙漠上修起的一条天路，其笔直宽畅，直直地通向远方。领导喜滋滋地说，这才叫条路，鄂尔多斯沙漠里的路都该建成这样。走在东康快速路上，不管是乘车还是观景都非常舒服惬意。

这位以严待属下敢以训人闻名的领导感慨地说：看看这路修的，这才是和鄂尔多斯经济发展相匹配的路，这路才是像人办的事情。我想，这可能是从他的嘴中，说出的对一件事情比较满意的话。

我说：我知道，修东康快速路，老丁可是出了死力气了。领导没接我的话茬，我却哈哈地笑了。领导问我：老肖，你笑啥？我说：你肯定想到的是市委高定位的事情。我却想的是丁新民当苦力的事情。站位不一样啊！

我想起去年开全国作代会时，总理给我们这些作家作了形势报告，他在会上骂一些工程是豆腐渣工程，王八蛋工程，听得人们挺解气的。我又想起你刚说的这路才是人办的事情，真有异曲同工之妙！仔细想想，人与王八蛋这干活的差距可是大了去了。领导说：你作家就爱东联西想的，我是说这才是人办的一件事情。

领导眯缝着眼睛看着公路两边绿油油的无边大漠。看东康快速路在大漠中蜿蜒，乐滋滋地夸赞，老丁这人干点活还是地道。我说，这可是你的最高奖励了，他也笑了。是啊，你说人活一世能办成几件人事啊。我说能漂漂亮亮办成这么一件，他这辈子人生就没虚过，白过。瞧这路修的，看着都舒服。我说我听说你可没有夸过人，好多人让你训怕了。他也笑了，说我可是头一次听你夸人，你这张嘴也够辣实的。作家思维就是快，东转西转的。我笑着说谢领导夸奖了。领导微笑着说，我还不知道，你们作家眼里能有甚领导？那谁去文联当书记，说那就是个没官没民没大没小的地方。我说我可是你现在拿捏着的副局长，敢不老老实实？领导笑了说，你要是不提叙……领导忽然不说话了，我知道，这是领导非常高明的保留。领导可能非常尊重你，但正是这种尊重，给我们之间无形地划开了一条沟……

我们只能隔着沟对话。这是相安无事的对话。

我们的车行进在东康快速路上，我不禁想起了丁新民和他的民工兄弟、员工兄弟战斗在这曾经的亘古荒漠上，向康巴什新城挺进的雄姿。他像珍宝一样收藏的那团康巴什的处女之土，将带给他永恒久远的回忆。说来，丁新民也是有心之人，用心之人。这些年了，我每次走东康快速路，就会想起丁新民那胖胖的身躯，那憨憨的微笑。在我的眼里和记忆里，这条东康快速路，似乎就是丁新民的化身。想想，刚才领导说得不错，人这一辈子真是办不成几件事情。可丁新民就这么踏踏实实地干，而且走出了鄂尔多斯，他的触角，他的声名已经播扬在内蒙古大地，而且承办的工程一件比一件办得漂亮，他也成为鄂尔多斯高原上、内蒙古大地上的一个传说，一段传奇。但我知道传奇的背后都是付出，都是对自己的无比严苛。我不禁想起了武新民这个集团的常务副总经理给我讲过的，前不久丁新民怒砸路面的事情。那也是去年，在东胜出口杭南路的道路改造上，丁新民考察筑路工地时，发现了有一段路修得平整度看着不怎么顺眼，左看右看，感到有点别扭。老丁这人平时笑眯眯的，可他的眼睛毒着哩。武新民这样跟我说，丁新民，哎呀呀，老丁这人可是眼睛容不了沙粒，想糊弄他，费劲了！那天，丁新民发现问题后，立即调来了公路监理和公路质量检测部门，黑着脸让他们对这条道路路面进行自检。很快，检验结果出来了，在合理范围之内，人们这才都松了一口气，这段路面的工程质量评为合格。丁新民一听眼睛都喷出火来，立即在这里召开了全集团的公路质量检查现场会，那天全公司的领导和中层部门负责人也全都来了。丁新民沉着脸讲话了：我说过东方路桥的工程词典上没有合格工程，只有优良工程。这是说说吗？丁新民忽地提高了声音，拧着眉毛道，这只是说说吗？我们是要打造建设一支公路建设铁军，建设一支钢铁的能打胜仗恶仗的钢铁部队，在这支队伍里是无戏言的！我只讲一句，在东方路桥的公路工程质量中，就没有合格工程一说，这是谁也不能打破的铁律。现在合格工程出现了，怎么办？你们告诉我怎么办？

丁新民双目炯炯地问大家，会场上静极了，丁新民闷了半天，只吐出了一个字：砸！

人们真有些惊呆了，看来这是要真砸啊，不就是一段路面嘛！除了他丁总，谁能看出它有毛病哩，而且它还是质量监督部门认定的合格路面！这些搞公路施工多年的人们，这可是第一次遇到这样的事情。他们被丁总的发怒搞蒙了，这并不影响行车呀。人们都有些迷迷瞪瞪的，咋也用不着砸掉吧？据我所知，这在伊克昭盟的公路建设史上也是头一次。我曾任过伊克昭盟公路交通史志的总编辑，这样与一条合格的路较真，是鄂尔多斯公路历史上从未有的过事情。

丁新民砸声落地，几个壮汉拿着大油锤走了过来，看着丁新民，呆愣愣的，等着丁新民的最后命令，现场会上黑压压的人群也都看着丁新民，不少人希望能有个转机。砸路面那可跟烧钱一样啊？谁跟钱过不去呢？人们都希望老总手下留情。可丁新民只是轻轻地摆了一下手，实际上就是十二级台风从人们心中刮过。在丁新民的指挥下，几个壮汉抡起油锤狠狠砸了下去，随着那砰砰作响，就好像这锤头砰砰地砸在人们的心上，接着破拆机也拖着长长的钻头轰轰地开了过来，那就像在人们的心里轧过……

啊呀呀，我真是服了老丁了，那天，我可是观察上了，这人脸色沉稳，眉头都不皱一下，服了，我是服他了。那谁，眼中都有泪花，我真担心他撑不住哩。我记得武新民绘声绘色地给我讲，几锤下去，就见了裂子。破拆机的钻头也对着崭新的路面嘟嘟开了，那家伙厉害，不一会儿，千数米的路面就被翻了过来。天爷爷，路面平整度哪在路面油层的铲高垫低上，得扒开膛找基层。你老肖没在机关管过财务，不知道，我可知道，这一锤下去上千万可就这样被砸掉了。武新民挥打着两只大手说，这事也只能老丁干得出来，啊呀呀，要是我，我可是下不了手去！不一会的工夫，一千多万就这样被砸掉了！人们都看傻了，是真傻眼了！

武新民啊呀呀地给我讲着。他舞扎着手说，砸了路面，老丁这事还不算完，还要把责任落实到人头上。这人啊，武新民舞着双手说，老丁这人啊，我是品出来了，他要是看准的事情，会狠狠咬住不撒嘴的。他可真敢动真格的，他是层层认真处理，一个都不放过。这可不是像过去咱们办事，说说下不为例就完了。啊呀呀，武新民说起这件事便眉飞色舞感叹不已。我知道，这个事故当时是处分了一批人，上至公司总经理孙平下至一线领工员全都给予了正式通报批评，还做了罚款处理。这事上，老丁那可是个狠人啊！你看他平时笑眯眯的，那是没遇上狠事，哎呀呀，我可是见到了，让你再出合格工程，你当是老丁放屁啊？

武新民是几十年的老朋友，嗓音嘶哑，表达生动，丁新民常夸奖他，这人要是说哒上两句，是个才地。我也常对武新民说，你要是写小说，哪有我的饭吃？他会舞着手说，啊呀呀，你老肖是撇圪蛋哩！别看咱在一个兵团政治处混过，可你是北大的，我是电大的，啊呀呀，快快别撇圪蛋了！撇圪蛋是当地一句土话，意即胡说哩。

关于砸路面这件事情，我曾问过丁新民，丁新民说，我也是没办法，不是我狠，是因为我们面临的市场比我还狠。我不想当弥勒佛啊，你好我好大家好啊，可市场不认咱这好啊。你想，咱企业咋发展呢？跟着我的这些兄弟们咋有饭吃呢？我要是忍了这一次，闭着眼让它过去了，下次就会出现不合格工程，豆腐渣工程。我们就会被清除出市场，被市场淘汰。真要到了那时，公司塌了，饭碗砸了，人们全鼻子比脸大了，你想哭连个坟头都找不到呀。我不知道一千多万是钱呀？可市场更残酷，你说是不是？我连连点头。又对丁新民说：可有人说你心狠手辣哩！丁新民笑了：这肯定是老武给你撇的。这不是我狠，是市场比我们都狠！莫非我疯了，非要砸自己的路面，我跟公司的钱过不去呀？

后来，武新民给我说，老丁也常给大家讲这个理，想想也还真是这么个理，针尖大的窟窿漏碗大的风，这样的事情太多了。我倒是觉得老丁这一锤，砸出了公司的信誉，看似损失了一些钱，但收获了诚信和公司的未来。上级质检部门的人说，人家自己跟自己过不去，对老丁，对东方路桥咱还有啥不放心的?！看看，老丁这一锤子给咱们信誉度砸回来了，这个老丁，厉害！武新民竖起大拇指夸赞丁新民。老武这话说得非常不错，这也正是丁新民希望要的效果，花钱买教训，自省闯品牌。的确，一个企业经营者的考量，是要异于常人。这里不仅要有胆识，还要有对企业未来发展的长远眼光。

我记得我曾看到过公司对这件事情的处理文件，的确是钉是钉铆是铆，一点也不含糊。而且丁新民借着处理这件事情，对全公司承揽的所有工程，一一做了工程质量复查，这样做的目的，只为了他对企业所定的那个最初的目标——坚决消灭合格工程。对丁新民和他的东方路桥来说，这正是企业大步发展的创新之举，也是东方路桥在林立的路桥公司中能够脱颖而出的根本原因。正是有了这种消灭合格工程的严厉举措，东方路桥公司承担的各项工程施工，都获得了优质优良工程的评价，得到了业主单位的一致好评和认可。由于丁新民秉承“用心做事，以诚待人，立信兴业”的企业经营理念，严格控制工程质量关，紧紧握住企业生存和市场竞争的命脉，才使企业越做越强越做越大。仅仅几年，公司就取得了建筑业一级资质证书，并且获得了上级有关部门作出的“凡是东方路桥承建的工程，质检部门一律免检”的决定，这是了不起的荣誉，这也可以说是市场的保证。这不是政府恩赐的，它的作用对市场的一碗水端平，这个信誉是东方路桥争来的，是丁新民挥着质量的铁锤砸来的，拼来的。质量和信誉，对一个企业来说，就是维系企业生命和发展的保证。而政府部门的这种信任，是丁新民用大锤砸合格工程换来的，更是企业员工和民工用汗珠子换来的，正是这种努力才换来了这个免检的资格。当这个消息传来，企业好多人都激动得哭了，这种信任是难以言表的，因为市场太不好做了，发包方的资质审验已经到了挑剔的地步，现在有了这张免检牌，那是多少钱也换不来的。它是丁新民的诚心换来的，但丁新民显得并没有多么的高兴，他在思考着因此带来的其他问题。他严肃地在会上说，免检咱们内部不能免，而且检得比以往还要严，记住，永远战战兢兢，永远踩在薄冰上，容不得一丝一毫的马虎大意，谁想搭顺风车，寻蹲蹭食，马虎施工，发现一起，清退一起，记住，我到时可不管他是谁！他爱谁谁，达不到标准，立马给我卷铺盖卷走人！质量的事，在东方路桥只有一次，没有下一次！我还是那句话，东方路桥没有合格工程！谁敢砸这块牌子，我就砸他的饭碗！

员工们、民工们都知道丁新民在质量上没有商量调和的余地。丁新民知道，现在的公路工程质量要求是越来越高越来越严了，而在这种严格要求和管理之下，好多中小企业生存空间越来越小，许多只得靠着借资质勉强维持。许多有资质的企业靠着这块也能有不少收入，工程上往往名头挺大的单位，工期质量都不敢让人恭维。这正是借资质留下的隐患。所以，现在有了这种资质和信任，丁新民格外爱惜，就像爱护自己的眼珠子一样。有人说在中国搞企业是一种折磨，企业家没有吃钢拉铁的本事真是办不成事情。而丁新民说，这是一种修炼，企业和企业家都要在这种修炼中百炼成钢。丁新民对借资质施工这种陋习从来不屑，他认为这是自己砸自己的锅。在这种事情上，丁新民是从来不怕得罪人的。他说，一个背负着万人饭碗的人，不敢有半点马虎和懈怠。

他该谨小时，绝对慎微。粗中有细，那才叫真细。

多年前，我们山东有个兵团战友在外揽了一个工程，想找我帮下他的忙，通过丁新民借用一下公司的资质。实际上，我和老丁都是他的战友，前些日子刚见过面的，还大喝过几场。他想通过我找丁新民借资质，可能他认为我的薄面比他要大一些。战友这次在电话中对我说，业主发包方非常欣赏东方路桥的金牌资质。他们希望朋友赶快搞来东方路桥的资信证明，等着给他发包哩。战友说得非常激动，他会记住丁新民的恩德的。我提醒他，这事有可能碰上丁新民定的红线，他说不就是挣钱嘛，这才是生命线！说得我真有些哭笑不得。我说试试看吧，我知道肯定碰钉子，但战友之托，我又不能不问，但真又开不了口，一直犹豫不定着。因为我们曾是一个连队的老战友老朋友，他就不断地给我打电话，我只得给丁新民讲了朋友想借资质的事情，丁新民不语，实际上我知道这是犯忌的事情。丁新民重情，特别重视兵团战友之间的感情。但企业资质是概不外借的，给多少钱也不借，这是他定下的规矩。我曾问过他，要是朋友战友来借呢？是不是视情况而定？要是真遇到过意不去的朋友呢？丁新民还是憨憨地笑了，那样子，他似乎认为他可能碰不上这样的事情。因为丁新民有句话给我印象特别深，他说找我借钱的事情能商量，但借资质的事情不要谈。战友多次给我打电话，继续问他的借资质的事情，问老丁到底是啥意见。我只得给战友说了老丁曾经说过的话，朋友在电话那头叫道：那是指一般的朋友。咱们可是二十多年的战友啊，你想想，对他来说这是多大点的事情啊?!再说，人家不都是这么办啊，甚至中建一局，中国对外建设总公司。我有个亲戚就一个老农民，一变身现在就成了央企的人。我还不知道，他就是一伙子锹头队农民工，他就是个烂工头！这里面的事情我知道得比你清楚。你太书生，给你说不明白这里面的事情，我去找老丁说行了吧？我说那也好，好，这事你直接找老丁更好。战友也是个兵团急性子，第二天就带着自己的老婆孩子飞来了鄂尔多斯。战友来了丁新民满接满待，非常热情，还特意送了两册企业的经营理念给朋友看。那天，在饭桌上我们一个劲叙旧，借资质的事情朋友根本就没有谈。我也有些纳闷，战友不是找老丁借资质来了吗，为什么不谈了呢？第二天早上我陪朋友吃早饭时，朋友忽然对我说，借资质的事情他不谈了。搞得我也有些发蒙，你带着老婆孩子来这儿不就是谈这个事情？朋友感慨地对我说：我翻了翻老丁给我的小册子，我算知道老丁为什么能做得大做得好了。他看似不动山不动水软绵绵的，其实内心世界特别强大，山水全在他心里面呢。我看啊，他定下的规矩就是铁块子，谁也碰不动。这才是成大事情的人，这是个人，你明白不明白？我说明白。他又强调了一句：老丁是个人，你明白不明白？我感到朋友像是一夜之间被洗了脑，我觉得他拖家带口来一趟不容易。就说我再问一下丁总的明确意见。朋友说：问啥呀？我说怕嫂子侄子不高兴，咱还战友哩?!战友笑着说：你还不知道我？我是个搞工程的，还不全是你嫂子张罗着做这做那的，你嫂子比咱们想得明白，人家也有见识哩。她和孩子来就是想看看鄂尔多斯，看看老丁和你。他说得轻轻松松的，看来真是想明白了。

实际上，我也知道他就是开口，丁新民这儿也肯定是不行的。朋友所托之事，我总觉得没有办好，我还想帮朋友找找市里别的有资质的路桥公司试一下。发包方不就是限定一级资质吗？没准哪个公司能答应借给朋友用哩。我想帮他找一个熟悉的公司老总试一下，为了更稳妥一些，便征求一下丁新民的意见。他当时正在看一个什么东西，听我说完，他抬起头看了我一下，我感到一股凉凉的眼风扫过我的全身。他把文件往桌子上一推，直截了当地对我说：这事我看算了，你一出面还不见得行，但你这么多年修炼的道行一下子就全没了。我说：这不挺正常吗？他说：这事我做正常，你做就不正常。我问：为什么？他说：你是真傻啊？还是装傻？我被丁新民问蒙了。丁新民说：这事情你不能做，成不成都不能做！你连提都不能提！你仔细想一想，这么聪明的大作家，这事还解不开？

我想了想，似乎一下子明白了。于是我说：你放心，我说不做保证不做了。别说是朋友战友，就是亲爹来了，我也不做了。丁新民哈哈地笑了。下午，望着朋友一家坐着飞机飞走，丁新民对我说：你说，我们以后还会是朋友吗？我苦笑了，不知该说什么，能说什么。后来我和丁新民又去山东，这位战友特意来看望，还带了些土特产，并对我和老丁说：那天我想明白了，咱们战友朋友，只有这样才能处得长久。那天，我记得丁新民握着他的手使劲摇了几下。丁新民给我说：战友间的友谊朋友感情都好办理，互相理解就是了。就是亲戚之间相处相帮也得有个底线，有个考量。

记得丁新民给我讲过一个这样的事情。当时集团党委成立不久，为了加强对党员的严格管理，决定在全公司的员工党员中实行末位淘汰制，意即：末位者就要解除劳动合同，就不再与公司续约了。这是一种激励，更是一种鞭策。政策一出，党员的先锋模范作用立即见到了好的效果。年终时，待考核结果一出来，这个末位党员竟然是丁总的一位亲戚。这下，具体搞党务工作的同志不知道该怎么办理这件事情了。丁新民道：没有什么不好办理的。党委定下来的事情，按着条条大胆办理就是了。这位末位党员确是没再签订劳动合同，这事在党员群体和公司上下震动挺大。我曾问过丁新民：你和亲戚之间产生隔膜没有？老丁笑了：谁碰到这种事情肯定是心里不痛快。我问他：亲戚当中有没有骂你的？丁新民瞪着眼睛道：这我怎么能知道呢？那天，胡承慧在一旁静静地听着。她说这件事情我有印象，把人辞了那人怎么过生活呢？实际上丁新民真的比那亲戚还着急，这人好几天就愁这个事。最后，丁新民才想了这么一个主意，给这人在呼市买了个迎街的小铺面，让他做些小生意，这样他也能养活一家人。丁新民笑了，说：胡承慧，你可真是个记性好的，这么个小事情也记得。反正是亲戚也得有亲戚的办法，但啥办法也不能影响企业的发展和规章制度。我笑着说：你老丁，大大地狡猾狡猾的是不是？丁新民瞪起大眼睛说：这规矩定下了，你说让我怎么办？咱一不能坏了规矩，也不能影响他不能过生活是不是？

胡承慧慢条斯理地道：我听说他现在也不错，人家自由自在凑凑合合当个小老板哩……

我笑了道：你个老丁啊，生把人扶成了个小老板。丁新民道：

谁让我们是亲戚哩！对亲戚还得有对亲戚的办法，六亲不认我也做不出来，咱不管成了啥，得首先有个人样。我知道，丁新民亲戚多，他时常念及他们，顾及他们，老老小小谈起丁新民，都会说这是个重情重义的好人，想着亲人们的好人，平时想着他们，逢年过节时总是把他们招呼一下，老老小小有几十口子，大家凑在一起吃个饭，其乐融融地一起度过年节。尊老爱幼，丁新民非常看重，他把眷念亲情看成是自己修为修身的重要课程。他曾对我说过，一个人把自己家里搞得乱七八糟，我就不信他能搞好企业，叫起上千万人的号来！小家不为的人，还能顾及什么天下？丁新民常给他的员工讲，一定要安好四邻土，意即你办什么事情时，一定要把周围邻居安顿好，打点好，这样你做起事情来才会少一些后顾之忧。丁新民有自己的处世方式，但有一个圆点，那就是永远地以诚待人，以亲待人。他那憨憨的笑容，已经成了丁新民标志性的微笑，待戚以亲，待人以诚，这个胖墩墩的蒙古汉子浑身洋溢着浓浓的亲情，人情，这已形成了丁新民的生命准则。他的付出，亲情待人，未必都会带来理解回报，甚至也会有误解，因为人心似海，隔着一张肚皮，丁新民也不是什么神仙，有什么超自然的法力，他也未必每次都会走进人们的内心世界，不管遇到什么，但丁新民始终眷念着那份亲情，始终顾及挂念着他们，维护着那份亲情。他处事只求心安，这已经成为丁新民待亲接物的行为准则。诚心与利他，是他几十年来与人相处交往的思维准绳，这是人的一种品质和修行。这一切体现在丁新民身上丝毫没让人感到他的刻意为之，就像吃饭穿衣和行云流水一般，贴切自然。亲情对丁新民来说，绝不是一种负担，那是他生命中的一种需要，心中的一份渴望。这是他那生命里的动人笑容里带出来的，就像心跳一样自然，血流一样顺畅，和他打交道，你会感到这全是人的生命的律动和情感的自然流露。这份亲情是亲人们远远地都能感受到的，就像人们的呼吸一样贴切。

这里我要讲一个小故事，丁新民对他三舅的亲情至爱，可称教科书般的典范。它牢牢地印记在蒙古风情园可汗宫酒店里，这里记录着丁新民的大爱亲情。丁新民的三舅是个愿意热闹的老人，觉得和青年人在一起，自己也能年轻一些，就是看看活活泼泼的年轻人，也是老年人的享受。而他的子女们忙于工作，老人家多少嫌家里孤闷一些。丁新民知道后，就与家里人商量把三舅接进了可汗宫，一是为了方便照顾，二是给老人换一个环境。丁新民的三舅，我是见过的，是个瘦瘦高高的长脸老人，那时已经八十多岁了。我一开始不知道，常见这位老人家在可汗宫大酒店里，背着手转来转去的，而且都有可汗宫大酒店的服务人员陪着，这老人家东看看西看看，就像孩子一样好奇。

这个可汗宫是丁新民打造的，在大黑河以南，昭君博物院以北，总共控制用地一万余亩，也被人誉为城中草原。他们提出的口号是，来一天蒙古风情园，做一天蒙古人。丁新民说这个提法很好，就是要把可汗宫打造成蒙古民俗主题酒店。你在这个度假村里徜徉，常会惊起野兔子和野鸡，还有公司花重金打造的成吉思汗纪念堂和呼和敖包、马文化博物馆什么的。三舅常四处转转，我常来可汗宫居住，慢慢地也与老人家熟了，我也随着丁新民称其为三舅。我曾问老人家：这里好住不？三舅哈哈地笑着说：人多，热闹，空气也好，好住，好住着哩。老人看上去非常高兴。丁新民还特意关照，老人家想吃什么就安排什么，还经常关照服务人员给老人变着法儿安排吃喝。自从丁树林和赵淑珍走了后，老丁对剩下的老人们更是关爱有加。他曾对我说，到咱们这把年纪，五旬之人，现在还有老人让你关照爱护，也是个福分。丁新民无疑是把对父母的思念化成了对现存长辈们的关爱和惦念。随着时光的流逝，三舅行动不便了，三舅坐轮椅了，丁新民的儿子丁鼎给老人家还买了辆电动轮椅车，让老人行走更便捷一些。丁新民很高兴这事，他说孩子们就得把好传统继承下来。丁鼎这孩子也在一点一点学习他的父亲，孝敬老一辈。而丁新民只要出差到可汗宫来，不管事情多忙，总要腾出空来，推着三舅在可汗宫内转一转，在风情园里走一走，大声说些话，两人的啊啊大声对话，也成了可汗宫的一景，引得人们哈哈大笑，丁新民和三舅看上去都很享受这份天伦之乐。三舅十多年来，就长住在可汗宫大酒店，我每次住酒店见到他，也都会问候老人家。有次，我和丁新民来看他，丁新民推着他老人家转来转去，三舅忽然问我新民好吧？他的血糖不高了吧？我说新民不是在推着你老人家嘛。丁新民哈哈大笑，三舅也笑。

一天早上，丁新民给我打电话，告诉三舅走了，他要去呼市去送老人家一程。我一听立即说，我马上和你一同去送送老人家。我和丁新民、胡承慧一家人赶到了呼市。路上丁新民沉重地说，家中走了一位老人，当晚辈的就失去了一个积德的机会。人这一辈子哇，就是要不断地积德。说甚不能做人们骂的散德货。他跪在三舅的遗体前磕头上香，那份沉痛无以言表。人们都说，新民这个人对亲家们是真好，实际上丁新民内心敏感，非常顾及亲人们的感受。

我记得有一年，丁新民专门安排他在呼和浩特市的亲戚们去海南观光旅游，老老小小有几十口子，全是乘机来回，在清水湾的集团别墅度假村里住了好长一段时间。为了安排好亲戚们的吃住行，丁新民打发过去好多工作人员专门服侍他们，并安排他们坐专车游览，吃家乡可口饭。考虑到老小亲戚们的饮食口味，他连吃的肉及一些副食，都是专程从内蒙古空运过去的。唯恐有不周之处，事无巨细地操心顾及。那几十号亲戚们在海南吃得好，玩得好，都说把一辈子没有享过的福享了。他们回到呼市后，丁新民夫妇还为他们接风，那次我正好在，还叫上我作陪。我记得一个颤颤巍巍的老太太，看样子有八十多了吧，拉住丁新民的手，晃动着一头白发说，新民啊，我们可都是沾了你的光了，要不哪能游海南住别墅？丁新民说：只要你老人家和亲戚们玩得开心，我就高兴，真高兴！为亲家们办好事，力所能及地给予一些关照，丁新民是真高兴。他认为中华民族传承几千年来的忠孝文化，在我们这一辈应该传承发扬下去。丁新民说他这一辈子，最看不上三种人，一是言而无信的人，二是自私自利的人，三是不忠不孝的人，他说这三种人交不得，碰不得。

企业创立不久，他就想把中国的传统美德和文化纳入到企业文化中来，孝是每个人一生中躲不开的存在，他有一天忽然对我说，我昨晚睡不着觉，也爱突发奇想，如果有一天中国人不讲孝道了，我们国家，这个世界会成为什么样？我开玩笑说，我从不考虑世界末日的事情。他说我得想啊，我身边有万数口子人呢，这是多少个家庭呀。我当时也不知道说什么好，我只是隐隐感到丁新民和他的东方路桥集团利他思想越来越浓，越来越好，企业也在慢慢起着变化，而丁新民和他的员工们也在慢慢起着变化。也许利他思想，会成为一种企业文化的精髓和旗帜。企业的变化和世界的变化，并不是人们能把握的，而利他思想会变得越来越左右人们的生活方式和习性，会慢慢变为人们生活的一部分。一天，丁新民召集了几个文化人，说是要通报他和集团的一个重大举措，想听听我们这些文化人的意见。实际上丁新民是个爱思考的人，也是个在实践中不断思索思考的人。他有个特点就是特别喜欢和有见地的文化人打交道，许多作家、编辑、教授、画家都是他的朋友，他时不时地常有一些思考的问题与这些文化人交流一下。他说：我常想这个孝字，你们文化人说是维系天下纲常的核心，想想这是有一定道理的，有人说是封建，可你想想几千年它就传承下来。历史上，身边的恶事坏事都是从不忠不孝开始的。我们都点头说不错，我也在想咋老丁忽然想起要与我们谈谈忠孝了呢？丁新民说：你们文化人爱谈家国天下，仔细想想这家国观念，主要的核心还是忠孝观念，一个人出门忠国，在家孝亲，我说这人就是好人，就该提倡、学习、表扬。这些年，可能我年纪大了，我听见不忠不孝的事就生气。胡承慧说：咱管好家里的人身边的人就行了，咱管不了别人。我想她说得也不错，为别人瞎操心，咱能管得了自己能探得上的，管得了自己的家，管得了自己的企业吧！我们都点头称是。丁新民说：前几天我召集了党委会、董事会、总裁委的人开了个碰头会，想在集团建立一个节日，专门解决孝老爱亲的事情。有人说咱们办得不少了，像慈善救助金、助学救助金、教育基金赞助、文化艺术奖金、体育比赛资助，下棋钓鱼协会咱也济助，还有员工困难补助等等，这些年算下来得上十多个亿了。我说：是啊，咱不办社会，但关心社会，咱得有胸怀，我说世界上的事，国家的事，就是咱的事。

记得多少年前，我去办公室找他，他正与孙平说话，我听他俩正在商量公司为印尼海啸捐款的事情，我当时挺奇怪，觉得要是这么捐下去，企业是不是有点受不了呢？我问这是哪儿组织的？孙平看了看丁新民，丁新民说：没有人组织，是我联系红十字会的，我想提高企业和员工的爱心，还有对世界对社会的关怀。企业是活生生的人，不是冷冰冰的挣钱机器。这话说得我不禁对丁新民刮目相看。丁新民道：众人都说，咱企业和东方人就是不吃独食，老总，你有啥想法给我们说出来，我们一个字，办！我听得挺感动的，这么多年磨合，人们总算心拧到一块去了。记得当年我提出不吃独食时，有人说我老丁是要把公司折腾塌了呀，我看我们现在不但没有塌，反而大踏步成长了哩。这些日子我睡不好觉，咋让咱们企业更有凝聚力呢？这个抓手在哪里呢？我就琢磨这“家”字，当年邓小平就是用包产到户，拉开中国改革开放序幕的，一家一户这里面学问大着哩。你们想啊，小家是家，大家是国，想想这个家字就是组成世界的细胞。我想，咱们公司这次也从家入手，从这个最基础最关键的细胞抓起。要把家文化当成企业文化的重要组成部分来抓来办。

我说这个挺有意思的，众人也说想得不错。我还说老丁净想新鲜的，我忘了是马烽讲过还是柳青讲过，总之是一位山药蛋派鼻祖级的人物说过，一直想创作一部叫“户”的长篇小说，这样能把中国社会写得透透的。丁新民说：我可没有人家大作家那雄心壮志，我就是想在集团办个节日，名字我想了许多，最后想叫东方母亲节。有人说母亲节有了，是世界性的。我说咱就再办次东方母亲节，是企业性的，这个节日要惠及我们公司所有员工的母亲，每个母亲实际上都是每个家庭的佛啊！

我们听得都笑了，你不得不佩服老丁这家伙会说话，想想还真是那么回事。丁新民眯缝着眼睛说，我把这么多在家的佛请出来，对咱公司发展是多么大的力量。

我们几个文化人都说，丁总这个想法真好，一下子把家中的母亲同企业联在了一起。丁新民说：想想企业发展了，就好好惠及母亲，孝敬母亲，不当家不知柴米贵，哪家的母亲容易？最后，大家同意把东方母亲节就定在每年的12月24日，这是公司开总结大会的时候，时间人员都集中，这还是平安日，现在青年人都爱过平安夜，咱们加进新的内容，东方的员工都要把自己的老母亲扛在自己的头顶顶上！企业就是要把东方母亲当成前行的一面面旗帜！东方的母亲和我们一道前行！

丁新民慷慨激昂地说，他的讲话非常有鼓动力，我听得站了起来，激动地拍了一下巴掌。

几个文化人都齐口夸奖丁新民的想法真好。丁新民说：以后每年公司都要为我们推选东方母亲披红挂花，奖励这些平凡的老人，尊重母亲，孝敬母亲，礼待母亲，以后会成为公司的常态工作，会成为公司对员工进行道德教育的重要内容。以后，我们东方集团有了自己的两个节日，一个是我们固有的成吉思汗祭祀日，祭祀我们伟大的英雄，继承中华民族的优秀光荣传统。另外是我们公司新成立的东方母亲节，大张旗鼓地礼赞我们家中平凡的母亲……

丁新民娓娓地谈着。我都觉得老丁挺有想法的，在如何经营公司上，他不停地思考，就像春蚕吐丝，蜜蜂采蜜，把公司的文化建设搞得经纬成织，花香四溢，他的想法总能给企业带来奔放的活力，注入不断滚动不断向前的文化活力。我知道丁新民说的成吉思汗祭祀日，这是在公司的蒙古风情园的成吉思汗纪念堂内，由公司特聘的蒙古文化学者，达尔扈特祭祀非遗文化传人古日扎布主持，这个日子是每年农历的五月十三日举行，他既是成吉思汗祭祀日又是展现企业文化的重要节日。这个节日同样也具有浓厚的丁新民色彩，企业掌舵人的色彩。我觉得，英雄和母亲这是丁新民人生轨迹的两个重要节点，他都牢牢抓住了，历史的现在的。他是能牢牢把握时代风帆的人。实际上在与丁新民的日常接触中，你会经常感到他思想火花的闪光，看见有人烧香拜佛，焚香磕头，丁新民会感慨地说，实际上每人家里都有佛，那就是你的父母，家中那两个看着不起摊场的老圪堆。一个人，只要把我们自己家的这两个老圪堆侍候好了，我看足顶你在庙上烧香，寺里拜佛了。

想想丁新民说的，真是有道理。那天田培良也在，他原先是自治区党委《实践》杂志社的总编辑，一直在呼和浩特市工作，在许多部门做过领导工作，当过丁新民的老家土默特左旗的旗委书记，呼市人民政府的秘书长，有着丰富的社会阅历和行政经验。而且文笔漂亮，思考缜密，他曾亲自参加过自治区党委宣传部组织的调查小组，专门介绍东方路桥集团的企业发展道路以及给社会的多种启示。他被丁新民和东方路桥集团所深深吸引，采写过反映东方集团的长篇报告文学《好人丁新民》《门前一卜槐》等优秀作品，从此成为东方集团和丁新民的好朋友，并与他们结下了不解之缘。他退休后帮助公司办东方画报，亲手抓企业党建理论，是企业的一个智囊。丁新民已经形成了一个习惯，企业党建和文化建设有啥事情，丁新民常说的话就是找田总编看看。田培良说话之前总是面带微笑和谦和，他对丁新民道：公司东方母亲节的设立，我看挺好。尤其是刚才丁老总说要把忠孝文化作为公司企业文化的常态工作来抓，挺受启发，现在我想听听你们准备如何做这方面的工作？你们看这样好不好？

我们忙点着头，我挺佩服田培良左右局面的能力。

丁新民微笑着道：田总编让我往细里说说，我就说说。平时咱们孝敬老人，嘘寒问暖咱就不说了。就是给点钱，也是年节八分的。更多的是我知道的，给老人点钱那个难呀，还有的偷着藏着，搞小金库，还有的背着人给。我也不知道，这样有没有顾及老人的感受。也有的，女人要是知道了，吵得一溜八开的有，打得鸡飞狗跳的也有，我不是说家里吵架的女人不好，我是说这样偷偷摸摸的方式不好，大家想想这是啥文化？我们提倡孝道，尊敬母亲，给老人点钱咋见不得天日了？

我开玩笑说：那把这些媳妇们叫到公司开开会，你开导开导她们？不行训训？我是第一个支持和拥护！

众人笑了。

丁新民也笑了：看来老肖是有话要说。我说我又不在公司里发工资，与我个人真无关，我是说让老丁睖起眼睛把那些女人们批评一顿也未尝不可。我说我过去碰到机关干部两口子打架闹到单位的，找领导评理裁定是非的，我就说你们别给我讲你家里那点事，神仙都判不清，我这个业余局长更不行。你们要是想离婚哩，我让人事科马上给你们开介绍信。你们要是不想离婚呢，就立马回家该干啥干啥……记住，家不是讲理的地方，谁在家整天讲理啊？累不累呀？

丁新民哈哈大笑道：谁碰上你这个局长算是倒霉了。

我说：你现在不是把麻烦事往怀里揽嘛！

丁新民说：你说的这个麻烦实际上我也想过了，真要那样，我成啥了？居委会大妈了？你老肖想把我往黑豆地里引呀？是不是想让这些女人冲我老丁发飙啊？

众人又大笑。

丁新民道：说实在的话，人们现在的生活还真不是俩钱的问题，老肖，我知道你想说啥，是不是钱的问题会是永远的问题？

众人又是笑，这次，我没有回答老丁的询问。

丁新民继续道：我看，现在的社会老人并不是人人都缺钱，咱们企业的情况我更清楚。要我看是子女缺一种挂牵，缺一种亲情，缺一种中华古典文化的熏陶和继承，缺把老人放在胸口上焐着。我插了一句话，还是缺心眼啊。众人大笑，丁新民道，这次就是要解决心的问题，很多问题发生了，归根结底就是心不对的事情。我过去多次讲过，我这辈子最不能见的是不孝之人。尤其是不孝的男人。见到不孝之人啥事都往家里老婆身上推，气更是不打一处来。大家想想，这事能怨得家中的女人吗？你孝敬你妈俩钱都偷偷摸摸，摆不到台面上来，这社会环境成了啥样子了？你把自己家中的女人当啥了？让家里的女人咋想？我也奇怪了，孝老这是正大光明的呀，咋就上不了台面了呀？

田培良说：丁老总这话问得好。想想真是这么个事，可十个指头不一般齐，女人要是闹起来，也有撒泼打滚不管不顾的，处理不好还不如不管。

丁新民道：我也想过这个事了，咱们公司建立东方母亲节，就是把孝老摆到台面上来，让公司的员工大大方方地孝老敬亲……

我对丁新民说：老丁啊，你要是这样说，人家会说你不差钱，是站着说话不嫌腰疼。你要是一个月挣几千块钱养家试试？家家都有一本难念的经……

老丁笑了，说：老肖，我是愿意听你这作家说话的。我知道你是把人心中的隐秘都抖搂出来了，都抖搂出来好啊，那咱就共同研究想办法。你们是知道的，企业创建之初，我就提出要把社会责任扛起来，不要等发展起来了再扛，现在就扛，能扛多少扛多少，要是整天说看我发展好了怎么样，要是我说，你现在这个样子，以后你也怎么样不了。我常告诉企业的人们，钱永远是挣不完的，钱挣多少永远也是不够用的。以后企业要发展，缺钱会是企业的常态，但我们应承担的社会责任更应是常态化制度化。人得常想着报答社会，企业应该担起这个责任，还有啊，人们把装进口袋里的钱再往外掏给别人，难啊！就是给自己的亲妈，不少人也难啊！

丁新民总爱说实话，人们都点头表示有同感。

田培良说：咱们看着是谈一个企业的东方母亲节，实际上咱说的谈的是人性的问题，这也是一个重大的社会问题。这个话题人们谈了几千年，也解决了几千年，可到现在还是一个巨大的问题。

丁新民说：我倒不是想解决什么社会大问题，我就是想也解决不了社会上的事情。我只是想在自己的企业，也就是我自己能着手解决的范围，搞这样一个小试验，或者是叫试行吧。

原来丁新民想在全集团范围内试行一种特殊的孝老工资制度，即由公司拿出一部分钱来，直接给员工的母亲们发钱，而员工也要从自己的工资当中拿出相应的钱，由公司合在一起直接发给员工母亲。丁新民说，我估了一下，公司每位员工的母亲按二百元算，再加上员工配套的那二百元，这就是四百元，我想对老人来说四百元不是小数哩。

众人都说这是好事啊！老妈妈们嘴还不都乐得咧成了瓢呀！我们似乎都看见了东方母亲们高兴的样子，也都禁不住哈哈笑了。丁新民倒是沉得住气，他说这事考虑得也不太成熟，我就是有这么个简单想法，咱提倡孝老敬亲，说到底这事还得落实到钱上，落实到看得见摸得着的实惠上。光说设立这个节还不到位，得有配套措施跟上，没有实惠家中的老太太没准还嫌闹腾得慌哩。百口难调，丁新民能考虑到的也许都考虑到了。田培良高兴地说，这是咱们企业文化的又一大创新，又是一件新鲜事物。又有人说，他听都没有听说过企业搞什么母亲节，咱集团就搞了，这个举措肯定是标杆性的。田培良接着说，这一定会在社会上引起反响和震动，会对整个社会风气的推动和改善都起到积极的作用，我是觉得咱们东方集团又立了一功。

田培良看事情是非常到位的，对事情的叙述也是很深刻的，众人听了，都高兴地点头。那天，我也挺兴奋，丁新民和他的企业总是能给人们带来思想上的惊喜。多年前我受丁新民的邀请，参与集团的企业文化建设，当时，围着企业研究企业文化的有一大批学者、作家、教授、领导等，不少还是像田培良这样资深的自治区宣传部门的领导。是丁新民的个人魅力和企业活力吸引着这批文化人，可几年下来，我觉得我们这些文化人跟不上丁新民的不断转变，跟着他就像爬山，好不容易爬上了一个坡，还没歇喘两下，一抬头，他又在高处冲你招手。东方集团的特点是，丁新民每年都办一次企业高中层的读书会，统一思想，校正方向，不断创新。这样的读书会别出心裁，实际上就是企业高层的加油站，就是解决研究企业的发展路子，不断地提出高标准，尤其是对企业文化的发展战略上，要不断变化、创造和不断提出发展新思路。

企业许多高中层领导都会记得创业之初，在上海，在党的“第一次全国代表大会”纪念馆前，丁新民带着参加读书会的企业高层们去认真参观，认真聆听，认真思索。当丁新民带着人们走出“一大”纪念馆时，丁新民忽然回过头来问大家：是共产党员的请举手。丁新民带头举起了手，他再一看，来参观的企业高中层基本都是共产党员。他们的手臂高高举着，是那样肃穆庄严，好多领导不禁想起了当年在党旗下举起右手入党宣誓的情景，就像回放电影一样。丁新民对他们动情地说，今天，我们在党的“一大”前宣誓，一定要把我们的企业办成党的企业，人民的企业。以后，我们不管遇到什么样的情况，什么样的艰难困苦，我们一定同党保持一致，同我们的员工以及跟着我们企业的农民工兄弟同呼吸共命运！我们以共产党员的信仰和忠诚向党宣誓！众人高声地道：我们宣誓！那天，丁新民的眼睛湿润了，那些中高层领导们都被感动了，建立党的企业，从此成为丁新民领导的东方集团的行动准绳，成为人们胸中不息的呼号和哇哇冲锋的号角，也许，一个有思想的企业的种子从此生根发芽了，渐渐长成大树。这一刹那，将永远定格在东方集团的发展史上，它就像奠基石一样，牢牢支撑着丁新民和他的东方集团。当年的亲历者，常常给我讲起创业之初，丁新民领着他们在“一大”纪念馆前举手的情景，他们绘声绘色的叙述，就像刀子一样牢牢刻在我的脑海中。我望着他们，想象着他们，丁新民率领的企业的共产党员们，在党的“一大”纪念馆前庄严宣誓时的样子，我想那虔诚，那神态，那眼神时刻跳跃在东方，就像火焰一样，燃红闪亮在巍巍东方。丁新民无愧于有信仰的人，他领导的集团无愧于有思想的企业，在他们举起右手宣誓的那一刻，一股强大的红色基因注入了企业的魂灵……

记住这个日子吧，这天对企业来说，风正劲，帆正扬，对丁新民来说，他正像火中的凤凰腾空飞翔……

我痴痴地想着，丁新民推了我一下：老肖，想啥呢？走神了？我说：我不知为什么想起了当年你带着企业党委这一班人，在上海党的“一大”纪念馆前举手宣誓时的前景，也许从那时起，你就会想到企业会走到今天。丁新民道：我又不是神仙，哪能想得这样长远？我带着这些人就这么跌倒骨碌地走吧！这不又想起一个东方母亲节来？

我说：老丁啊，你是认准事就不放弃的人，你走这一步，看似不经意，实际上是深思熟虑的，这是走心之举，也是踏实之路。是把企业文化向员工家庭渗透，真正从思想上加强凝聚力。小时候，常看到爱厂如家的标语口号，现在你是把企业往家上引呀！

丁新民微笑着道：现在人们爱说地球都是一个村了，企业是一个家也未尝不可，家更温馨更有凝聚力……

我说：你老丁是要当大家长了！

丁新民说：企业我是董事长，自然是大家长。这是明摆着的事实。老肖，你说说，有时你的想法挺有意思的。

我说：你花钱办事提倡忠孝传统文化，我除了钦佩之外，还真没什么太多的想法。企业的红色基因，糅进中华传统文化，这样我们的企业文化，是不是就有了暖暖的温度？家的温馨与和睦？

丁新民笑了，说有点意思了。你再说点具体的想法……

我说：我没有什么具体想法，只是想捋捋这个形式。集团决定拿出钱来加强企业文化建设，这是公司财务的自主支配，若是用员工工资配套发放，会不会有人说，公司是不是干涉企业员工的个人财务支配了？

众人笑道：老肖多虑了，还有这样翻不开的糊涂蛋？那是发给他妈呀！

我也笑了，道：可大到世界，小到企业，微到每个家庭的组成可不都是明白人组成呀！大家想一想，我们这辈子碰到这样聪明的糊涂蛋还少吗？

众人都笑了，田培良微微地笑着说：我看你老肖呀……

田培良下面要说什么，我自然是知道的。我们是多年的老朋友，还是文友，许多话自然都是明白的。

丁新民说：老肖说的，我们也都考虑了，班子在讨论时，也有说不一刀齐的，还有说自愿实行的，办好事也不是没有争议讨论。我想了想，这又不是村子里搞普选，哪有那么多个人意志？绝大多数看着好，我们就先办起来。有时在电视上看外国大选时，那打的，骂的，不亚于咱们闹“文化大革命”那会儿，人看着都麻烦！我想，咱办这种事情，也得带有主导性，它是善意的，对员工是有好处的，对企业是有益处的。有这几个好，我看这事情就能定能办。现在，我们已经决定先从路桥公司试点展开，先看看效果和反应，然后在整个集团公司稳步推开。我考虑了一下，在路桥公司试行条件更成熟一些，咱就从这支筑路铁军开始，因为我们的企业文化就是从这里开始的。实际上我老丁何尝不知道，孝敬老人钱，说到底也是各家的私事，各家各有各的不同，的确在理论上是不能强迫的。可有些事情让我确实不舒服，又不能不管，还不能太管，说到底是人家的私事。我不能管得太深，可又必须提倡，要让孝老敬亲在我们企业蔚然成风，咋成风法？得有个标准吧？孝不孝亲不亲以后不能光红口白牙说说，得见真金白银，公司决定这么做就是正面提倡，然后给予财务制度上的保障。

田培良道：我看丁总把这件事情说透了。众人都点头说：真是挺好的。我说：真是好事啊！这么好的事情还有啥犹豫的？丁新民高兴地说：有专家们的肯定，那我们办起来心里就更踏实了。老肖啊，这不是犹豫，这需要稳扎稳打，步步推进落实。尽力让各方面都舒服……田培良鼓励丁新民说：我敢保证，这事保证展油活水，稳稳当当。

接下来的一切都是按照丁新民的预想来的，好事一定要办好，这历来是丁新民行事的原则。就这样，东方母亲节带着喜庆，带着祝愿，带着期盼，带着欢娱，向人们稳稳地走来。母亲节马上要临近开幕了，丁新民找到我，说明天开会时公司要有个发言，到时得讲一下。看到了办公室起草的那份，我觉得欠点什么，不那么带劲。事就是这么个事，但有个有劲的说法，缺少动情的地方，有点干巴。我说就你这要求，得难为死办公室那些笔杆子。要我看，你就即兴讲话，这是你的强项，也是东方一景。还一景哩，丁新民说我，你又晕架我！我少文没化的，总是怕讲不好。我说你就是天生的演说家，鼓动家。丁新民哈哈地笑了。原来丁新民是要搞一篇《给东方母亲的一封信》，办公室的人们拟了一篇，他看完觉得还差点劲，想让我重新搞一篇，我说没有问题，马上就办。但我真心觉得还是你即兴讲吧，听你即兴讲，真是一种享受。他笑了说，我想这封信还是让青年人念吧，我知道他说的青年人是指丁鼎。现在丁鼎已经挑起了企业的大梁，担任了公司总裁。晚上加了个班，写完了《致东方母亲的一封信》，第二天交给丁新民时，他戴上了老花镜仔细阅读毕，笑了，说：到底是大作家。我又说：到那天，你一定要即兴讲。他说：好，好，我是有话要说。

与丁新民打了这么多年的交道，感到丁新民非常擅长即兴讲话，真是妙语连珠，滔滔不绝，我的确非常佩服他的讲演能力。话到了他口里，讲得深入浅出，生动活泼，还带点土语方言，一下子拉近他和台下听众的距离，使人们喜欢听，爱听。丁新民这人气场很足，人们听到他讲话，公司的员工全都竖起了耳朵，瞪大眼珠子听，不时欢声笑语荡起，我记得一次公司开大会，听丁新民即兴讲话时，他的夫人胡承慧和我们坐在一起，胡承慧眼睛瞪得直直地看着台上的丁新民，听得是那样专心，生怕漏下一句什么话。我想，胡承慧此刻想起了什么呢？是想起了几十年的风雨同舟，还是想起了场平工地那个生日晚餐？为了拿下这个场平工地，丁新民付出了多一倍的保证金。因为赶工期，场平工地业主，对施工时间特别苛求，还要提供三百万保证金。好多施工企业都望而却步了。那时东方路桥公司刚成立不久，丁新民看中了这项场平工程，他甚至是把它作为企业奠基石工程来看待的。他提出了我交六百万保证金，保证保质保量保时完成任务。揽下这项工程后，丁新民就住在工地上亲自调度指挥，红旗插满了场平工地，一百多辆施工车在作业，搞得气势非凡。丁新民没白没晚在一线指挥，忽然发烧不退，他就举着输液瓶在工地上指挥作业，身上披满了灰尘，嗓子都喊哑了，肿了，始终坚持在现场。总经理孙平看得心疼，几次劝丁新民回去休息，丁新民仍是举着输液瓶子在工地上跑来跑去，一线指挥。这天深夜当丁新民疲惫地回到工棚时，一进门，忽然灯光大亮了，响起了动听的生日歌，他这时才看到胡承慧笑盈盈地面对着他。还有丁鼎、丁玮及集团的领导们、工友们，丁新民这才想起今天是自己的生日。他早忘到了脑后，但胡承慧记着，今天工地上的浪漫生日，胡承慧是总导演。她更知道这项场平工程，对公司的未来是多么重要。丁新民被亲人们围在一起，他看着胡承慧，禁不住热泪涌上了眼眶，这个铁汉子泪眼蒙蒙地看着这一切，一股暖流涌上了心头。他不知为什么忽然涌上了一股感激之情，感激胡承慧，感激这个默默承受一切的女人，相依为命几十年的女人。这是个让你暖到心底，酥进胸里的女人。这个工地上的生日，将让丁新民牢牢地记一辈子。那甜甜的蛋糕，那软软的方便面，对丁新民来说，这是记忆的永远，甜美的永远。而对胡承慧来说呢，这是一个绵长的有滋有味的回忆。

此刻，胡承慧牢牢地盯着台上讲话的丁新民，我看着胡承慧在想，这个贤慧的女人一脸幸福的样子，她在想什么呢？我轻轻地咳了一声，像是打断了胡承慧的沉思。我对她笑笑说，你家老丁讲得真好，胡承慧甜甜地笑了，轻声地说，每次听他讲，都觉得挺新鲜的。你说，这人脑子里得转多少东西呀。胡承慧甜甜地夸赞自己的老公，我想，老夫老妻还有这么多的新鲜感，丁新民这家伙身上得藏着多大的魅力啊，竟然能让几十年的老妻还这般痴迷和神往。我也注意到他们的女儿丁玮，听丁新民讲话时，她也总是那样睁着大大的眼睛看着自己的父亲，那不仅仅是喜欢热爱，那可以说是崇拜至极。多年来，我参加过无数次东方集团的各种大的会议，我非常注意观察台下员工对丁新民讲话的反应，这些人专注的眼神中透出的不仅是专注，还有欣赏和敬仰。有时我去丁新民家中串门，也能见到丁玮这个姑娘看父亲的目光，依然是那样陶醉和痴迷，我也常常被她的目光所打动。丁新民有这样的妻女，那种男人的幸福感和成就感是不言而喻的。丁新民在丁玮面前不仅是慈父，更像是个指路人，引路人，一步步带领着她前进。

丁玮大学毕业后就来到了东方路桥集团，这是她的选择，也是丁新民的期望，丁新民希望一家人都为公司出力，这样会让员工们心中感到踏实和对公司的未来充满希望。丁新民觉得他搭建的这个舞台，足够让青年人翻跟头，施展抱负和理想的了。这些青年人当然包括他的一对儿女，丁鼎和丁玮。我知道丁玮话不多，性格也文文静静的，是个腼腆的女孩子。她非常热心公益工作，身上洋溢着对生活的热情渴望，丁新民曾给我谈起丁玮在上大学时，每次回家都要带走好多好吃好用的东西，胡承慧也感到奇怪，一个女孩子怎么能用这么多东西呢？她曾问过丁玮，丁玮告诉妈妈，这是要送给同学们。许多同学家境不是很好，她想帮帮他们。丁新民和胡承慧为女儿的善心感动，他们觉得孩子具有一颗善良的心比什么都重要。听说丁玮大学毕业时，还带来几个同学跟她一块加入了东方路桥集团。她担任过公司的团委书记和集团的人力资源部经理，是个文静踏实肯干能干的女孩子。早年，我认识她时，她还是一个胖乎乎的小女孩儿，再见到她时已经是个楚楚动人的大姑娘了。我真正结识她是在去新马泰观光的旅途上，说来那已经是十多年前的事情了。

我只记得那一年，农民工欠薪问题已经成为人们关注的社会问题，那一年连温家宝总理都为农民工要债。而也是在这一年，农民工密集的东方路桥集团董事长丁新民却突发奇想，要带一批集团的优秀民工出国观光，他说要亲自带着天南海北在公司打工的农民工兄弟出国观光去。大家辛苦一年了，出外休息观光一下。所以，这件事情给我留下了极深的印象。丁新民找到我说，他想带集团的优秀农民工出国转一转，有三十多个吧。听说他要带农民工出国，我挺感动，也感到挺新鲜的。农民工出国观光休息，仔细一想，竟然鼻子都有些酸酸的。我说：老丁啊，你这么做，可是给国家争光了。老丁说：你讲这我还真没想到，以后组织农民工出国旅游，要在我们公司成为常态，纳入集团工作的议事日程上来。我说：想不到，真想不到，你们有这样的气魄和想法。丁新民对我说：你也要四处转转，哪能光闷在家里写，呼吸呼吸新鲜空气。他还邀请我：老肖，咱们一块陪农民工兄弟走走吧，你准有不少感触并能获得不少生活素材，这对你以后的创作肯定有好处。于是，我也加入了这支以农民工为主的观光旅游的队伍里。

组织农民工出国观光，当时，这件事情是挺新鲜的，很快就成为社会新闻和人们的热议，也引起了有关部门的重视。那可以说是农民工讨薪时期的一股浓浓的暖流，人们都会说看看人家东方路桥，看看人家丁新民是咋样当老板的，这事不知温暖了多少人的心灵，给多少人带来希望。我记得，丁新民带着这支农民工出发时，自治区政府的领导，党委宣传部、工会、工商联的领导都亲自到机场为这些农民工送行。农民工们披着红绶带，个个喜气洋洋，神采奕奕，当时，连见多识广的机场海关官员们都觉得新奇，组织农民工出国旅游，这东方路桥是一个什么样的公司啊？这公司的老总丁新民是个什么样的人呀！还有那天，丁玮这孩子给我留下了深刻的印象。我记得丁玮东忙西忙的，热情地冲同行的农民工兄弟，叔叔哥哥地一声一声亲切叫着，招呼着，还帮着没有出过远门的农民工们托运行李，忙得不亦乐乎。在飞机上，她还对着护照一个个帮农民工登记入境卡，填写得非常认真。我觉得这姑娘忙忙碌碌的，当时并没认出她是丁玮来，还以为她就是一个公司派来跟团服务的工作人员。但我觉得这个女孩子非常朴实能干肯干，给我留下了非常好的印象。后来，当我知道她是丁玮后，一时非常感慨，这些年来我也见过一些所谓富二代们，脸上挂出的骄横，大概已经是他们的标配，鲜有这般朴素肯干的。我感到丁家家风的淳厚，也不得不佩服丁新民胡承慧教子有方。后来，我还见过丁玮和公司的一群女孩子在公司的文艺晚会上在欢快地跳舞，各种活动上戴着志愿者的红绶带跑来跑去，显得非常活泼可爱。可丁新民总是对晚辈有些担忧，隐隐露出没有太大把握的话语，常说我不能保证他们按着我们创建的企业文化道路走下去，我现在也只能保证在我手上公司会走这样的路，剩下的就是他们青年人的事情了。我劝丁新民说文化是一种传承，是渗透在骨血里的，文化这种东西也是神奇得很哩，它就像不断流动的血液源远流长。丁新民总是说：但愿吧，但愿吧。不过现在我看着还行，那以后就不知道了。丁新民瞻念的是以后的事，几十年甚至更远，为公司选择一条建设党的企业的路，他付出的心血太多太多，他说选择了这条路，只要是对的，就坚决地走下去，不管人们说什么，不管有多难。他说这话时，脸上透出的刚毅让我肃然起敬。这是个有信仰有追求的人，这也不是每个人都能做到这样的。有一次我俩聊天，说起家长里短，我为儿子正在进行的恋爱有些担忧，他说你真是瞎操心。人家两人看着好，能过就结婚。我说，说起来容易遇到就难了。丁新民说，难啥？丁玮处了个朋友，家中好多人有说法，人家是个农村的孩子，男孩子的父亲还在东杨公路上干过活。我给丁玮说，只要你看着好，爸爸就支持，我是一直支持到底。我说玮玮可是个好女孩啊！丁新民说孩子们处得挺好的，那男孩我也见过，我看挺好，现在胡承慧张罗着给他们办事哩。过了没些日子，我去参加了丁玮的婚礼，看到了那个小伙子，两人真是挺好的。一天，丁新民对我说：今晚去我家喝酒去，老郭来了，你陪陪。他说的老郭我知道，他的亲家，是个浓眉大眼的中年男人。我还和丁新民去过他的家，就是离东胜不算太远的一片荒原上。那天天有点晚了，老郭一个劲留吃饭说肉都炖上了。因为丁新民回东胜有个急事，同老郭打了个照面便匆匆离开了。这次老郭见到我，挺高兴的，说听老丁可多说过我了。你的文集我也都看过了，写得真好，我想啊，你个侉子人咋懂我们这地方的话来了？丁新民说：老肖虽是侉子人，可来内蒙古几十年了，就是咱伊盟人了。现在是咱鄂尔多斯文化名片级的人物哩。

我问老郭你咋有我的书哩？老郭说是老丁送我的呀，八大本呀！原来又是丁新民。那天，丁新民的女婿郭栋也在，这个长相英俊的青年人向我请教了一个文化上的什么问题，有点难度的，是《诗经》里的一首诗的注解，他好像连说了两个大家的不同解读，一下子让我对这个农村走出来的青年刮目相看，有道是高山出俊样，沙窝里面藏凤凰，莫非这话是应在这个年轻人的身上？老郭那天喝得不多，但谈吐还体面，席间还说了我小说中当年兵团战士的生活故事细节，看来老郭读书还真是细的，我想他大约是属于农村小知识分子的类型。那晚，我和老丁喝得很高兴，也放得开，胡承慧劝我们少喝一点，向老郭学学。老郭腼腆地笑了，丁玮来敬酒，我说丁玮眼光挺好的，丁玮甜甜地笑着。丁新民告诉我，丁玮快要生产了，等孩子生下来，就在郭栋的老家下个农村户。我一惊，问为什么呀？丁新民喝了一口酒说：我看农村户挺好的，孩子成不成才，还在你是什么户呀？美国户又咋样呢？我想想说，事情还真是这样。丁新民斩钉截铁地说：事情就这么定了。老郭笑眯眯地说好好，真的挺好的。郭栋和丁玮也说这事就听爸的。我们笑着，为未来丁玮孩子的农村户碰了一杯酒……

后来，郭栋、丁玮的孩子出生后，户就下到了老郭农村家里。有人说丁新民就是精明，因为农村户有地，说来这也是一种猜忖。实际上老郭家农村的地早就承包了，现在的土地政策基本上是添丁不增地，减人不减地，这大概是要保持一种农村土地承包的稳定性。我倒是觉得这是丁新民维护家庭安稳的一种让人舒服愉快的办法。丁新民是个有心人，更是个有胸怀的人。用鄂尔多斯人的话来说，那人心好。

东方母亲节开启的那天下午，丁新民和公司的领导把披着东方母亲绶带的东方母亲们请到了台前，他们被一群装扮光鲜的银发女人围着，嘁喳议论着，有个矮个子老太太的声音引起了人们的欢笑，丁总哎，我老太太今天可是把见人的衣裳装扮上了。丁新民拉着老太太的手笑着说：见人好啊，好啊，你是东方的英雄母亲，给咱集团培养了好孩子。老太太说：丁总哎，还是你领导得好哎，我在家常给孩子们说，咋遇上了这么仁义的好领导哎！丁新民说：我得感谢你老人家呢！老太太说：你这是抬举我们老姐妹哩！丁新民说：咱集团就是要抬举东方母亲，永远把妈妈们顶在头顶顶上。老太太抹着眼睛说：真好，真好。我听得鼻子酸酸的，胸中涌起一种说不出的感动。田培良告诉我，这位老太太是集团副总经理陈培新的母亲，我知道陈培新有个弟弟也在集团上班，其弟弟我也认识，我也随着人们叫他陈老三。其大名号，我现在也没有搞清楚。老太太被评为东方母亲，似乎在这群母亲中她的年纪是最长的，老人家的家在包头，公司特意把老太太从包头接来的。老人家今天无疑是主角，是东方母亲的代表，得到了公司上下的尊重和爱戴。丁鼎宣读了那封信，台下的母亲们那个乐啊，开心的那个笑啊，我忽然感到丁新民是在为企业打下了一块稳定的基石——员工母亲们的支撑。在争取民心方面，我忽然感到丁新民是一位大师级的人物，因为他深谙国情、人心，他深知母亲在一个家庭的无比的分量，同样更懂得东方母亲们在东方集团的无形分量。公司此举是打造长寿企业的有心之举，丁新民在这里显示的不只是智慧更是暖心，我对丁新民悄声地说东方集团真的有心了，丁新民看看我，笑了。

那天，在母亲们的笑语欢声中，我想起了丁新民的很多往事，丁新民青年时与初中的一些男同学们结伴下放到了黄河边上的伊盟五七干校劳动锻炼，大家都是十六七岁的孩子，为了互相关照，同宿舍的十个人便结为十弟兄，这些孩子们完全是按着年龄排序，丁新民排行老三。兄弟们回东胜出差探家，各家都互相走动走动，了了母亲们的相思之苦。后来五七干校被兵团接收了，十弟兄也四散了，兄弟们都还记得，那个分手的夜晚，月朗星稀，秋风习习，黄河如带，草原清凄，丁新民与小兄弟们一一拥抱告别，泪水早打湿了衣衫。丁新民哽咽着说：兄弟们，我记着你们。这一记就是几十年，一辈子。大多兄弟到了八十年代才又聚在了东胜城里。也有的兄弟去了外地。丁新民心眼实，总是惦念记挂着当年一起同甘共苦的患难兄弟，想着常去看望当年的兄弟和家中的母亲，那些他亲爱的善良的姨姨们。秋贮冬菜，冬天卸炭，买年货鞭炮，凌晨提水桶买过年的豆腐，总之兄弟家中需要人手的时候，常见丁新民和兄弟们呼呼啦啦进进出出。丁新民热情，认真，着真，维护着这份安达（蒙古语兄弟）情谊，蒙古人的重情重义，男人的一诺千金，在丁新民身上得到了完美的体现。他也不知道自己何时成了这些兄弟的召集人，是他每逢年节就组织十弟兄的聚会走串，还是他不时组织十弟兄母亲们的见面，聚会吃饭，孩子们真成了小兄弟，母亲们成了老姐妹。丁新民非常看重青年时代结下的这份兄弟情谊，他几十年来时常想着这些兄弟。即使是工作再忙，他会时常想起当年的小兄弟们。哎，谁谁干什么呢？咋这么长时间没有音信了？他会忽然自语起来，然后让小田帮他打通电话，他会以特有的兄弟问候关心当年的兄弟，这成为他一天中最美好的事情。十弟兄中的范骡子（绰号）回到了陕北老家农村，日子过得一般般，有些清苦，丁新民比谁都着急，十分牵挂。当他创办了东方集团，马上想起自己还在山沟沟里务农的兄弟。他亲自驱车翻山越岭去陕北，把范骡子接来东胜东方路桥集团工作，安顿好了房子，而且给范骡子留了一个不错的，适合他特长的工作职位——集团财务会计。是丁新民把范骡子从黄土高坡的褶皱里挖了出来，让他西装革履地出现在集团的办公大楼里。当然，他一家现在的生活过得是非常滋润的，兄弟之间虽不说什么谢话，但有些东西范骡子会在心上揣一辈子的。即使是远天远地的兄弟，丁新民也是想着念着帮着。十多年前，丁新民和我及几个工作人员去杭州市参加全国工商联的一个什么会议，散会后，丁新民说想去台州看一个兵团战友，也是当年的十兄弟之一老闫。丁新民说老闫也有程时间不见了，不知他这段时间过得怎么样，真是挺想他的。我说好啊，我也想去台州看看，那里临海依山，古城门就泡在海里，随潮水涨落开启，虽起之明朝戚继光抗倭时，听说现在还保留着，咱们这次也正好去看看。丁新民一听，眼睛中立即闪出孩子般喜悦的光芒，他好奇时是真好奇，我总觉得丁新民有时天真得就像一个孩童，对什么东西都稀罕，目光纯净得就像一汪水。我们说好散会后第二天就去的，而且与老闫联系好了，电话那头老闫高兴得不得了。谁知晚上丁新民忽然发烧了，小田急得不得了。赶紧去省医院住下退烧，挂上吊瓶后，小田给丁新民测了血糖，说快十个了，血糖没有控制好。我说老丁啊，你真得爱惜自己的身体了，抽烟喝酒是糖尿病人的大忌。丁新民看看我，招呼小田说，田大夫，你给肖局长也测个血糖。小田是个转业军人，是集团董事会办公室的副主任，平时还给丁新民开车，照顾他的生活。小田平时负责督促丁新民吃药，测血糖血压，常给丁新民讲要尊重科学，注意身体什么的。丁新民开玩笑说，听你这么一说，我咋觉得是我家老胡来到了我边上呢？老胡就是指胡承慧。当然胡承慧要给小田交代什么。这小田平时生活也是个讲究人儿，长着副娃娃脸，他出差时带的护肤用品不亚于一个女人出门，因为跟丁新民出差多，常在机场被安检开包检查耽误时间，没少挨老丁数落，但小田始终坚持自己的生活方式。丁新民无奈，只得开玩笑地称他田大夫。

听丁新民说要他给我测血糖，我对丁新民说我又没你那毛病，测啥血糖呀？小田认真地说：肖局长，像你们这个年纪监测一下血糖对身体有好处。丁新民对我说：听我的，你就测测吧，又不费事。我说我怕扎针。丁新民笑道：咱兵团战士死都不怕，扎针算啥呀？测测，测测。小田已经针头试纸都准备好了，拿着针，酒精棉球把我的右手中指擦拭了一下，还用手扇了一下，然后一针扎了下去，很快就出了结果，血糖十六，众人大惊：哎呀，老肖这么高呀。我有点不信，让左手再试，还是十六。这是我头一次测血糖。小田严肃地道：糖尿病的帽子你算戴上了，听我的，你和丁总赶紧断了烟酒吧。丁新民问我：你咋后来居上了？我对丁新民说：我没啥反应呀？丁新民嘎嘎地笑了起来说：你以为我有啥反应呀？小田说：肖局长，等有了反应就晚了，瞎眼烂腿的多了去了。

我一听头皮就有些发炸了。我埋怨丁新民道：你让我测这干什么呀？我这糖尿病全是你测出来的。丁新民嘎嘎笑着，给我递了一根烟，说：点上吸两口压压惊。小田道：你们还抽呀？我说：抽了几十年了，血糖都十六了，再坏能坏到哪儿去？小田摇摇头说：我是拿你们兵团出来的人没办法。丁新民嘎嘎地笑着与我抽开了烟，丁新民幽幽地吐了一口烟说：人精神得好，精神顶住啥也打不垮你！精神，记住了没？我说谁讲六个以下是正常，要我说十八个以下才是正常的！丁新民嘎嘎地大笑不止，有你的，老肖！我说我这一下子，就给亿万糖尿病病人摘帽了。丁新民说田大夫听见了没有？人家可是大作家！咱听老肖的，十八个正常。我觉得清丽多了，哎，再给我量量体温，我咋觉着不烧了？丁新民让小田叫来了护士，一测不到三十七摄氏度，丁新民高兴地道：我说什么了，精神不垮，谁也打不垮你！我沮丧地说：你那毛病全转移到我身上了。丁新民又是大笑。我们说笑了一气，丁新民说不烧了，没事了，咱们下午继续去台州。他还说起战友加兄弟老闫开着车在路上了，中午就到了。小田说中午得再测测，要是半路发起烧来，他可没法向姨姨交代。我也挺关心丁新民身体的，曾经给小田说过，你可是老总身体状况的第一责任人。小田悄悄地对我说，你得劝劝老总，他发烧刚好，血糖还那么高，咋走？我没好气地说，你真找对人了。让十六个的劝十个的，小田也笑了，说咋忘这茬了？你不是说十八以里都是正常的吗？我说我傻啊？实际上我一想到忽然测出来的高血糖，还是有点害怕的，静下来就蔫蔫恹恹的。丁新民是何等聪明，劝我说啥事不害，这我得做做你的思想工作。

我苦歪歪地说咱哥俩真反过来了。十分钟前是我劝你，现在是倒过来了。丁新民说咱对身体上的疾病，首先是要不怕，咱得在精神上气势上压倒它。老话说人活一口气，绝对是真理，就是不能让病拿住咱们，你说是不是？我说是的，我再抽根烟提提神。丁新民高兴地大笑了：兵团战士死都不怕，还怕个干锅油汽？干锅油汽，是当地土语，烧干锅不过是油烟呛呛嗓子而已，意即小意思，不必往心里去。不怕它个干锅油汽，这是丁新民的口头禅，谁劝他保重身体，他就用这句话回敬人家。唯有对小田例外，因为小田是长年跟着他的，一般的身体料理，吃药打针都是他亲力亲为，非常尽责，丁新民有时对病情不以为然，小田常让我劝劝。我说，你得听小田他们的按时吃药，检测身体指标啊，咱不说咱身体好坏，小田他们也不容易。丁新民这些话还是听得进去的，也习惯了打针吃药的生活。他抽烟时也感慨地对我说，抽吧，抽吧，老肖，我看这个也是兔子尾巴长不了，咱啥也不是就是过年过得多了。丁新民常给我这样感慨人生，说到在他身边工作的小田等人，他也说，他们这些后生是代儿女尽孝哩，我知道。

我原先一直以为自己的体质还不错，一下子查出这么高的血糖，心中也有些七七八八的想法，一想到因糖尿病瞎眼烂脚的，心里就堵得慌。人生老病死是正常的，但不能窝囊死！丁新民安慰我说，咱不怕它干锅油汽。我咋看你脸色不大好哇。我说，没事啊，不可能吧？丁新民说，老肖真是怕了，眼睛还有泪水哩？我叫道，不可能啊？丁新民说，不信，你让小田他们看。小田他们围着我看，我心里忽然有些毛毛的，丁新民却嘎嘎大笑了，我这才发现他这是在给我开玩笑，我也禁不住笑了，这次眼睛真笑出泪水了。丁新民吩咐小田，以后把我的降糖药，也得按时给肖局长吃。对病这东西，咱战略上不怕它，战术上可得重视它。老肖也是个马虎人，你以后得提醒他，回东胜后你也得给他的司机小夏说说，让他注意提醒老肖。丁新民考虑得这么细，我挺感动的。小田当时就给我找了两片降糖药服用，我说先降降糖，等以后我再去医院查查。丁新民说，我回来让丁玮给你安排，咱去北京大医院，好好检查一下身体，我也陪着你一块检查。我说，我以后怕小田了，一见他我就想起了我的高血糖了。丁新民说，你怕甚？你不说十八个以内都正常吗？我说，好你个老丁哩，我这不是自我安慰嘛！丁新民笑得嘎嘎的。我服了药，小田认真地对我说，肖局长，你和丁总真得注意控制血糖了。不是我嚼毛唠叨，是我太知道这病的厉害。我爸、我叔都是糖尿病没的。最后脚指头都黑了，烂了，没有知觉了，是医生拿老虎钳子一个一个揪下来的。听得我身上不禁抖了几下。

丁新民沉脸道：你还吓唬老肖啊？你真要把肖局长吓出毛病来，看市里领导找你麻烦不？老肖可不是一般人，这可是咱们市里的宝贝！

老丁是个细心人，不管大事小情，一发现苗头，他就想着解决问题的以后几步。安排得细致而又周到，他是当之无愧的好大哥。后来，他先后在北京武警总医院，美国人开办的北京和睦佳医院，为我安排了体检。我忽然感到老丁是一个在细节上取胜的人。在某种意义上来说，像许多成功人士一样，他们心细如丝，都是取决于对人的关照和爱护。我对老丁这个表相粗拉的人有了更进一步的认识。

中午时，老闫亲自开车来接我们了。老闫父母的家还在东胜，他也常回家看家人朋友兄弟，我在丁新民那里见过他的，知道他是兵团战友也是丁新民当年的十弟兄之一。老闫对我说，老肖，这次看你气色不错。丁新民说，他上午更好，刚才查出了点毛病，现在气色多少差了一些。老闫忙问我，咋了？我说，血糖刚测出了个十六。老闫是台州医院大夫，警惕地说，噢，这是高了点。小田说，可不是高了点，肖局长肯定是糖尿病了。丁新民说，田大夫，你是不是想把老肖吓过去呀？老闫安慰我说，一次测高了，这还不能戴糖尿病帽子。你还得再去医院做一下血红蛋白指标什么的。高血糖有时是假性的，这跟你当天的饮食有好大关系，你现在也别有太大负担。丁新民说，我看肯定是假性的。我说，但愿吧。

路上，我夸老闫的车不错。老闫说，这还不是新民资助了一把。要不我哪能买得起？丁新民说，你是不舍得在车上投资！买车得买安全系数高一点的好车。原来他要买的车配置低了些，这人也是个老抠，节省惯了，我就给他添了十万，算是给他加了点安全系数。我得给当年的兄弟们保驾护航。老闫说，这车在单位已经扎眼了，南方人更节省喜欢小排量的车。丁新民说，老闫，你现在好歹也是教授级别的，配个套，有啥？我说，老丁帮你换好车，主要是考虑他来你这儿要安全一些。老丁大笑。老闫说，老丁这辈子能坐几次？看来，这老闫也是个实心眼的人，最起码是缺少幽默感。

车稳稳地到了台州，老闫直接把我们拉到了一座酒楼，丁新民说，今天说甚也得给老肖压压惊。我说，你想宰老闫少拉上我。丁新民笑说，老肖有点反常。老闫问，大家想吃点什么特色菜？我说，我这人吃上不客气，我想吃醉虾。丁新民说，老肖在吃上不客气，他可能想些好吃的哩，现在真是不知道吃些甚？老肖还能想些吃的，像啥胡油炒鸡蛋卷饼啊，净想新鲜的。我说，前些年在西湖边上吃过一回醉虾，只要想起口内仍有余香。老闫说，好，好，我安排，你这家伙真挺会吃的。小田说，今晚不喝酒了吧？我说，咋不喝？小田说，糖尿病得管住嘴，这病就是吃喝出来的。我说，那咱把吃喝出来的病再吃喝回去。丁新民笑得咯咯的，说，我也陪老肖喝几杯。

这酒楼上的醉虾有些大，放进嘴里有些扎得慌，但还算好吃。老闫敬丁新民酒，又说起丁新民资助他买车的事，丁新民道，不说了，咱们是兄弟呀。老闫自己喝了一杯，丁新民道，你知道我想啥不？老闫道，想啥？丁新民道，那年你蹲在沙丘上看虫虫妞妞交配，你说虫蚁尚如此，况人乎？给我印象挺深。我们哈哈大笑，老闫说，我咋不记得了，还有这事？那年我多大，十七还是十八……

想到这里，我禁不住笑了。丁新民走过来问我高兴什么哩？这么乐不唧唧的？我说，今天这场面，我忽然想起了你那十兄弟，也想起了老闫，想起了台州之行，还想起了老闫况人乎的名言，丁新民也哈哈地笑了说，到底是作家，想七想八的。我说，老丁啊，还是你能把一些不起眼的东西搞到极致，弄出意义来。田培良说，丁总是整天琢磨这事情，心里头看重这份情谊哩。我想，田培良讲得是有道理的，人与人之间的情谊关键是心里装着，脑袋想着。在东方母亲节的晚宴上，我看到胡承慧也戴上了东方母亲的绶带，脸上笑微微的。丁鼎、丁玮、郭栋他们几个子女正在簇拥着母亲说话敬酒，开心地笑着。丁新民也走了过去，对胡承慧说，我也得给东方母亲敬酒。他说着干了，胡承慧高兴地笑了，丁鼎他们这些晚辈也笑了，那笑容里洋溢着灿烂和幸福……

第十二章

丁新民道，我们联合起来干什么？让无产者变成有产者

我下定决心走进东方集团之中，走进丁新民的生活当中，是在新马泰出国旅游时与丁新民带领的农民工的密切接触后。我把丁新民当成一个时代的文学人物来揣摩尽管很多年了，也可谓心仪久矣。多年来，我也不知给他对过多少次话，思想上交过多少次锋。可真正走近他的身边，走进他的生活和事业当中并没有完全做到，大多是隔着一层观察揣摩他。而在新马泰的参观游览当中，我是在同行的一些人当中，真正了解和认识丁新民的，真正走进他的内心世界的。

那天是在泰国芭堤雅海边的沙滩上，丁新民和一群农民工散步，这是刚到泰国的那天下午，大家说笑着，显得异常兴高采烈。有说这辈子第一次坐飞机的，有说这辈子没想到还能出国的，也有人说人妖究竟是男是女呀，泰国人见了国王是不是也得跪下磕头，山呼万岁万万岁呀，他们对国外的生活充满了惊叹与好奇。老丁与农民工们说笑着，忽然停下脚步问，咋不见老白呀？我知道丁新民问的老白，叫白进勤，是陕北的一个石匠，是个能吃苦，肯受累，舍得出死力气的陕北汉子，带着几十个农民工兄弟在丁新民的工地

上打工。他本人也是丁新民的一对红。所谓一对红，这是兵团那个年代留下来的政治口号，被丁新民接受了下来。一对红原是讲在班里党小组长、党员和战士间的互相帮助、互相鼓励，还有思想上的互相监督，当然这里有着时代的局限。丁新民接受过来的一对红这种互助方法，是添入了时代的内容，现在有些思想上帮助，经济上扶困，事业上发展的新做法、新想法。用丁新民的话来说是旧瓶装新酒，他要求集团党委成员都要联系一两支农民工联队进行帮扶，分公司的一把手及领导成员都要联系一支农民工联队，帮助农民工发展解决问题，一定要落实到单位主要负责人头上，丁新民称之为“一把手”工程。一把手工程这主要是针对集团的农民工工作而展开的。丁新民作为东方集团的党委书记、董事长，与陕北来的白进勤结成了一对红。白进勤这人是个红脸壮汉，仪表堂堂，只是腿有点残疾，走路一拐一拐的。丁新民这次有意带上他，让他长见识，开思路，在以后发展的路上走得更好一些。为了方便白进勤的出国旅行，丁新民还特意安排了一个同行的青年农民工专门陪着他，照顾他的起居生活。可老白的残腿不利索，一路总是跟不上大家行进的队伍，常常掉在人们的后面。老白心里着急，但腿跟不上，他怕耽误大家的行程，甚至产生不该出来的想法。有人告诉丁新民，老白腿有点不给力，听说腿根子都磨破了，血糊啦啦的，现正在房间里休息哩。丁新民一听，后悔不迭地说：你看我这事办得？光顾着和大家一起高兴了，我咋把这茬给忘了呢？

丁新民红脸膛上立即露出自责的神情，他想了一下，对身边的一个青年人说：小霍，你立即告诉下丁玮，让她现在马上去找导游，立即购买一个高质量的轮椅，明天提供给老白用。你看看这事，真是毛病不在谁身体上，谁不知道呀！

丁新民一个劲懊悔地自责。小霍一个劲说：丁总，责任在我身上，你给我的任务是负责照护大家，是我失职了。

丁新民摆摆手道：你快去找丁玮落实轮椅的事情吧。现在发现了还来得及。

小霍应了一声，匆匆离开了。

这个青年人叫霍春利，是个瘦瘦高高的年轻人，办事雷厉风行，在集团公司党委宣传部工作，人很能干，文字能力也不错，挺受丁新民看重。霍春利是个兵团二代，丁新民一直叫他小霍。说来这小霍，和我也是熟人。要说起来，还是我多年前把他安排到公路稽查局的。他的父亲、大伯和丁新民、我当年都是兵团战友，也是工友。

小霍高中毕业后，没有考上大学，他的大伯，也是我的战友带着他找到了我，开口也不客气，让我一定想法子把这孩子安排了。战友可能想局长还有办不成的事情，可我这业余局长还真没那本事和权力。但这些话和战友是讲不通的，但小霍这孩子运气好，他们找到我时，那时正赶上公路稽查局招工，当时我们当局领导的都有那么一半个能说上话的指标，这是不公开的秘密。我本来是想安排我大姨子家的女儿的。可战友带着小霍到办公室来了，找到我说，老肖啊，这次你把这孩子的工作给解决了吧，他会写文章，字也写得好。他还把小霍上学时在报上发表的文章给我看，小伙子也机机灵灵的，让人挺满意。就说你运气挺好的，现在公路稽查局正招工哩，我去给你看一看，说一说。战友千恩万谢的，说他也打听到了这事情，正好听说你也在东胜，一大早就来办公室堵你了。我心中忽然有些戚戚的，都是当年战友，也是朋友，用丁新民的话来说，能帮上一把有啥谢头呢？我赶忙让他们自己倒水喝，我说去人秘科给他们落实一下。人秘科长问我咋换人了？之前不是你家大姨子女儿吗？我说我定了，就这小伙子了。人秘科长问：又是兵团战友？你不怕嫂子回家骂你？我笑了。

回到办公室，我让小霍去人秘科填招工表办手续去，然后便与战友抽烟聊天。战友又夸我顾念战友情谊，我听着也挺受用的。又说起往事，记得他当年出差从巴盟登口买驴肉回连队，我们晚上一块喝酒，谈得泪眼蒙蒙的，我正感叹着，忽然发现我办公室抽屉虚开了一条缝，拉开一看，里面放着个厚厚的信封，不用说肯定是战友塞的。我顿时生气了，一把拿了出来，给他甩了回去。战友说肖局长，你看你，你不还得求人吗？我骂战友：你钱多呀？是不是比我这局长还挣得多呀？我要是收下你这个，我他妈就一分钱不值！他见我真的火了，忙把信封收了回去，尴尬地笑着说：不是现在兴这个？听说进个人头都标着数的。我说那是放屁！战友说：肖局长，要不我这心里过意不去哩。我说你要是过意不去，晚上找个小饭馆，要盘花生米，来盘驴肉，没驴肉，换猪头肉也行，咱俩好好喝两杯，这样行了吧！战友哈哈笑了，连说行，行！你他妈喝酒这毛病咋改不了了？听战友高兴得话中带出了脏字，我们才找回了当年的战友感觉，高兴得开怀大笑。

要说，小霍到了稽查局后挺出息，人们都说沾兵团味儿的孩子没孬的。这都是些苦孩子出身，只有拼命干才有未来。后来，我听说他入了党，还当了局里的秘书，工作得非常不错。但过了没几年，小霍一见东方路桥招兵买马，广揽人才，便辞了职应聘来到了东方路桥。战友听说是到丁新民的公司，坚决地说：你要是去新民那儿，不用问我，我一百个支持。小霍有机关工作素养，办事非常干练，丁新民挺看重他，后来就把他留在自己身边工作，出门办事时总爱带着他。

不一会儿，小霍甩打着乌黑的分头跑过来了，对丁新民说：丁总，导游他们去买轮椅了，丁玮说会拣最好的买，让你放心……

丁新民感慨地说：细节，细节，我咋忽略了呢？我笑着对丁新民说：你咋说开了我们的行话了呢？他也笑了，道：我想啊，实际上我经营公司和你写文章有大体相似的地方。细节体现了人的情怀，重视程度。你是不是整天想着它，完善它。有些事想到了又及时安顿布置。我得承认，对老白的事情还没有做到感同身受，没有站在他的角度上考虑问题。我光顾着带农民工出来高兴了，可考虑到他是个腿有残疾的人行路甘苦了吗？老白的事情说真心话啊，一直在我心里放着呢。可老白他又是个坚强的人，从不说自己的苦处，我哪能体会到他那条腿磨得出血疼的滋味呢？咱是饱汉子哪知饿汉子饥哟！

那天丁新民说得非常动情，他的自责让人们非常感动。那些民工都围着丁总，东劝西劝的，说过去打工，谁把咱们当人哩？现在，我们心里喝着蜜哩，甜着哩，美着哩。丁新民说：咳，总有不周全的地方，说记着哩又给忘了，我也是忙糊涂了。众人你一句我一句地说：我们打工要不是遇到好企业好老总，还想出国？我去办护照，村里人都稀罕，说你后生出国？你咋不上天摘星星月亮啊？丁老总哎，我们受苦人记着你哩。

丁新民说：啥记着不记的？让我说实心话啊，咱都是人，谁和谁差什么呢？我一听这话，丁新民在我眼前忽地又蹿高了许多。我说是啊，这话啊，我们文人没少说，可从你嘴里说出来，有味，有琢磨头。再看看你办的事情，我也挺佩服的。众人又笑着说：你看不是我们这些受苦的说，连肖局长都这么说。丁新民哈哈地说：肖局长这是给我戴高帽子哩，他想谝打我带你们周游世界哩！我笑了，这真不是谝打，这不是梦。丁新民忽然冲农民工们道：下次，你们要周游世界，别忘了带上我！农民工叫道：天爷爷，领导咋敢想哩？我们笑了起来，丁新民瞪着眼道：这都不敢想了？小霍啊，丁新民招呼霍春利道，你带他们面向大海，好好想想，好好说说志向，我就不信这世上还有不敢说的想法志向？

小霍带着十几位农民工说笑着沿海滩走去，他们都穿着宽宽大大，花花绿绿的岛服，像一团团五彩的云朵飘散了。我感慨地

对丁新民说：你看这岛服一穿，海滩上一转，哪还像土里刨食的老农民？

丁新民笑着说：要想啊，人的体面还真在穿的衣服上。我看见他们心里是真高兴。老肖啊，今天咱俩呀，也在这儿好好说说话。

丁新民和我坐在海边沙滩上，眯着眼睛看大海退潮，波涛涌来又散去，海滩上有蠕动的小鱼小虾一跳一蹦的。我和丁新民捡起身边的小鱼小虾狠狠往大海里甩去，小鱼虾在掌上飞出，在昏黄的夜色里闪着一条条细小的鳞光。在那无边的大海上，一轮金黄的月亮熠熠升起，泛着灿灿的光华。还有几只水鸟呱哇鸣叫着，在圆月的云翳中飞来掠去，就像大海的精灵在翩翩舞蹈。

丁新民眯着眼说：大海真美啊！那年我在康巴什看沙漠，就跟今天看大海一样。也是这样有圆月亮的夜晚，起伏的沙丘真跟这海浪一样，一波接着一波，也是没有个头尾。就是沙漠的夜风有点凉，不像这里暖融融的。

我笑着说：你老丁也开始抒情了。

丁新民说：不是我抒情，我是想起了鄂尔多斯的沙漠，想起了我们曾在大漠上的生活印迹，想起了我们在沙漠上建设的一条条公路，想起了我们一同吃苦受累的企业员工和农民工兄弟。老肖，你是不知道呀，那天下午，我去看白进勤的民工联队，他们那天是刚来到东方路桥工地打工。我听工程经理说，老白他们这伙人石头耍玩得挺好的，便给了他们一座石桥的石墙护坡工程，说来也就是百十万的活儿，整个工程全部干下来，农民工能挣到的钱也是数得见的。可当我知道，工头老白还是个残疾人时，我感了兴趣，我想知道他这个残疾人是靠什么组织起这些能工巧匠耍玩石头的硬汉子的，就这样我结识了这个陕北大汉。天爷，这人干起活来是条好汉、硬汉，那么重的石头抱起就走，那身子一拐一拐的，不得了，不得了，这才像干活挣钱的样子。我最看不上的是那些懒汉，腰来腿不来的，还光想挣钱，美得你吧！可那天，我看老白他们住的地窝棚，被子都湿濡濡的，这些陕北人真能吃苦啊。我心里啾叽叽的。我说老白呀，你这阴地窝子还不得把人睡出毛病来？老白茫然地望着我说，丁总哎，受苦人是来挣钱来了，享了福就受不下苦了。他们吃得也不行，土豆白菜，我用勺子把饭锅翻了个遍连个油星子也不见，我当时批评老白说，你要把伙食搞得好一些嘛！他笑了说，丁总哎，有白面馍馍青菜吃，前些年又能咋？我说老白呀，吃肉才能长劲啊！他说不是年节的吃甚肉啊，陕北人比不上你们蒙古人。再说呀，大家出来打工受苦都吃了咋？受苦的不就是想带回俩钱，让家中的婆姨娃娃高兴高兴？这些老陕们呀，太简朴，我知道他们一是吃不起，二是也舍不得吃，就是从牙缝里攒俩钱哇。我劝他改善伙食，他说隔三岔五地买块豆腐吃哩，好着哩。可不敢吃太好了，都吃了咋过光景呢？听老白这么一说，我当时这鼻子酸酸的，咱也不是没见过日子过得不行的受苦人，可苦成这样的可真是少见，我眼圈子红了，我想我是啥老总啊？让手下的受苦汉苦巴成这样？你还吃得下睡得着？人味呢？我对丁新民说：这能怨得了你？丁新民瞪起眼珠子说：咋怨不得我？他们是东方路桥集团招来的民工，吃不好住不好，不怨我怨谁？我说：你要是这么揽下去，就别活了。丁新民笑了说：胡承慧也这样说我！来公司打工了，咱们热心热意待他们就行了。大家也说及时支付工钱给他们就行了，还能咋？我想白进勤他们是这样，其他的民工联队是不是都这样啊？还有人告诉我，他们那儿的农民工更惨，连地窝子都没的住，就栖身在水泥管子里，这是人住的地方吗？你想，我要是带着这样的队伍咋打胜仗呢？我笑了说：咱可是从小提倡艰苦奋斗惯了，咱过去揣两颗山药蛋，跑几十里地是常事！丁新民道：你那是说轻巧话！你来这儿吃住些天试试？这是艰苦奋斗？我说：你胡骂什么，我说是会有人这么想。丁新民道：现在有人味的不会这么想。这哪是什么艰苦奋斗？我看是冒穷气，丢社会主义的脸！这与我们提倡的艰苦奋斗无任何关系。别人我管不了了，可来我东方路桥的，我不光要管，还要管好！我粗算了一下，每个农民工每天补助半斤肉，得五六元钱吧，还有蛋奶啥的，得五元钱吧，咱就按万人算，一天就得十万，一个施工季度下来，光伙食补贴这块就得上千万。他们按一半付钱，也得五百万，还紧紧巴巴。这都要从公司利润里刨扣啊！那晚，我几乎是在沙漠上坐了一夜，想了一夜，可我又一想，生活好了，农民工有干劲了，能创造多少价值？我想咱就得这么算账才行！我想啊算啊，后来还是老白硬把我拉回他们住的地窝棚里，和他们滚了一夜。

我说：老丁啊，你心操得太细了。丁新民摇摇头说：不细咋行？过日子哩！我说：实际上有些事情你安排下去就行了。丁新民说：我也知道，可有些事真得你亲自抓亲自问。有时候，你还得亲自办！我叹了一口气说：搞企业真和搞行政不一样。反正我也把你看透了，人说勤者劳，智者忧真是不假，我看啊，你也就是个操心受累的命！

丁新民摇摇头苦笑道：这也是没得法子。胡承慧也常这样劝我，说我管得太细了，可不细哪行呢？上万人的饭锅哩！

我叹了口气，我是无法理解领着上万人找食吃的苦楚的。丁新民对我道：我想呀，咱企业就像是一座金字塔，而支撑这塔基的人不就是成千上万农民工吗？实际上，企业创立之初，我就认识到了，也提出来了，可我没想到我们的农民工会苦成这样！那天我回到公司就召开党委会、董事会，再提我的金字塔想法，我说公司以后每年要拿出三百万到五百万来支持农民工建设。要给每个民工以伙食补贴，不少于每天八块吧。咱就直接补到伙食里，要保证农民工有足够的肉蛋豆制品青菜水果，跟我老丁干活咋也得混副好下水吧？

我笑了说：这是你的作风！

丁新民说：人得先吃好，能吃才能干嘛！人吃不上，哪能做动营生？抓农民工联队建设就要先从吃住抓起，立即抓！先从我们领导抓起。当时，我就提出公司领导、子公司领导、项目部领导、个人拿出钱来先为民工联队购置高标准的轻钢房、木板床、被褥行头、迷彩服、电冰箱、洗衣机，众人一听也都支持我的想法。我说咱定下来就办，要马上见到改观，见到成效，让我们的农民工联队焕然一新。我说咱们虽然不是上帝，但能出一把力气就出一把力气，渐渐让这股风气成为企业风气，成为我们东方路桥集团特有的风气！丁新民那天发着誓说：我就是要让农民工们过上人的生活，我要在三到五年内让跟着我的农民工生活大幅度改善，收入大幅度提高，政治大踏步前进，真正建设一支有理想、有抱负的公路铁军队伍。我说：老丁哇，你做的努力我多少有些耳闻，但改造建设农民工队伍谈何容易啊！丁新民说：我知道不容易，但我就做了，这辈子我就做这件事情了！

我笑了说：你老丁实际上就是个大工头！

丁新民站了起来说：我就做这件事情了，我当定这个大工头了。我得带着我的企业班子往这个方向上拧，拧不过来也得硬拧。你想啊，往农民工身上这么花钱，好多人心疼哩。会议上定的每年三五百万投入这高吗？对万数人的农民工，不算什么啊！可要出文件时，把每年删去了，改成了若干年内投入这么点钱，这不是哄人吗？丁新民有些气鼓鼓的。

我问谁改的？丁新民道：是谁已经不重要了，我是说公司里是有这样一股思潮，说我老丁把钱都花在农民工身上了，搞慈善了。老丁捐这捐那，连印度尼西亚出现个海啸，咱中国大沙漠里的企业也捐一百零八万，这是八竿子也够不上的事情呀，碍着我们企业啥事了？还说我老丁把钱满世界豁撒完了，要是把农民工这么扶持上，损害的是股东的利益，说我违背了公司法哩。我不禁吃了一惊，咋？咱企业还有这说法？我还以为你一嗓子喊到底哩！老丁说：你以为我是神仙啊？风言风语说啥的都有。哪有真空啊？我是想让在我们公司干的穷人成为有产者，可不少人就想让自己变成有产者就行了，哪管那么多。还嫌我老丁想得大管得多！我说：让无产者变成有产者，胸怀是够大的，让人听了很害怕！丁新民看着，不解地问：怕什么?！我说，你想啊，大家的理想是成为有产者，那有钱人，还是什么什么吗？丁新民着急地说：如果联合起来还是穷光蛋，那联合起来干什么？不是唱我们要做天下的主人吗？主人是啥概念？我看就是要成为有产者！你穷㞞得甚也没有，是啥主人？我劝丁新民说：这种事情你就放开手脚干你的，和一些想不通的人有啥争论的？丁新民说：这些人傻啊怎么的？怎么想的？你想啊，农民工挣不上钱，哪来的公司发展？哪来的股东和员工的利益？咋连这么个账都算不清哩？我说有句成语叫一叶障目，不见泰山。

丁新民道：对，这些人还是眼光浅，格局小！他们光看见拿走多少，却看不到农民工为企业挣回多少。我说，真是这么个道理，你讲的金字塔理论太有道理了，我倒是更同意企业要有金字塔思维，时刻想着这个宽大的基座、基石。广大的农民工才是支撑企业大厦的基石。丁新民道：那就是个提法，七想八想才想出来的。但对我来说就是个做法，让人们在实践中想，实践中做！能提高认识最好，提高不了认识，有这么个做法也行。咱这公路队伍你又不是不知道，啥底子？我说光这样下去不行，咱员工队伍要有素质有文化，民工队伍也要向现代产业工人队伍转变，光这锹头队不行，你就是小打小闹，也就混个吃喝！我要把这些农民工队伍带富裕起来，强大起来，让他们走到哪儿，都要有精精彩彩的东方人模样！

丁新民激昂地大声说着：伴着海风的呜咽，海浪的喧嚣，他就像是对着浩瀚咆哮的大海在发着心底的誓言。我看着他，觉得高大的这类字眼，就在身边，就在眼前。这是个挺拔的人，我当时真的带有几分崇敬的心情看着我当年的战友朋友。

就是在这个海边的黄昏，丁新民紧紧地把我的心抓住。人格魅力此刻是一个真实的存在，丁新民就像一块磁铁一样紧紧把我吸附住。那晚，海风吹拂着丁新民浓密乌黑的头发，他站在海滩上，望着波涛汹涌的大海，那一刹那，我感到他就像夜幕笼罩下的一尊铜像。我想，这是一个胸中装着别人的人。尤其是那些受苦的人，是他的牵挂。他想用一己之力，撑起许多东西。责任，道义，义务这些火辣辣热滚滚的字眼在他的内心掀起了海一样的波澜。我看着他，一直在想，这个男人在想什么呢？他胸中涌起的到底是什么样的滔天大浪哟？

第二天早饭过后，我就看见丁新民用轮椅在宾馆前的甬道上推着白进勤在走，他们的旁边是几个穿着花花绿绿的农民工。美丽而又潇洒的岛服，让这些草原上的男人显得非常绚丽。丁新民穿着一身红底白花的岛服，不知为什么我想起了木棉树，人们簇拥着他们，说笑着。远处是蔚蓝的海，海水追逐着白色的沙滩，小径两边有花草，还有形形色色的鸟儿，就是在人的脚下跳来蹦去，根本没有怕人的感觉。丁新民对老白说：你说这水鸟儿咋不怕人？

白进勤说：这地界的人肚皮不饿，过去闹荒年时，咱陕北地界连个胖麻雀都看不到。丁新民说：是啊，是啊，人穷就恶，鸟都怕你。丁新民摇着头，小霍想接替丁新民推轮椅，丁新民说：没事，让我来。今天我给老白打工。还是在外国的土地上。看咱老白，像不像外国大老板？

人们哄地笑了，我也笑了。小霍又抓紧拍照，人们放慢了脚步配合着。

丁新民问老白：这轮椅行不？你那腿还疼不？

白进勤憨厚地说：反正是不磨腿了，新磨破的伤口也不那么火烧火燎了。你这么大老总，咋推着我呢？快让我下来走几步吧，疼算甚？丁新民说：咋不算甚？我昨晚还一直想着你这条残腿哩！咱得想办法治好它，不能让它拿住咱们。我一定给你想想法子。

白进勤说：丁老总哎，我这条腿的事，我自己可琢磨上了，要说外人想着的，挂着的，一是我妈，再就是你了。丁新民说：这可没法比拟，我也担不起，你和你妈可是一体，谁不是娘身上掉下来的肉？众人说：丁老总净说让人热心窝子的大实话，跟丁老总我们要是再干不好，那可是瞎了眼窝子了。丁新民说：我真的看好你们！老白啊，你来咱东方路桥打工，我就得想着你那条残腿。再说，我把你带出来，我不想会行？

众人都说：咱们可是揽工碰上好主家了。

丁新民摇摇头说：你们这想法起点不太高。你们咋是揽工的？那我成甚了？地主，资本家？回头咱们得好好理理咱们之间的关系……

白进勤说：老总，你看，真是给你添麻烦了。还给我买轮椅，这得花不少钱哩！丁新民说：老白，你再这么说我可不高兴了。咱们是啥？咱们是兄弟！我给你花钱，我高兴着哩！白进勤感动地说：你还带我这残人出国，我连做梦都没有梦见过。看这花花草草水绿天蓝的多好，我这辈子看上这好景致，没白活了。丁新民笑着道：老白，你这才到哪儿呀？真得好好干，再过他三五年，你也得有小汽车坐，住别墅，还有你们……

丁新民用手指了指旁边的几个农民工。

农民工们都嘿嘿地笑了，觉得丁新民在跟他们开玩笑，画大饼。我也多少觉得丁新民这个许诺有些大了，到时兑现不了……可丁新民是轻易许诺什么的人吗？他一定有他的考量和思虑。我又想，这些四处漂泊打工的农民们碰上老丁是不是修来的福气呢？这时，一个瘦瘦高高的长着大眼睛的青年人说：丁老总咋敢说了哩？小汽车、别墅？城里人都不敢想哩，我们沙巴拉里扛锹头的穷农民咋敢想呢？老总哎，我最大的愿望就是挣钱买辆农用小四轮，收个秋啊，上个粪啊，拉拉秸秆子省省力……

这人我知道，他叫袁顺利，也是领着二十几个农民工在东方路桥工地打工的年轻人。丁新民曾带着我，到过他们的工程队驻地。那天是东方路桥集团，给集团所辖的农民工联队统一配发迷彩服、新被褥、洗衣机、电冰箱，送整扇的猪，剥好的羊慰问农民工联队的日子。袁顺利是这伙农民工的工头，现在叫队长。前些天他们还住在一排破牛圈里，现在整体搬进了集团给盖的一座小院里，这是一排蓝色的活动板房，院内还开了一个篮球场，竖着一个崭新的篮球架子。墙角新开了几畦菜地，长着绿绿的嫩苗，还开着小黄花，有几只肥胖的蜜蜂伏在花上采蜜。

丁新民高兴地围着小院看着，到农民工宿舍里看看，去食堂厨房转转，甚至我俩还上了小院后面的厕所。用厕后，丁新民对我说：以后得制定标准化的施工工地，得制定一些硬性标准，这厕所要一律换上水冲式的。我记得有本书上说过，没有抽水马桶，就不是现代生活。我说：安装抽水设施，可能有些麻烦。丁新民说：不麻烦，把水引进来，建个化粪池就解决了，咱搞施工的这还叫个事？不能讲究时搞讲究那是穷讲究，能讲究时不讲究，那才叫不讲究，这么多农民工集体生活，不讲究是不行的。咱在兵团时搞内务评比，以后集团的工地住处，也要搞内务评比。现在集团和分公司都成立了民建办，就是民工联队建设办公室，有专门的机构和专门的人员负责民工联队建设工作。我惊奇地说：政府国企都没有这样的机构，你咋在单位成立这样的机构？丁新民笑道：这是我们的独创。国务院有个民建办，不知咋听说我们集团有这样的机构，挺稀奇，还要与我们建立联系哩！现在，我们可是手眼通天哩！丁新民说着哈哈笑了起来。我说你呀，你现在就是管着万数农民工吃喝拉撒的大管家。丁新民说办企业这真的啥都得操心到。过去我常给人们讲的是，不要说没有问题，往往是没有问题就是最大的问题。以后，我的农民工再来企业工作，不用带铺盖卷，带上换洗衣服和洗漱用具就行了。我说你呀，就是操不完的心，受不完的累。丁新民挥挥手说：以后我检查工作就这么个标准，达不到这个标准，我就不停地训喊！我就是东方农民工的代言人！

这个工地背靠着一座沙湾子里，显得十分幽静，院子里还有几株树，有小鸟儿蹦跳在枝头啁啾，我当时给丁新民说：这里环境多好，修路的农民工有这样一个生活环境，真的是不错了。

我记得那天，这个长相英俊的小伙子看着从汽车上卸下来的东西，感动得不知说什么好，他双手拉着丁新民，闷了半天，说出一句这样的话：丁老总哎，我们是受苦人，要是这么给吃上，天天过年哩！吃白了肚皮可就干不动活了……

他叫袁顺利，是农民工联队的民工队长，那天他给我留下的印象特别深。在这群跟丁新民出国的人中，算是我认识的一个人，丁新民曾对我说，我看这个小伙子以后会有大出息。丁新民看着一身新岛衣的袁顺利打趣地说：看这后生打扮得多栓整，猛一看像是香港游客哩。

小霍说：我看最差也是香港郊区的。

众人都高兴地哈哈笑了起来，袁顺利也笑了，笑声回响在芭堤雅海滩上。这些农民工说：玩笑是玩笑，过去咱们农民工谁敢想出国了？咱这不大摇大摆地来了？众人说：这不是托丁总的福了？好老总哎，坐小车住别墅，那些美事城里人也不敢想呢！

丁新民摇摇头道：咋不敢想？咱企业的宗旨是什么？你们说，咱东方路桥的企业宗旨是什么？丁新民睃着眼睛问这些农民工。白进勤小声地答：敢想敢干，争创一流！丁新民大声地说：我咋听不

清？你们大声地说。众人大声喊道：敢想敢干，争创一流！

喊声响起，几只在海滩上觅食的海鸥扑棱着翅膀，腾地飞起。有一个腆着大肚子的金发蓝眼老头摇晃着从他们身边走过，还回头看了看这些在海滩上大声喧哗的农民工。机灵的小霍说：咱们小声点，咱好好听丁总说说，这可是一个难得的机会。丁新民说，这个一流是什么？我看就是高质量高标准高品位！它不仅包括工作上的一流，还同样包括生活上的一流！你们就得敢想，有把城里人比下去的野心！啥叫让无产者变成有产者？咱们就得有坐小汽车住别墅的雄心！咋？小汽车不是人坐的？别墅不是人住的？我就不信，你袁顺利这辈子就寻思着开辆破小四轮！

袁顺利摸着乌黑的头发，嘿嘿地笑了说：跟着你丁老总干，心眼真豁亮！我得再定定目标，也得打打小汽车别墅的主意。

丁新民拍拍他的肩膀道：好！不白出趟国！你们也都要好好想一想，以后咋发展！

有人说：老总哎，这还真不敢想哩。

丁新民双目炯炯地看着他们，大声地说：咋不敢想？我们农民工靠双手发家致富，有啥不敢想的？你们知道我怕什么吗？

众人不解地摇摇头。

丁新民说：我就是怕你们不敢想啊！人要是不敢想了就比死人多口气！要我说啊，人得有理想有梦想，人得为理想和梦想活着！你们到东方路桥来，我对你们的要求就是，这里是你们的梦想开始的地方！我见到你们来了，农民工兄弟来了，我高兴但心里也有怕的哩，而且还是三怕。丁新民说着，伸出了手指头，对大家摇着说：我现在是有三怕。一是怕你们吃不好，人不能吃就不能干。二是怕你们住不好，睡不好就没有气力。三是怕你们挣不上钱，挣不上钱不就白忙活了？

白进勤说：丁老总哎，你就像孙猴子咋钻进我们心眼眼里了？

袁顺利说：老白这蔫巴老实人，净说实心眼的话。要我看哪，挣上钱是硬道理。

丁新民说：袁顺利说得不错，今天大家都在这儿哩，我丁新民再放句话在这里。我东方路桥集团，我丁新民衷心希望大家来我们这里挣钱！而且大家生活得有品位，得像人一样，要大家就像在家里一样温暖，但最最关键的还要挣到钱。我早算明白了，只有你们能挣到钱，企业才能挣到钱。我要反复给大家讲这个道理，是你们的剩余价值养活了我和这个企业。

所谓剩余价值问题，老祖宗马克思讲透了。丁新民忽然提出在现在的社会制度和市场经济条件下，还有剩余价值的问题，给我的冲击挺大的。一路上我经常与丁新民谈这个问题，我知道他没有读过多少书，只是解读早年上中学时老师讲政治经济学所说过的话，这已经是几十年前的事情了，我们知青出身的人学养不过如此。早年老师和课本上讲过的话，像刀子一样刻着，而现在全是后学的，基本上是今天学明天忘。知青出身的丁新民牢牢地记住了马克思的剩余价值理论，但也是重复当年老师讲的。但他死死认准了这点，在公司的大会上、董事会上、党委会上，反复提这个观点：我们公司的发展，我们领到的工资，我们所有的一切，全是员工和农民工兄弟创造的，我们是在享用他们创造的剩余价值。大家想想，是我们养活了他们吗？不是！我看是他们养活了我们，是他们在为公司创造利润。这个我们要有清醒的认识，不能颠倒过了。所以，我们要尊重爱护农民工，就是爱护我们企业本身，爱护我们自己！

丁新民是真信，这些年来，光我就不知听到丁新民这样讲过多少次，但我感到他讲这一切都是从企业发展出发，从充分调动农民工的劳动积极性出发，也是从农民工的现状出发，这完全是为了企业的生存和发展。他的东方金字塔理论的解读就是，农民工的日子好了，企业的日子就好了。这是他经营一个劳动力密集型企业所遵循的企业法则。他甚至不止一次地喊出了：农民工就是我们企业的上帝！在东方路桥还有一项铁规矩，凡是打骂农民工的员工，一律解除劳动合同。丁新民和集团领导反复给一线的领工员们讲这个规矩，有话好好说，不许辱骂训喊，谁要是动手打人立马从集团走人。我曾问过丁新民，发生过员工因此而被解聘的事情吗？丁新民道，从我这里掌握的没有。我问，是怕你的硬“王法”？他笑笑道，这并不是主要的，关键是集团员工尝到了好处，农民工的劳动效率提高了，创造的价值更大了，将心比心，谁不愿意被抬举呢？我说，老总都把农民工当上帝，集团的员工干什么要惹你发火生气呢？丁新民道，这倒是第一次有人对我这样说。我笑着说，第一次这也只算是开始。丁新民道，老肖，你给集团当顾问吧？是我真心请你的。我说，好的好的。我与你一同把这些上帝扶持好。丁新民哈哈大笑。

丁新民的确把农民工当上帝，在新马泰时，他就想彻底解决白进勤腿的问题，他督促霍春利联系假肢制作方，他想给白进勤安一副好用的假肢，行走自如的那种。他对小霍说，我看电视新闻上说有一种叫飞毛腿的智能假肢，有外国人安上它还能参加夏季残奥会哩，你网上找找，联系联系，看咱们给老白能不能安装一副？

小霍办事也是雷厉风行，很快就查到上海有一家假肢厂，是德国飞毛腿品牌代理。丁新民让他带上民建办的人立即去上海，联系为白进勤装假肢的事情。霍春利和民建办的同志立即赶到了上海，到了假肢厂说明了来意，假肢厂的人以为他们是企业工伤赔付，建议他们为病人安一个国产假肢，最好的也就十万元之内。霍春利汇报给丁新民，丁新民问，不是让你打听飞毛腿吗？霍春利说，问了，厂家不建议使用飞毛腿电脑操控假肢，而且飞毛腿这个品牌进到中国后，安装的也不过几十部，不是大亨就是名流，人家厂家还没有听说过有农民工用这个品牌的。而且德国厂家还得派工程师专门指导安装使用和康复训练。丁新民问：这么说还是飞毛腿好用了？霍春利说，那是当然，但费用太高了，得是一部进口车的价格，有三十多万吧？丁新民一听连磕巴都没打，明确指示小霍说，立即为白进勤安装飞毛腿假肢，我们的农民工应当享受世界上的最好服务。

当霍春利把公司的决定告诉厂家后，厂家代表同情地对小霍说，大约是你们遇见麻烦厉害主儿了。小霍有些莫名其妙，不知这人说的啥意思。那人淡淡地笑笑，因为他见到的工伤事故、交通肇事赔偿的事情太多了，扯不完的皮，肇事方与受害方打得不可开交。他对小霍说：这里面的事情我厘得清，赔偿方恨不得栽根树棍子当假肢，受害方恨不得安双风火轮，又要给老板省钱又看你工伤者可怜，你们办事的夹在中间难啊。小霍说，不是这样的，我们老板一分钟也没考虑，安顿我们要为老白安装最好的进口智能假肢的。代表方高兴地说，这事稀罕，你们老板还是个拎得清的明白人。很快白进勤也在妻子的陪同下，来到了上海康复中心，德国工程师也来了，工程师看了看眼前这个壮汉，小霍告诉他，这是位打工的农民工。这个尽职的工程师更关心的是白进勤的伤腿，可怜白进勤那条腿已经没有了，就用一根粗糙木头假肢支撑着站立。衔接处已经磨破了，老痂中渗着血丝，让人看着就透凉气。白进勤说这还是这些年在东方路桥打工挣了点钱，花了两千多元新安的，过去就是削根树棍子绑上。工程师仔细查看后，说你这可是陈年伤了。白进勤告诉他，这是1972年上初中时假期，外出打工挣学费时，让轧路机把腿碾了，醒来时，一条腿就没了，说，来三十多年了。那时施工方赔了两千多元钱，这可是好价钱哩，过去工伤一条命抚恤金也就一百二十元钱，事情已经过去三十多年了。厂方代表一下子蒙了，问，你这不是刚受伤的？那安智能假肢的三十多万元的费用……小霍急忙把丁新民的办企理念，视农民工为上帝的事情宣传了一番，听得人们大眼瞪小眼的，人们在想丁新民是一个什么样的人呢？竟然为一个普通的农民工花巨资安装智能假肢！而且派两个企业干部督促落实这件事情，还帮助照顾白进勤的生活！眼前这个普通的中国西北大汉，那是一个什么农民工，这明明是上帝光临呀！当那个德国工程师搞清楚这一切时，好像一下子走进了一个无比美丽奇妙的东方童话里，这个严谨的德国人被深深感动了。他闪动着灰褐色的大眼睛，竖起了大拇指，由衷地赞叹道：高尚！

这个故事深深感动了我。当小霍告诉我，白进勤是中国第五十位安装这种智能假肢的残疾人时，我的脑海中立即迸出一篇文章的题目《第五十位是民工》，而且丁新民立即在我的脑海中活蹦乱跳了，一个时代人物就耸立在我的眼前，让我仰之，而且与我，与那些普普通通的企业员工，打工谋生的农民工融合在一起，成为一个时代的群雕。当时，我的脑海中立即有了一篇文章的构思。那时我正住在呼市的可汗宫里，参加内蒙古作家协会正在召开的文学创作规划会，我立即把我了解的丁新民和鄂尔多斯东方路桥集团的事迹，向参加会议的内蒙古自治区党委宣传部、内蒙古文联、内蒙古作家协会的领导作了简单的汇报。领导们敏感地认识到，一个时代的生动典型出现了，现在这个时代太需要这样的典型了。他们决定组织内蒙古最优秀的作家进驻东方路桥，准备采写丁新民这个时代典型。宣传部的领导还表示，要把已知东方路桥集团和丁新民的事迹，作为重大典型向中宣部报告。当我把这个消息告诉给丁新民时，他并没有像我这样激动，只是淡淡地说，作家来企业看一看，对企业和我的鼓励是巨大的，关键是留下好的建议，以利于企业的以后发展。我说，作家们呼吸点新鲜空气挺好的，接接地气，准确完整地反映这个时代的重大变化，我可是被你吸引住了，对我来说绝不是仅来你这儿看一看，转一转，接触些表面的东西。我想走进你的内心世界。真正写个时代人物，当代英雄。

丁新民呵呵地笑了，说那是你的事情，我说这也许是我下半生文学创作上的一件大事情。说真的，我对企业如何发展，真的不感兴趣，我只是关心你这个人。丁新民道，实际上我就是想按着自己的心思做了一些事情，内心世界想达到一种自由，而这种自由是利于国家的、民族的、老百姓的。我说自由是一种境界，是一种修炼。那天，我俩在他的办公室谈了整个一下午，光香烟就抽了三四盒，办公室里烟雾腾腾。最后我说，我决定了，也许下半辈子要来你这儿深入生活了。现在，上级已经把东方路桥集团作为重大典型了，我也许要来你这儿蹲下了。他说，你不早来了？对你我是满接满待，我去找你，你来找我，跟过去还是一样样的。我说，过去是作为战友朋友来的，现在我可是真以专业作家身份进来的，作家的眼光是挑剔的，甚至是挑刺的。丁新民说，你啥眼光，你还不是你老肖？挑刺也好，挑剔也好，我都欢迎。要不我跟公司的人说，是我邀请你来的。这样也许对你更好一些。我也笑了说，老丁啊，你翻来倒去，总是为别人考虑，我咋越来越喜欢上你了呢？丁新民道，我倒是喜欢作家的挑剔、挑刺，甚至批判。用这种眼光看待我，也许真能接触到我的内心世界，这种接触可以长久。我说，事情做得大的人，内心世界必须通透。他说，你说的通透，我还吃不准是个啥，你又不是不知道，我这人没啥文化，通透不通透，你得自己慢慢品。我说，我就是一个比方，作家就爱比方，比如把你描绘成一匹马，一头牛。他接过来说，是不是还有一口猪？我俩哈哈大笑了。我拍着他的肩膀说，我呀，说来说去就是想寻找刻画一个人，一个真正的人。我感叹道，或许是在人海中，寻找一个人的影子，一个人的样子。他说，好啊，咱们共同寻找。人呀，最难的是活成一个人样。我听后心里一震，愣愣地看着他，这个矮壮，腿短，肚子大的中年男人……我甚至想起了巴尔扎克的一张生动照片。

丁新民一扬那修长的眉毛，问，你看啥呢？我说，我咋看见了一个美男子呢。美男子？他笑着问我，你不是说我吧？我说，你说呢？他说，谁知道你这个作家想什么呢？他又非常高兴地对我说，明天咱俩接个人去。我问，接谁呀？他乐滋滋地说，接老白呀！这人换上飞毛腿了，我想第一眼看看他咋飞毛腿法。

丁新民有童心，非常好奇。我俩准时来到了呼和浩特市东郊的白塔机场，一进接站大厅，老白搭乘的从上海飞呼和浩特的飞机已经到港了，人们正在哄哄地出港。丁新民拖着肥胖的身躯，东躲躲西藏藏，就像一个玩藏猫猫的小孩子。我好奇地问他：你干什么呢？跟地下党接头似的。他冲我伸出手指头，示意我小声一点。他把我拉到一边，隐在人流一边，对我悄声地说：快看，老白他们出来了。果然我发现白进勤和他的夫人，由小霍和民建办的人陪着走了出来，老白不再一瘸一拐了，大步地走着，显得很魁梧。他也用眼睛四处打量着，终于看见丁新民了，黑红的脸膛泛出了笑纹，老丁紧走上两步，与他紧紧拥抱在一起。后来，白进勤对我说，实际上我一出站口，就看见躲在一边的丁老总了。我知道，他是想看看我换上智能假肢走路的样子，我知道他，知道。肖局长哎，我眼睛好使着哩。他有意躲着藏着，是想看得清楚一些，让我自然一些。好人哎！实际上我早看见他了，是我装着找他，装着。这个粗壮结实的陕北汉子，忽然声音有些哽咽了。他又说了一句什么我没有听清，我问他，老白，刚才你说啥？白进勤看了我一眼，有力地说：我刚才说丁老总就是个菩萨。这人就是个菩萨，白进勤重重地重复了一句，非常有力量。

小霍给丁总汇报着老白在上海康复的情况，以及那个德国工程师和厂方的反应，还有厂方很感动丁新民和集团对农民工的厚爱，愿与我们建立一种合作关系，互帮互学，他们特别表示要向丁总学习，关爱农民工，关爱受苦人。丁新民表扬小霍，就要把东方精神东方理念随时宣传，把对农民工的关心关爱，化成一股社会风气。小霍说：丁总，你放心，我会走到哪儿宣传到哪儿。丁新民说，那好，好，我也要当宣讲员，宣讲咱们的理念，让社会上更多的人关注农民工这个社会群体。我不禁笑了，丁新民看了我一眼道：老肖，我知道你笑什么。我奇怪地看着他说，老丁，你说我笑什么呢？丁新民说，我知道你想说，当社会上不再有人念叨农民工的事情了，这个社会就正常了。在农民工这个问题上，社会上不需要丁新民这样的人了，才是最正常的社会是不是？我不得不承认丁新民是个绝对聪明透顶的家伙！你个细细的笑丝丝，他都能猜透你为什么泛笑。面对如此通透的人，我还能说什么呢？小霍为我打圆场说，丁老总，肖叔咋会那么想呢？丁新民拍拍我的肩膀说，我知道你这家伙想的！我知道你！

丁新民又重重地说了一句，这下，我们俩老家伙都大笑了。丁新民忽又对白进勤说，老白，你再走两步，让我们看看。白进勤憨憨地笑说，那我再走几步了。丁新民说，你走，你走。白进勤又迈腿走了几步，可我觉得他不如刚才从站口走出时那样自然了。丁新民连道，好，好，老白走得好。小霍说：熟练了还能跑哩。丁新民说：跑不跑的，咱先不想它。我觉得老白能走好就已经很不错了。老白，不疼吧？白进勤的夫人说，疼甚？现在他是脑壳子一着枕头就起鼾，睡得香着哩。要是搁过去呀……丁新民高兴地说：那就好，就好，过去那一篇就翻过去了。白进勤说：丁老总哎，这是一辆进口小汽车哩！几十年来，我也只是在梦中会走了。现在梦成真了，让我咋谢你呢？丁新民道：腿脚利索了，你就领着农民工兄弟们好好挣钱，挣好多的钱，事业有大发展，生活有大改善，那才是真的好哩！到那时，不要你谢我，是我老丁要好好谢谢你们呀！

白进勤说，丁总哎，你要这么说，我眼泪可要忍不住了。现在我的腿利索了，我带着人们拼上老命跟你干！老丁说：对对，好好挣钱！过好日子！白进勤夫人说：丁老总哎，几十年了，我从未有见过老白走得这样好。我们一家子不知咋谢你了！这女人说着，还抹了抹眼泪。白进勤道：丁老总哎，碰上你这人我也真不会说谢谢了。丁新民道，那就好，就好。要我说句公道话，老白哎，你这智能飞毛腿再好，也不如你妈给你的那条腿好！

白进勤一听，眼泪忽地涌了出来，就像珍珠在眼帘上粘附着抖动着……

| 第十三章 |

丁新民拉着白进勤的手说：兄弟，你这个愿望，我记住了

丁新民和白进勤的故事，我只是稍稍记录了一下，写成了一篇散文，发在了《人民日报》上，而且进入了当年的中国散文学会的年度散文排行榜，说来这是我从文几十年来第一次进入散文年度排行。我知道这篇散文不仅是我写得好，更是丁新民和白进勤的动人故事打动了读者和编辑，丁新民看后也挺高兴。他对白进勤说，老白，你成名人了，你上《人民日报》了。老白蒙蒙地说，人民甚？人民大会堂？老丁哈哈地笑着说，原来老白还想进人民大会堂哩。我也笑了。老丁说，这倒提醒我了，我是得领着这些农民工进次大会堂开开会，而且还要登上天安门看一看。白进勤说，能去天安门看看升国旗，美死哩。丁新民道，老白哎，你这愿望我记下哩。白进勤说，丁老总，我就是说说，你还当真啊？

我走进了东方路桥，走进了员工和农民工之间，走进了火热的工地，走进了把农民工的话当真的丁新民的内心世界里。几年下来，我们熟悉了，我们曾在工地上大碗喝酒，大声唱歌，成为能够说话的朋友。有人评价丁新民对农民工的行为时，说他是慈善家，我倒不尽这么看，他是有慈善家的义举，但更多的是企业家的考

量。他着眼的是农民工这个群体的未来与发展。在东方路桥，农民工的工作已经成为企业发展的重要组成部分，我上文已经说过，他这里有全国企业首创的民建办，还有两年一度的农民工代表大会制度。要解决的问题代表大会定下来后，就要逐级落实。在各个民工联队、民工的驻地，你会看到专用的建议箱、意见箱、举报箱，专门收集农民工的反映，农民工成为企业的主人，已经不是一句空话，而是成为现实。

我进入公司深入生活不久，曾参加公司第三次民工代表大会，在会上丁新民展开性子大奖先进农民工联队和先进个人，奖品竟是进口的越野汽车，每台价值在三十万左右，十辆越野汽车整整齐齐地排列在会场门口，引得人们围观，啧啧直叹。当心花怒放喜气洋洋的获奖农民工拿着车钥匙走向小汽车时，鞭炮齐鸣，如轰雷震响，整个城市都轰动了。那天，白进勤就获得了一台奖励。老白说，真不是梦啊！我也有小汽车坐了，还真让丁老总说着了。实际上，那天白进勤并不是明星，还有个大明星叫张金宝。这是一个个头不高的长得精精瘦瘦的陕北农民工，他带着三十多名农民工走进了东方路桥工地。也是一支典型的锹头队，承担起修建一座公路桥梁的施工任务。丁新民说，金宝啊，你没有施工机械咋承揽大型的施工任务啊？每年几百万的工程量也就是打闹个吃喝？你得解放思想，搞机械化啊！张金宝说，好我的丁总啊，这得要钱啊！丁新民说，只要你想，钱的事情我给你办。张金宝说，好啊，但我得回去跟家里婆姨商量商量。丁新民夸奖他说，金宝是个好男人哇！啥事都跟老婆商量。张金宝回到家给婆姨说要购置机械发展机械化施工时，婆姨叫了起来，金宝，咱还有娃哩！张金宝想了一夜，第二天见到丁新民，丁问怎样？张金宝说，丁总，我可是想了一夜，我看明年再解放思想吧！丁新民大笑，说，金宝哇，我也为你想了一夜哩！咱解放思想真不能等明年。要我看，咱们马上就得解放。他说，你看这法子行不行？丁新民给张金宝细细讲了起来，原来是由集团出面向银行贷款购置机械，由各个民工联队管理使用，机械使用管理修理归民工联队所有，为实际的债权人。张金宝听得大眼瞪小眼的，一听到债权他就头疼，他说，丁总哎，我婆姨说了，家里还有娃哩！丁新民说，我就考虑你有娃哩，就得有个长远打算长久发展。你这几十把锹头，能顶得上装载机？张金宝说，顶不上。丁新民道，你要是有几台装载机，生产效率得多大？生产产值得增长多少？再搞几台挖掘机，你就是一个小型机械化公司，能产生多大产值？你有了机械，我就敢放胆给你工程量。说白了，是我给你贷款，你在我的工地挣钱还贷款，不出三两年看看你是啥成色？张金宝听得眼睛发亮了，他听明白了，这是老丁真心帮扶他哩！他说那咱就今年解放了？丁新民说不跟你婆姨商量商量了？张金宝笑着说：她傻啊！咱不都是为了娃吗？老丁说，咱是为了娃，但更多的是为了你手下的农民工兄弟，他们也有娃，咱是为了大家的娃！张金宝说，这我明白，让无产者变成有产者嘛！

丁新民笑着说，以后我们的民工联队绿卡联队，都要办成中小型的机械化公司，都要有能承担上千万上亿工程量的能力。达不到这个标准就不能评绿卡联队了。在农民工联队中评定绿卡联队，是丁新民的一个创举。绿卡联队意即长年跟着东方集团干活的农民工联队，保证优先给予工程，在集团各种补贴上给予政策优惠，用丁新民的话说就是吃点偏饭，能被评为绿卡联队，就保证有了挣钱的饭碗，各个农民工联队都想得到这份荣誉和实惠。所以绿卡联队的评定，是公司农民工联队建设的重要大事。丁新民看重的是不吃独食的民工联队长，看重的是他手下的农民工能不能顺利地挣上钱，还有认同不认同东方理念，只有这样的队伍才能评定为绿卡联队，社会上的人都知道，丁新民对农民工那是关心到家了。天南海北的、全国各地的打工者都冲着丁新民，冲着东方路桥集团的金字招牌来了。集团给这些农民工发的印有公司集团标志的工衣，农民工都想法留下一套新的，回家过年穿上，在四邻六舍中显摆显摆。丁新民听说后十分感慨，对农民工们说咱以后更要像爱护眼珠子一样爱护咱自己的企业。张金宝联队就是公司的一支绿卡联队，丁新民提出要把农民工联队发展成机械化中小型公司，就是从企业发展的长远考量的。他认为只有机械化才能做大做强，要逐渐淘汰锹头队，这无疑提高了进入公司的门槛。丁新民说，你得逼着农民工联队发展壮大，逼着他们承揽大工程，挣大钱，不逼不行，但要有策略地逼，还不能把他们逼死逼垮。丁新民似在同他们说笑着，但能让他们感到一种鞭策。这个张金宝左算右算，才决定购买各类筑路机械了，而且跟丁新民说，今天我解放了。老丁就拿张金宝当例子，在各个民工联队间游说，让他们舍得负债投入，提高施工能力。他那时爱说的话就是，我告诉你们，张金宝不等明日了，今天就解放了。就这样，一支支具有施工机械化能力的民工联队如雨后春笋般在集团出现，很快使公司的施工能力达到了上百亿，成为内蒙古地区公路工程建设的龙头老大。

当丁新民带着工程公司项目部的经理陈培新来到张金宝的施工路段时，看到各类工程机械的施工时，张金宝对丁新民说，老总哎，听你的真闹对了，现在一年都能完成三千万的工程量了，顶往年的十倍。大家都能挣上好钱了。老丁问，你能挣多少？你就按百分之十的利润，挣上三四百万应该是没啥问题了？张金宝说，还有贷款呢？丁新民说，施工机械你不留下了？能够扩大再生产了，你再招揽工程不就硬气了？张金宝挠着头皮不说话了。丁新民曾经给我说过，这些工头们精着哩，他们又把机械实行股份制，让跟着他们的左膀右臂和一些农民工骨干铺摊，这样就把大家凝聚在一起，共同享受利益承担风险。现在的绿卡联队大多是股份制，成了利益共同体。我很赞赏这种形式，也推广这种形式，用经济利益把大家捆绑起来，拧成一股绳。说到底，企业还是经济利益共同体，这才是企业运转的根本性东西。我说老丁啊，你可真是为企业绞尽脑汁了。丁新民说，我当着上万人的家，不用心咋行？张金宝高兴地告诉丁新民，粗算了一下，他的民工们这个施工季工资平均上了七万，最多的能拿小二十万哩！快顶往年的三倍了。丁新民哈哈地笑着道，这只是初见成效哩。我给你们说过，就这么干下去，住别墅坐小汽车不是梦！张金宝说，我也大概捋了捋今年的收入，婆姨的眼珠子瞪得乌其大，说，天爷！咱可真是遇见佛爷了。半夜笑醒，婆姨还乐得咯咯的，这女人高兴地把嘴巴都快笑歪了。

张金宝难掩喜悦和兴奋。丁新民说，金宝啊，你解放得还是有点晚了呀，要是早解放两年，看看是甚成色？我看不会比我老丁差。张金宝说，那我婆姨更乐得嘴巴扯到耳根了。陈培新说，金宝，快别说你笑歪嘴的婆姨了。丁总和我来是找你说正经事的。张金宝说陈总你说。丁新民道，金宝啊，今天我们是找你来扛膀子的。张金宝说：丁总，我们有今天都是你和公司给的，你说甚，我张金宝没有二话。咱不怕扛膀子！陈培新说，政府要赶在雨季到来前提前通车，思来算去，你这桥卡着这条路的脖子哩。现在你给我个准话，雨季前拿不拿得下这座桥？张金宝说这不得提前大半个月？我这高骡子大马可都用上了。丁新民道，不行，我把白进勤的民工联队给你调部分人过来，工期提前这个是不容商量的，我可给书记旗长拍了胸脯子了。张金宝说，我们的事情自己能解决，从今天起，三班上，人歇机器不歇！你们定个日子吧，我张金宝保证完成！丁新民道，陈总早定下日子了，阴历六月初六，陈总可给阴阳平事好关系，人家可图的是六六大顺！张金宝说，我保证扛下来，我就不信还能脱层皮？陈培新说，你老张要是按时拿下来，我这部4500陆地巡洋舰就是你的了。他说着指了指停在路边的一部日产高档越野车。张金宝说，天爷，我咋敢想哩？陈总跟我闹耍耍哩。

丁新民笑笑道，陈总这是激励你老张哩。人家陈总要的日子可都是平事算下的。陈培新叫了起来，丁总，我多咱搞这迷信了？丁新民哈哈笑道，我这么一说，你就这么一听……

阴历六月初六，这是陈培新定下的大桥验工日子。那天，鄂尔多斯高原红日高照，蓝天如洗。路边沙滩上怒放着蓝泱泱的马兰花。一座崭新的大桥，横空出世，连接起黑油油的路面。大桥和两面引线插满了红旗，远远望去，宛如一片红色的海洋。鞭炮齐鸣，透出喜庆和欢乐，张金宝和他的农民工兄弟都换上了新崭崭的天蓝色工装，东方路桥和公司的蓝天红日大鹏展翅的司徽闪闪发光，人们脸上透出无尽的喜悦和骄傲。当丁新民带着陈培新一行，乘坐几辆高级越野车驰来时，张金宝还不知从哪儿请来了一支锣鼓队，红男绿女地还扭了起来，锣鼓声声，响彻云霄。丁新民带着公路技术人员、工程监理人员、质检人员在桥上转来转去的，东查查西看看，质检站的工程师对丁新民汇报说，我们已经检查两天了，工程施工日志、质量日志也全都看遍了，这个桥的质量被评为全优，技术标准在那儿放着哩，对此，大家没有一点争议。丁新民满意地点了点头。张金宝跑了过来，丁新民伸出双手把他抱了起来，叫道，我的扛膀子的兄弟哟！张金宝揉揉红红的眼睛，说，丁总哎，有你这句话我比吃蜜还甜哩！丁新民握着张金宝的手，连连说，兄弟，好兄弟！他望着张金宝红红的眼睛，你咋成兔子眼了？咋回事？张金宝说，有小半个月的时间，就没咋合眼休息。扛膀子可不是一句话。丁新民点点头道，我们走后你好好休息两天，把觉补够。这时，丁新民看见了陈培新，冲他招了招手，陈培新走了过来，丁新民冲他伸出了手掌，说，拿来！

陈培新憨憨地问：啥呀？丁新民笑笑道，车钥匙啊？你忘了？你可是应承过金宝的。张金宝莫名地说，陈总没应承甚呀？我咋没记住呀？丁新民对陈培新道，你们全忘了？金宝呀，我可替你记着哩。他是不是答应你按时保质保量提前拿下这座桥，陈总就把他坐的那辆4500奖给你？张金宝笑了，那是陈总闹耍耍说混场话哩！丁新民道，这事哪有混场话？你把车钥匙拿来！陈培新把车钥匙递到了丁新民手里，丁新民转手把车钥匙塞进了张金宝手上，庄重地说：金宝啊，这车是你的了。张金宝说，天爷，这混场话也当真啊？丁新民说，这辆车是公司奖励你的。公司的功臣就该坐这样的好车！张金宝感动地说，丁总哎，咱受苦的出力气挣钱，就够滋润的了。哪敢想坐这高级车了？陈培新也说，金宝，你请坐上，这是我们公司对你辛苦的报答。丁新民说，培新这话说得好，就是报答！我们要懂得感恩，感恩农民工！张金宝说，咋敢来了？坐这车的，不是大款就是大官，我个受苦的，坐这么好的车，惹人笑话！丁新民一瞪眼道，我看谁笑话?!

从此张金宝出门、办事、回家就坐上了这辆高级越野车，一开始有点别扭，坐了几天也觉得没啥，慢慢适应了，再坐别的小车感到视野不开阔，也闷得慌，他说，这好车坐上了，趴车就坐不成了。人们见他从4500车上下来，也都张总张总地称呼他，他听着也挺受用的。他想前两年还赤着脚片子在泥水工地上跑来跑去的，现在就张总张总了，他有些晕，这是叫他呢？还是叫车呢？有那么些天，张金宝还有些晕晕乎乎的。眨眼到了冬天，张金宝还没感到天有多冷，在高级车上悠达着过日子，冬暖夏凉，总是温暖如春，四季是不分明的。张金宝平时也是薄薄的蓝色西服在身，上车下车，当雪花飘飘洒下时，连街上的树也全白了，张金宝才感到冬天真的到了。要是往年骑着辆破摩托，腿上还得绑块破羊皮，骑会儿车手脚耳朵鼻子全木了，根本就不像是自己的。就在这个冬天，东方路桥集团第三次农民工代表大会召开了，在会上要奖励优秀绿卡联队，而且是要奖励一台高级进口越野车，张金宝一听真是乐蒙了，两台越野汽车，不到半年的时间就落到了自己的名下，这真是在做梦吧？可丁总是真真又把一个车钥匙交到他手里了。丁总祝贺他，真心地祝贺他。他也真心地说，丁总哎，你这重奖得我都不好意思了。这没半年，就奖了我两部高级越野车了，我们县长坐过这车不？老辈子上都没听说这么抬举受苦人的。你看，这车我都坐不过来了，还得再请个司机给我开回去。丁新民听了哈哈大笑，对他说，那你就学学大干部，在城里坐辆新的，上工地下底下检查工作开4500。张金宝说，丁老总，你这是让我烧包成甚样啊？丁新民说，咱不当烧包！那没有大出息！你要想着跟你的那些农民工弟兄！千万不能吃独食！谁要是吃独食，我就清退他。张金宝说，我现在不是工头了，我是共产党员了，我得听党的，带领大伙共同致富。

张金宝说着，一种崇高感腾然升起在胸中，竟然把鼻子感动得酸凄凄的，自己挣了钱还成了共产党员，腰杆子挺得直直的。不再是圪就在街口等活的讨吃子闲汉了。生活真的像在梦中哟。他由衷地感谢这个时代，感谢打工讨生活时碰上了丁新民，把他变成了一个真正的人。

丁新民在党的建设上，推行在农民工联队建立党支部的组织制度，公司派出党建联络员帮助农民工联队的分散党员，把漂泊在外的党员组织起来，开展离群的孤雁回家活动。同时，发展农民工中的优秀分子参加到党的组织中来，像张金宝、白进勤、袁顺利等这样的优秀民工都光荣加入了中国共产党。当霍春利领着他们在党旗下庄严宣誓的时候，他们感到自己一下子成了新人，成了这个伟大壮丽事业的献身者。我志愿加入中国共产党，这个铿锵的誓言总是庄严地盘旋在他们的胸腔、耳边。丁新民在农民工中发展党员，建立党支部，当时的上级组织部门，认为这是东方路桥集团党建工作中的时代创举。丁新民却说，咳，这是传统，当年毛主席建军初期就提出把支部建在了连上，我在兵团时就学过古田会议决议，我就是按着毛主席的教导办的。众人听得啧啧，上级组织部门一位领导说，老丁啊，感谢你为党保留了一块阵地。说得丁新民心中暖暖的，觉得自己当年办成党的企业的誓言已经得到了认可和见到了成效。

丁新民握着张金宝的手说，我们是同志，我是有三十多年党龄的老党员了，我要带着你们走改革开放的康庄大道，共同创业共同富裕。张金宝说，我们联队和党支部想组织一个员工奖金工资兑现大会，就在我的陕西横山老家开。丁总啊，您能参加指导吗？丁新民一听眼珠子立刻放亮，连连说，好，好，年终给农民工发工资奖金我一定参加。张金宝说，我在横山老家等你了。

关于这个工资奖金兑现大会，我只是在《实践》杂志社的一期封面上和当地报纸上看见过报道，那是在黄土高原的一个小山村场院上，搭起了台子，台子桌子上放着一摞摞现金，有农民工正从丁总、张金宝手中接过一摞摞的钱。农民工们穿着新工装，高兴地笑着，你似乎都能听到他们的笑声传进你的耳鼓。《人民日报》也报道了东方路桥奖励农民工进口越野车的消息，短短百十字，引来的效应和轰动却是无法估量的。云南、浙江、甘肃、宁夏的农民工纷纷与东方路桥联系，希望开春来东方路桥打工。丁新民让民建办回复他们，欢迎组织成民工联队的形式来东方路桥工作，我们要有胸怀和气度，接纳全国各地的农民工务工人员。对丁新民来说，这个冬天格外忙碌，也格外有收获有意义，尤其是他在陕北农民工家中做客、慰问，已经成为一段佳话。丁新民在陕北山村慰问农民工的故事，还被人写成了歌曲，在陕北黄土高原上传唱：

阳婆婆出山又下山，
圪转转到了腊月二十三，
丁总来到了小山村，
同咱农民工过呀过小年。

丁新民也不会忘记，走在陕北黄土高坡的羊肠小道上，去看望一位六十多岁的老羊倌，老人有两个孩子在东方路桥打工，老羊倌根本没想到孩子们一年会给他家挣回十余万元钱。十余万啊，百元票子摞起来堆满了小炕桌。而传说中的丁新民就坐在他的炕桌旁，和他说笑着。炕上堆满了企业送来的吃的用的那么多慰问品，老人感动得一句话也说不出来。老人家握着丁新民的手，激动地摇着晃着，忽然放开嗓子唱了两声：

阳婆婆出山红漫天，刘志丹带人上了横山……

嗓音嘎哑，音域苍凉，那天，丁新民不知为什么忽然掉泪了。眼泪哗哗地流了下来，好多人都说，从没见过丁总流这么多的眼泪。

那是个多雪的冬天。鄂尔多斯高原冰封雪盖，一派玉琼世界。这天早上我踩着雪咯咯吱吱地去丁新民家，头天下午，他给我打电话邀我去他家喝早茶。可我到他家了，他却不在，丁新民昨夜冒雪出远门了。我心中不禁一惊，说有啥急事，非要雪天连夜走？胡承慧告诉我，家住陕北米脂县城的一个农民工去世了，今天早上要出殡打落哩。丁新民一听，赶忙通知在家的集团领导班子所有成员立即连夜出发，要赶到米脂送这位农民工最后一程。我说，这可是几百里山路天又下雪不好走哩。胡承慧道，我也愁雪天地滑哩，一晚上都没有睡好。我又安慰胡承慧说，你放心，车轮全都上着防滑链哩，行车安全没啥问题。胡承慧说，这人说风就是雨的，然后招呼我喝茶。后来，我知道丁新民他们赶了四百里山路到达陕北米脂县城时，天才刚刚亮，米脂县城不大，忽然出现了十余台高级轿车，也是非常惹眼的，以为来了大人物。很快，人们就知道原来是内蒙古东方路桥集团的丁新民老总带着人专程给白进彬吊唁送行来了，这事一下子传到县政府，连县里的县长都赶过来见丁新民了。县长知道米脂县有成百上千人在东方路桥集团挣钱哩。丁新民与农民工的故事，已经成了传说，坊间流传丁新民身家百亿，却是有情有义真心待农民工如兄弟的好人，县长听说他到了米脂县城，也想接触一下丁新民，把县里开春劳务输出的事情定兑牢靠一些，也匆匆赶到白进彬家里。这白进彬原是他们县里一所医院的书记，后来辞去公职去了白进勤的民工联队，后来东方路桥集团开展党的建设工作，他便担任了白进勤这个民工联队的党支部书记。本来白进彬干得挺舒心愉快的，却忽然得了暴病，走得也非常突然。丁新民风尘仆仆地带着集团党委、董事会、总裁办的领导，有二十几个人，齐刷刷地跪在了白进彬的灵柩前，当时人们就被震撼了，这可是大集团公司所有的领导啊。任何人的身家拿出来何止千百万？当时，丁新民跪在地上磕了三个响头，大声说：进彬兄弟，我们送你来了。这辈子你给我打工了！下辈子我丁新民给你打工。

听到丁新民这一声喊，白进彬的家人更是哭成了一团，丁新民亲自送上了十余万元慰问金。白进彬的儿子哭着对灵柩喊：大啊，丁总和东方集团的领导送你来了！送你来了……

后来，丁新民见到了米脂县的县长，并对他说：我喜欢你们米脂县的农民工兄弟，人能吃苦还能干，我是非常欢迎米脂的农民工来我东方路桥工作的。我给领导放句话，对米脂的农民工，我是满接满待，也可以吃点偏锅饭。县长高兴地大笑着对丁新民说，丁总哎，我可就等你的这句话哩。丁新民还把几天来帮助白进彬家料理丧事的白进勤介绍给了县长。县长当然是知道白进勤的，他那条假肢让他成了米脂的名人。这件事情被传为佳话，米脂是人都说，打工受苦碰上这样的主家，也是老白拐子上辈子修来的福。县长握着白进勤的手摇着说，你要致富不忘乡里，一定要做些造福桑梓的好事情，这才对得起丁总哟。白进勤激动地说，东方人走到哪儿，好事一定做到哪儿，请县长放心。谈起这件事情，白进勤曾经给我说过，他一辈子也没跟县长这样的大官握过手，当时，觉得县长的手真的是好绵活哩！他有了钱，拿出了几十万给乡里修学校，我在这乡里多少也活成了个人哩，白进勤在他家乡的乡政府前乐滋滋地对我说。我和丁新民曾经去过他的家乡，那个隐在黄土高坡褶皱里的小山村，孤零零的小院子，种着几棵枣树柿子树，还有一尊石磨碾子，这是白进勤少年时一锤一斧削出来的。丁新民看着喜欢，说，送给我吧。老白说，这都扔在这儿几十年了，我再给你打个新的。丁新民说，我就喜欢这个，有你老白的印迹。后来这个石碾子就被放在了丁新民自家的院里，他见谁都给说这是我朝老白要的，叙述着他俩这一对红的深厚感情。而老白呢，早搬进了丁新民为这些农民工建造的东方小区的大别墅里，创作这部作品期间，我还去过他的别墅，只见别墅院里停着一辆丰田霸道汽车，院里还种着花草，老白的婆姨在院里忙碌着，而白进勤坐在院里的藤椅上，眯着眼睛晒太阳，舒适得就像个老爷子……他见到我非常高兴，急忙站了起来，我把他按在了椅子上，然后两人就在别墅小院里聊开了。他告诉我说，现在日子真好了，丁总当年给我说的别墅小汽车已经不算啥了。现在我的一个女儿在北京一家央企上班，两个儿子接了我的班，经营着丁总当年让我们创建的机械化公路施工公司，他们继续领着农民工在东方路桥集团工地上。我现在是歇不住，也做点工程，丁总那儿有什么当紧做的，就招呼我去做。前些年不赖，白进勤说，就是今年让疫情闹得，花开了才能开工……

我说疫情会过去的，一切都会好的，白进勤道：好的，好的，丁总怕我们着急，一个个电话安顿我们，沉住气，好日子马上就来。我说他一辈子就是这样，总是想着当年的穷弟兄们。白进勤又问我，丁总现在走到哪儿了？到延安了吧？我说早到了，他正领着人要周游世界哩……这是丁新民从董事长位置退下来后，以党委书记的名义号召集团员工开展重走长征路活动，下文我会专门叙述。当时，老白有些不高兴地说，这事他也不叫上我，他是不是怕我这腿不给力？实际上我这腿好着哩，好着哩。

他甩打着裤腿里隐藏的智能飞毛腿，一个劲对我说好着哩。

那天，我也埋怨过丁新民，嫌他送白进彬时没有叫上我。我说我缺少了一场实际感受。丁新民说，我心里咯噔着这件事情哩，可一看天黑下着雪，我怕走山路路滑有个闪失。我说，你不怕？他说，那不一样，你可是宝贝。我说，你倒是真心疼我！胡承慧说她夜里都睡不好觉，还不是担心你？丁新民说，我让他们担心，得都快成纸糊的了。我说，我知道你还是十八岁的丁铁人好不好？丁新民说，老肖呀，你可不只是我东方集团的，说你是全中国的吧，这话我不敢说，可你是咱鄂尔多斯的文化名片不是瞎说吧？我说，你就给我戴高帽吧！过两天，我真不知道我是谁了？丁新民哈哈地笑了起来。这时，我接了一个电话，是市里一个部门领导的，他也爱写个诗歌散文什么的，说来也是一个挺要好的文友。文友问我还好吧？我说好着哩，多咱喝一杯？他笑了，又悄声地问：丁新民的事不是真的吧？我问啥事？他在对面沉吟了一下说，你真不知道啊？我说我知道啥呀？回头我问问他。文友问：丁总不是……我说你吞吞吐吐甚呀？他现在就在我身边龇着牙笑哩！文友一听，不知含糊说了句什么，挂了电话。我说莫名其妙。丁新民看了我一眼问，咋了？我又加重说了句莫名其妙。

丁总回到家，也碰上了件莫名其妙的事情。丁新民看见家门口站着一个人，低着头在呜呜地哭。他赶忙走了过去，问，你咋了？那人一见丁新民，先是倒退两步，惊得睁大了眼睛。丁新民一看，这人是黄老汉，当年刚任公路工程局长组织修薛魏线时交的一个农民朋友，我上文说过，丁新民还安排黄老汉的儿子来公路工程局工作。现在小伙子也在东方路桥工作，而且是业务骨干，在一个部门负点小责，已经成了家，就住在东方小区内。眼下黄老汉两眼哭成了桃子，丁新民问：你老汉咋了？哭甚啊？有甚事给我说！

黄老汉伸手拧了一下自己的脸蛋子，直直地看着丁新民，忽然破涕为笑了，拍着手道：丁总，你不咋啊？丁新民疑惑道：我咋了？不咋啊！黄老汉恶狠狠地道：这是哪个天杀的灰圪泡（当地骂人话，杂种）造谣哩，说你老丁去米脂出车祸了，说你摔死了，说得鼻子眼全乎着哩！丁新民呵呵一笑道：连你这次，我已经被人说死了三次了。黄老汉说，我一听腿就软了，吓哭了。我慌里慌张地就搭车上东胜家里看看，我号哭了一路。你又活蹦乱跳的，高兴死我老汉了。黄老汉悲喜交加，有些疯疯癫癫的。丁新民拉着黄老汉说，回家，今晚咱兄弟俩喝几杯。黄老汉被丁新民拉回了家，丁新民进门就吆喝保姆女女，抗美，弄俩好菜，我和黄大爷喝两杯。黄老汉急说，不了，不了，我回小子家吃饭去，顺便看看孙孙。丁新民又招呼保姆，抗美，拿上点烟酒啥的。抗美提着一包烟酒，走了出来，问黄大爷：你这是咋了？脸弄得跟毛猴子似的？丁新民道：你黄大爷是打落我来了！黄老汉急得摆着手道：全是那些灰圪泡造谣。抗美笑道：黄大爷，你信那些蝲蝲蛄叫啊？丁新民让黄老汉把烟酒带上，黄老汉喜滋滋地说：丁总，你年年关照我，喝上茅台过好年哩。我给你说，茅台连村长过去都没喝过哩。现在年年在我家过年喝茅台，常给我打听，丁总给你送茅台了没有？

丁新民哈哈大笑，大声道：抗美，多拿几瓶茅台给你黄大爷带上！抗美更是个实在人，一下子拿出好多瓶来，黄老汉摆着手说，丁总，可不敢，我咋带走啊？丁新民说：看把你老哥愁的，一会儿让抗美开车把你送到小子那儿。说来，黄老汉和丁新民也是老交情了，当年为施工的事情，让工程局的年轻后生给打了，伤得还不轻。丁新民去家里赔不是，两人说着说着，就成了好朋友。每到冬天杀羊时，黄老汉就收拾几副羊下水，给丁新民捎过来。丁新民会把这羊杂碎当成珍贵礼物再送给朋友。我就收到过黄老汉的羊的头蹄下水，妻子高兴地说，这下水收拾得真干净，头蹄不见一根毛。收拾得真干净，一点邪味都没有。做成羊杂汤入口，那份香，难以言表。

丁新民曾经问我，我这人是不是挺招人恨的，我说，怕是其私敌你是不会有的，我想是不是你把事情做得太完美了，这样会把不完美的人比下去，这会不会招来中伤和诋毁？丁新民道，这事我得想想，我做事是为自己的心，我也希望大家捧起手来，为农民工弱势群体做点事多好！我说，是啊，是啊。丁新民道，今年集团工作会议上，我想给企业定定位，以后就冲这个方向发展下去。他说，那天咱们一块议一议我的集团工作报告。我把一些想法给老杨他们交流过了，等老杨起草好了咱们议一议。他说的老杨叫杨恒彪，也是当年丁新民的老同学，原先在市广播电视台当记者，东方路桥集团一成立，他便追随丁新民这个三十年前读初中时的老同学，辞职来到东方路桥集团做些文秘宣传工作。集团成立以来，丁新民的一些重要讲话，大都是由他起草撰稿的。丁新民非常器重老杨的才气。常给我说，老杨写打两下，还能端得出去。他是丁新民看重的一个笔杆子，集团的司歌《东方路桥之歌》就是出自他的笔下，“东方东方，迎着朝阳，破浪远航……”现已经成为东方集团人耳熟能详的歌唱，这支歌就像一团火，在每个东方人胸中燃烧了十余年；就像一支催春的号角，不时激越地唱响；又像一只定音鼓，铿锵地响在人们的心中。很快，杨的讲话稿写完了，丁新民让我看看，并准备在集团的工作会议上宣讲。我看后，觉得不错。丁新民这次提出的建设社会主义新型企业，也是他一贯思想的延伸和发展。丁新民说既不能走原来国有企业的老路，更不能当只顾少数人利益的资本家，集团党委提出要把东方路桥集团建设成社会主义的新型企业。阐述了丁新民建设党的企业人民企业的思想追求和实践前行。丁新民提出，要继续注意抓好东方品牌建设，即党的建设、民工联队建设、东方人的建设。

我记得，当时这个集团工作会议在包头市的一个大型高尔夫俱乐部召开，当时集团中层以上干部和绿卡民工联队长代表有二百余人参加。东方人从四面八方的施工一线赶来，各类小汽车把俱乐部的停车场占满，人们西装革履，神采奕奕。我生性散淡，从来不被着装约束，仍是平日里那一袭黄夹克在身，在这蓝色的海洋里显得非常另类。心中常泛起些局外人的感觉。据高尔夫俱乐部的工作人员讲，开业以来还没有接待过这么多人的会议。那天，内蒙古自治区党委宣传部的阿龙副部长和田培良也应邀参加了这次会议。阿龙是最早发现丁新民这个典型的，他曾带领组织全区宣传系统的重要笔杆子来东方路桥集团搞过一个调查报告和重点报道，一下子把这个明星企业推上了电视广播网络报纸，一时丁新民和他的东方路桥集团成为人们的热议。阿龙这人细高个头，蒙汉兼通，脾气还有点倔，吃饭不去宾馆、饭店，就要找路边的铁棚子摊摊吃便当。丁新民埋怨道，城管早把路边的铁棚子饭摊拆了，我往哪儿给你找铁棚子去？阿龙也只能是微微笑笑。阿龙是个认真思索一些问题的人，提问题时有些尖锐。他曾经黑着脸问丁新民和我，你们说说创建新型企业究竟要新在哪儿？与传统的国有企业、现存的民营企业股份制有什么不同？我说这是丁新民的一贯思考。他说我不知道是丁总的一贯思考哇？我知道这是企业的发展方向，也是新提法，挺好，值得探索研究。这个大政问题，决定集团发展的未来，要探索要厘清，我看你们在适当的时候应当找一些经济学专家、社会学专家专门来论证讨论一下，最关键的是丁总还要提出一些细做法，要找到和说明白究竟哪儿是抓手，这是个非常重要的理论问题、实践问题，关系到一万多人的饭碗哩！他说最后饭碗这句话时，语气非常重。我顿时感到沉甸甸的，似乎这个提法与万人的饭碗关联，让我不得不感到这个提法的分量。

我说，丁总的实践问题与集团的万数员工的生计息息相关，任何理论探索，都要落实到提高员工和农民工的收入上。丁新民说，我知道，我们是企业，企业是必须要讲利润的。阿龙说，企业的发展尤为重要，这是第一位的，我能听出阿龙的隐隐担心。丁新民说，这得让我好好想想，我是要好好想想，想通了才行得通走得通。那是个仲春季节，这个巨大的高尔夫球场绿茵茵的，天空飘着几团白云，在水洗过一般的蔚蓝天空上游弋。丁新民不时仰望蓝天，好像要找的答案就藏在天空上。我当时觉得有必要搞这样的理论研究会议吗？我委婉地向阿龙提出，阿龙黑着脸说，开会企业就得花钱，你以为我愿意啊？但丁总提出建设社会主义新型企业这种新提法，在理论上厘清，行动上找准方向还是必须的。这点小钱该花还是要花的。丁新民说，钱的事我不考虑，但这个会议要开好开出效果来。他便和阿龙商量一些会务细节，开始为这个会议筹备分工。阿龙提出，这个会议由区党委宣传部和自治区企业发展研究会主办，而会务由东方路桥操办。当时决定，由我来请市里的对东方路桥集团比较熟悉的专家学者，自治区和中央的专家学者由阿龙部长来请。我说，好的，市里的专家我来请。

当时，市委宣传部和东方路桥集团正在举办一次国际性的纪念成吉思汗的诗词大赛，市委主要领导和丁总担任组委会主任。一位诗坛泰斗级的人物，陕西师范大学中文系教授霍松林先生担任评委会主任，丁鼎担任组委会常务副主任，由他组织评委会的日常工作。我担任评委会的副主任，集中了全国的和鄂尔多斯市的一些文化名家组成评委会。那时丁鼎已经担任了集团的副总经理，可在我眼里他还是孩子，那时他还不到三十岁。他组织集团宣传部和办公室的人，负责接收整理各地参赛的稿件。我记得全国各地和海外来稿有六七百篇，他们得全都整理成册和建成电子文档，这是一项十分繁重细致的工作。当时，我总担心出差搞乱，丁鼎说，肖叔放心，我一直给他们讲，后勤工作讲究细致，稿件处理不能马虎，肯定不会出岔子的。果然开评那天，所有文稿已经整整齐齐地摆放在每位评委的房间里，而且还有电子版，目录文稿非常清晰，这让我对丁鼎和企业机关的文秘工作效率刮目相看。丁鼎主持了评委会第一次工作会议，讲了评奖工作和注意事项，他说得不急不慌，有板有眼，给人们留下了非常好的印象。霍先生曾对我说，丁鼎，这青年稳重，以后可担大任哩。

评奖工作顺利结束后，我给市里的几位专家送了丁新民《创建社会主义新型企业的思考》的讲话稿，讲了阿龙副部长和丁新民邀请他们参加研讨会的想法。因为他们都是老朋友，这几位专家都高兴地接受了。当时这几位专家是，鄂尔多斯市政协副主席，教育专家康润清，鄂尔多斯日报社社长，社会学家尚一波，文学家贺政民，新闻学家全秉荣。大家阅后交谈，都认为创建社会主义新型企业，这是丁新民一个理论与实践的创新，非常新颖和有吸引力。这种探索和创新，对改革开放后非国有企业的发展方向都有引领性。我记得尚一波给我讲，他那会儿拿丁新民与吴仁宝（华西村创始人）相比，丁新民解决的是非公企业这一块，对整个国家非公企业的发展，更带有指导性。文学家、鄂尔多斯羊绒集团党委书记贺政民对我说，我真的是佩服老丁，他想的，我们没有想过，更不要说做到了。全秉荣，这位鄂尔多斯电视台的总编辑对我说：丁新民是鄂尔多斯的一个大亮点，够你老肖写一辈子，好好挖，这人是你的创作富矿。在企业家中这样有抱负有追求的思想者在全中国不多！

听他们这样一说，我马上想起了俄罗斯作家莱蒙托夫创作的一部小说《当代英雄》，我想丁新民会不会成为我笔下的当代英雄呢？一想到这些，我心中就美滋滋的。这天我抽空去找丁新民，刚进东方集团的办公楼，就见到了集团的常务副总经理武新民，老朋友见面自然分外高兴。他拉我进办公室，喝茶抽烟。我俩正天南海北地聊着，丁新民走了进来。我说，老丁，市内专家参会的事情搞定了。他淡淡地说，这事咱们回来再说，我和孙平要谈个事情，你们先聊着。他说着走了出去。武新民在他身后嚷：看你这个人，茶都沏好了。丁新民却直直进了办公室。武新民对我说：今天老丁和孙平他们肯定有点事，要不你老肖来了，咱们老弟兄几个还不好好聊聊？我说，你们和我不一样，你们是忙着挣钱，不像我基本上闲人一个。武新民说，你又撇圪蛋哩，钱哪有天天挣的？晴天响日的，老丁他们能有啥事呢？他一会儿就过来了。

今天天气的确不错，外面丽日晴天，和煦的阳光直直洒进老武的办公室。他屋内还摆着几盆花，是粗粗的仙人掌和绿油油的玉兰花，还开着几朵鲜艳的红花。室内是那样祥和，老武嘎哑的笑声，还像以往那样动听。我俩聊起当年的战友，当年在兵团的趣事，似乎有说不完的话。到了下班的时候，丁新民还没有过来，老武说，这人今天是真有事了。我俩下楼，看看走廊尽头的丁新民办公室，还在神秘地关着。下到院内，见小田还在车门口等着，他说，我送你回去吧。我说，老夏过来了。话音刚落，老夏车就进了院。我上了车，老夏送我回家，路上对我说：老丁没给你说？我问说啥？老夏说，今天听局里人讲，东方路桥的那谁谁谁他们全都要跳出来干了。他说的谁谁谁们，我虽不熟悉，但我知道是原公路工程局的几个技术人员，有些还是集团的分公司经理。我惊讶地问，你听谁说的？老夏说，局里都传遍了。说有些人嫌老丁把钱都给下面和农民工挣了，觉得要是这样那还不如另起炉灶哩。我心里不禁一惊，说，不可能吧？据我所知，老丁待他们真的好哩。老夏说，钱还能挣得够？老丁这人光想着下面的人了，这人我知道，这么多年还品不出来？他老子就那样！我说，我咋一点都不知道呢？也从没听老丁老武他们提起哩！老夏说，怕是新民也未必知道哩，他这些日子可是光顾着让无产者变成有产者了。我一听不禁笑了。老夏说，还有他那儿你们兵团的那么多人，年纪也都不小了，也没啥技术，这些人全靠老丁拉扯了，别人会没意见？

也许，东方路桥的确兵团的人是太多了，就说领导班子内，除了孙平外，几乎主要领导都是当年的兵团战士。下面部门兵团的人也不少，还听说有些回城下岗的战友又来投奔丁新民的人也不少，又来上山下乡了，丁新民也都安排了。而且丁新民把兵团文化、兵团精神作为企业文化的重要支柱哩。前些天，丁新民和我们几个还一同研究开创后兵团时代，老知青要再立新功哩。我说，兵团这些人挺能干的呀？咋了？老夏说，各人有各人的想法，哪能都一样？老夏又问我，你刚才见孙平了吗？我说，没见，就听老丁说他俩要谈事，谈了整整一上午，现在还谈哩！老夏说，那谁谁们，跟孙平可是同学。我说，那又怎么样呢？老夏说，你想啊！

我听后心里不禁一沉，难道……

丁新民下午打电话，让我来他办公室一趟，我去了。他问我，听说了吗？我说，听老夏简单给我说了一声，我还在你这儿深入生活哩，发生了这么大的事情，甚都不知道，我不是个大傻蛋哇？丁新民说，这也正是我看重你的，你是啥事情也不闻不问不管。别说你了，我也是不知道哇！我说，我这人知道自己是做什么的。丁新民告诉我，孙平和他正式摊牌了，他铁了心是要出去干了，还要带走不少人。我问，有多少？丁新民说有几十个，以后可能还要多一些吧。我说，天下大势，合久必分，分久必合。丁新民笑了说，分了就是分了，还合什么？我问他，孙总提了什么条件？丁新民说，他说自己出去想办点事，想按着自己的性子发展，但绝不会涉及路桥行业和东方集团抢饭碗。我笑了说，还是年轻啊！丁新民说，他要出去另起炉灶创业，我就让他带走了一些钱，有三千万吧，人家要走嘛，我们合作一场创业他们带走一些钱也是应当应分的。我想这事也应时碰上老丁这类良善人了，多少人要跳槽走，别说带这么多钱，公司给你的你还得留下来，这样的事情举不胜举。这俩东方巨头也算是和平分手了，没有听说撕破脸。古往今来，钱把友情亲情毁掉的还少吗？我很庆幸他们都还品得住，还没有让钱给拿捏住。但到后来，这件事还是被外界媒体炒作成了东方路桥高层裂变，有些所谓深层次的东西媒体更是炒得活灵活现，化成了演义和传说。搞得许多熟人都问我，想从我这里知道一些更内幕的消息。而丁新民给我说的就是这些，媒介的一些分析和炒作，我从来没有从丁新民这里听到一句，更没有对孙平和出走者评论过一句。丁新民这人有个特点，对别人都知道的事，他从不加评说。有一次，集团的一些人一起吃饭喝酒，一个人对丁总说，那谁走时留下了一句话，说他与孙总是朋友是同学，不好意思得罪。那天老丁喝得有点醉，随口接了这样一句，那他不好意思得罪孙总，就好意思得罪我老丁了？这是十多年来，我听到过的他关于那场高层裂变评价中说过的最重的一句话。实际上丁新民是个非常大度的人，大气度大情怀，让人感到十分亲切与和蔼。有一个分公司经理自己跑出去另干了，在阿拉善盟新修了一条路，几次邀请丁总过去看看。丁总带着我就去了阿盟，那人跑前跑后，安排得十分周到。丁新民非常高兴，说他干得不错，发展得也挺好。两人说说笑笑的，就跟多年的老朋友一样，后来有人告诉我们，业主还不知道这人已经跑出来另干了，还以为他是东方路桥分公司的经理哩！当时丁新民一句话也没说，也只是笑了笑，就像没有听到一样。实际上，丁新民这人啥都明白，啥都清楚，可就是不捅破这层窗户纸。我想，丁新民这人得有多大的度量和襟怀啊！这是个内心里装得下山海的人。我还知道集团有个专业的民族艺术团，里面有百十多名演艺人员，丁新民经常鼓励演员们要成名成家，而且飞得越高越好，你不管以后成了多大的名，你只要想着当年你从东方艺术团走出就好，就是不想也无所谓。丁新民还动员自己的各种关系，在一所国家著名的音乐学院设立奖学金，奖励成绩优秀的学生。而且还选派自己艺术团的演员去音乐学院进修，集团还给掏培训费，发工资，培训结束后有的演员为了正式国家编制，被市内外的国家艺术团体招走了。丁新民都是高兴欢送，还对他们说，咱们以后还要合作，你们这也是为我们东方艺术团扩大影响嘛！这些人只要说起丁新民来，都一个劲竖大拇指。

有一天夜里十点多了，阿龙忽然给我打电话，说想跟我聊聊天，说说话。他说他到东胜了，问我家的地址，说要来看我。我说我去你住的地方吧，很方便的。咋敢劳动你这么大的领导？他笑了，说我等你。在宾馆，我俩见了面，阿龙问我孙平离开之后，现在谁担任他的工作？我说，老丁现在是董事长总经理一肩挑着哩。阿龙看着我说，不会你以后担任公司总经理吧？我笑了，说，你看呢？他眨巴着不大的眼珠子，说我闹不清孙平走以后丁总怎么样铺排了。他身边这些人我是掰着手指头数啊想啊，有时是胡思乱想。他说着，笑了，还有点羞羞的。实际上，阿龙这个部长挺可爱的，有时思维就像一个大孩子。我说你咋把我想上了？你可真是少有的好眼光啊！阿龙说，我不是在瞎想，着急嘛？咋一夜间成这样了？我说你又不是不知道，我还不就是来集团深入生活的一个作家。阿龙笑着，点了点头，说，你和丁总走得这么近，他就没有给你透露过一点点？我说，老丁知道该和我这样的文人说什么话。我也知道，他肯定是为了我好。再说，我来老丁这儿深入生活，我也给自己定了“三不”政策：一不谈集团财务收支，二不过问工程建设，三不谈员工的人事安排和工资收入。我只负责和老丁聊天，捕捉我感兴趣的东西，试着走进他的内心世界。而且我在公司的各类会议上，也说过不知多少次了，我对企业经营并不感兴趣，这不是作家的强项。我只对丁新民这个人感兴趣。

阿龙讲，你这也是对的，咱们这些文人，不要过问得太深。是不能给企业添乱。我说，你可不是文人，你是大领导。阿龙抬了下眼皮说，我八十年代初期就创作电影剧本，文学资历，和你这作协主席有一拼。我说，我这主席就是黑板上的官，你多咱想擦掉我随手就擦了！阿龙说我闲得没事做了？我说我听有人给我这样讲过，孙平走后对人说，他和东方路桥分手，是想给丁鼎这样的青年人让位子哩。阿龙高兴地笑了，说，我咋把这些青年人忘了呢？也许孙平讲得还是有道理。企业的未来在青年人手里。我说，说穿了还是那句老话，道不同不相为谋，我想还是两人总归尿不到一个壶里。有本事的人才会分道扬镳的。阿龙问，我有时说的一些话，不会对企业发展和对老丁的想法有干扰吧？我说，我没有感觉出什么。阿龙又笑了说，我跟丁总和企业感情比较深，这个点我一发现就一直在跟踪，他们每走一步，我自认为还是知道的。这些年来，我也没少给自治区领导举荐，现在公司领导层出现这么大的裂变，领导会要过问的。我需要掌握第一手材料，不能回答得二二五五。我笑了。阿龙说，我也准备找丁总，找孙平都谈谈。我说，你是得掌握一些情况。阿龙有些遗憾地说，原先我认为他们配合得挺好，谁知一夜之间……

阿龙是个善良的人，他真心希望丁新民与孙平联手把企业经营下去。他给我说过，他非常看好东方集团的领导班子，他对李颖梅（副书记）、武新民、陈培新等人都是挺看重的。说这是中青年搭配得挺好的办事班子。也有人给我透露过，说孙平还是老丁从学校直接招到单位的，在为提拔他成为公路工程局副局长这件事情上，丁新民可是下了不少的功夫。我想这一切都过去了，曾经的友情、创业经历都会留在他们的记忆深处，成为暮年的回忆。我不知道丁新民知道孙平要与他分手时的情形和思想斗争，无法揣测这个重情重义的蒙古男儿心中会泛起什么。这好像就是一把锁，丁新民十几年了，从未向我打开过这把锁，是往事的不堪回首或是愁肠百结吗？是不愿提不愿碰吗？我曾给丁新民提起过，孙平创建的新大地集团办的小报，是给我每期递寄的，我有时看里面的农民工联队建设的文章，觉得就像阅读东方路桥的小报一样。丁新民笑了。我还听说新大地集团曾找到一个文化人，想让他为新创办的企业新大地集团题一句话，那人也就随手题了一句：日出东方，大地辉煌。丁新民想了一下，也微微地一笑，似乎顿悟了。丁新民曾经给我说过这样的话：创办社会主义新型企业这条道路，通过这次事情，我会更坚定不移地走下去，这是我的信条和原则。办这样的社会主义新型企业，就等于革自己的命，把自己放在水里火里淬炼，细想想，这怎是一个难字所能囊括？我有些惊异地看着丁新民，不知他为何生出这般悲壮？丁新民看看我道，我也是在做一种选择，老肖，你知道米丘林吗？我说，好像是在上小学时，课本上讲过，是苏联的一位农艺大师，专搞嫁接的。丁新民点着头道，对，嫁接！我就是想搞嫁接，在民营企业这株树上，嫁接我作为一位老共产党员的一些理念和追求，我一定要试试，我就不信我心里装着国家，人民，朋友，弟兄，别人，走不出一条为大伙谋利益的新路来。丁新民像是在发着誓。我瞅瞅四周，就我们两个人。我有些诧异地看看他，这个胸中装着米丘林和别人的人……

他是一个什么样的人呢？老共产党员？新亿万富翁？这个被时代之浪推涌的，不安分地时刻想着嫁接的人，还是个想着别人的人，几十年来，丁新民最爱说的话就是，你办事情心里装没装着别人？我忽然感到他说的心中有没有别人，是一个很高的境界，是让人仰之的，不把自己折磨几个滚儿，是难以企及的。此刻的丁新民，在我的眼中就是一个烙印着年代印记的混合体，更是这个时代孕育的特有的人……

第十四章

丁新民讲，党管分配和人本重于资本是企业发展的两个法宝

丁新民一手筹办的“创办社会主义新型企业理论研讨会”，在企业发生裂变不久，如期在呼和浩特市南郊的蒙古风情园召开了。这个风情园控制面积一万亩，是典型的城中草原。这里有一座可汗宫大酒店，成吉思汗纪念堂，腾格里敖包，马文化博物馆及一些反映蒙古风情的各类雕塑，是丁新民投资四五亿元精心打造的一个展现蒙古文化的旅游景区。前两年我和丁新民常来这个正在建造的景区看看，那时这个工程的负责人是晒得黑黝黝的孙平总经理。丁新民对一些事情也是亲力亲为。像成吉思汗纪念堂前的两条长石，是他带着我们几个亲自跑北京房山选定的，祭文和纪念堂沿革都是他委托我写的，就连勒石写字的工匠，也都是他从北京请来的。他还好奇地不时去观看，就像一个童心未泯的孩子。他还带着孙平和我几个人，亲自去拜会纪念堂成吉思汗雕像的美术家，认真看出来的一张张小样。他开玩笑说，这可是为老祖宗修庙哩。那个雕塑家名气非常大，鄂尔多斯成吉思汗陵园的霸气雕塑，就是他的作品。他给丁新民说，这两个雕塑都是我做的。一个是青年时期的作品，一个是壮年时期的作品。丁新民一听，立即高兴地笑了，两人还兴致

勃勃地谈起了新制雕塑的进一步开发，搞一些小的雕塑，好让成吉思汗的善男信女们请回家供奉。记得当时孙平很兴奋，说这个想法挺好，我们可以做下一步的工作，可以把产业链拉长。现在这个成吉思汗纪念堂建成了，可汗宫大酒店开业了，而孙平这个开发建设风情园的功臣，却在风情园对面的一条公路改造工地上，率领着他新创建的新大地集团正在进行着一条收费公路的改造。这个变化让我心中升起许多感慨。有遗憾也有惆怅，甚至还有惋惜。而且新大地公司的“为股东创造利益，为员工提供机会”的企业理念大幅标语印在横幅上，在风中猎猎飘荡，一面接着一面，横过我的眼帘。这让我不禁想起了丁新民创建的施工工地红旗文化。在新建公路收费站的右手，是一条通往蒙古风情园的小路。右拐的空场上也竖起了一些标语牌和商业性的广告牌。过去这里是一片空场，在路上就能看见新建的可汗宫和绿茵茵的蒙古风情园的城中草原。现在却被严严实实地挡住了视线，路人走到跟前才会发现这条小路。这个小变化让我心中有点发堵，我承认对这突如其来的变化，我是戴了有色眼镜，可能不是那么公允，而且这事越想心中也越不是个味，心中五味杂陈，竟然不由得长叹了一声，而且还感到自己这声长叹是有点内容。我看着坐在前面副驾驶座上的丁新民，想找找他的反应，可他仍是稳稳地一动不动，什么话也没有说。此刻，我很想钻进他的心里，想看看面对此情此景，这人究竟在想些什么。丁新民真的无动于衷吗？可他真的是无动于衷，一句话都没有，一下子我挺佩服他的这份修炼，感到成大事的人不像我这文人般多愁而又善感。我忽然想起了企业文化的四个共荣，引起我好奇而又感兴趣的是后两个共荣“与竞争者共荣，与大自然共荣”，初次见到时，还有不小的思想冲动。我想问问这两个共荣的提出时，丁新民是咋想的。丁新民看了我一眼说，这还用我给你说吗？你是新上岗的员工听我上企业文化课吗？他说完又哈哈大笑了，我从这笑声中体会出了他对我的信任、理解和包容。包容是东方文化中的重要组成部分，面对陌生的竞争者与面对昨日的同事、兄弟，今日的竞争者谈共荣，是何等不易！不身在其中，确实是体会不出的。而今天的丁新民，面对这扑面而来的一切，是无话可说还是不屑论及呢？那天，我真的是无法猜忖……

那天，丁新民满脸红光乐呵呵地带着集团公司领导李颖梅、武新民等人在可汗宫门口迎接着前来开会的专家和领导。他笑容可掬，彬彬有礼，脸上看不出一点风浪来。让人不得不佩服他胸中的城府和气度，夫大人者每临大事有静气，骤然临之不惊，无故加之而不怒，这些修身养性的话一一飘过我的脑海，让我心生感慨。不一会儿阿龙来了，从车上下来时竟然黑沉着脸，嘴中一个劲嘟嘟哝哝的，我对丁新民悄悄说，阿部长有些不高兴。丁新民说，阿部长是直性子，这人不会捣鬼。阿龙和迎上来的丁新民等集团领导握手，脸色也和缓了几多。丁新民对他说，遵照你的指示，让所有环节干部今天都来听听领导和专家的高见。阿龙脸上漾起笑纹，高兴地说，我早看见停车场车都停满了，这全都是参会的吧。丁新民高兴地说，是啊，让大家都来听听专家的意见，帮我们号号脉，摸清企业发展的道路如何走。阿龙这才开颜笑了，我握着他的手问：部长大人，刚才看你下车时有些不高兴啊？是谁惹领导生气了？阿龙眯着眼，说，没什么，看到拐弯的牌子有点堵得慌，我回来给他们说说，让他们的人把路口的广告牌子拆了，从路上已经看不到这个酒店了。人家老丁可是要做生意哩！我有意地说，这多大点的事呢，还值得领导动肝火？阿龙翻了我一眼，把手抽了出来，又嘟哝了几句，我也没有听清他说什么，忙跟他走进了富丽堂皇的大堂。

自治区党委宣传部和自治区中小企业协会召开的创建社会主义新型企业研讨会召开了，阿龙副部长致了开幕词。会场上黑压压的，坐满了集团的环节干部，认真聆听着来自北京、自治区、鄂尔多斯市的专家对创建社会主义新型企业的解读。有专家认为，丁新民提出的这个宏伟目标是遵循改革开放道路、思想上的一次大解放，是将共产党人的理想、党的最终目标与社会主义市场经济的完美结合，尤其是让“无产者变成有产者”的提出，是践行共产主义远大理想在社会主义初级阶段的完美落实。特别是农民工联队党的建设，生活建设和工资分配的创新举措，完善完备了创建社会主义新型企业的理论探索和实践，它给社会的启迪是深刻的，并具备了在整个社会的大力推广意义。专家们感谢东方路桥集团的理论创新和勇敢实践，认为丁新民不仅是一个优秀的企业家，更是一个思想者。丁新民在会上也作了发言，本来老杨为他准备了发言，但他脱稿讲开了。他说，我谢谢专家们对我这些年一些思考的肯定，实际上我的讲话就是就企业谈企业，如果能对别人、对社会有所启迪，那当然是更好。我想一个社会健康发展，企业不断壮大，主要还是个分配问题。我可以这么说，大到一个社会，小到一个企业，所有矛盾的症结在哪里？就是分配问题。我认为党把分配问题解决好了，管好了，这个社会就会健康发展，人民就会安居乐业，社会的生产力就会快速发展。所以，必须党管分配。别人我们管不了，但具体到我们这个企业，必须坚持党管分配这个原则。就是要把党的为人民服务的思想，党的大政方针体现到分配领域。这是企业发展的关键和根本。这个问题得有人管，党管分配不能动摇。丁总在会上这样谈，我并不像参会的专家们那样感到有多么震惊和有冲击力，因为我们私下就这个问题交流过多次了。最早的起因是丁新民担心有些民工联队对东方理念理解不到位，对直接参加劳动的农民工发放不到位，不及时，还有克扣农民工工资现象的发生，所以丁新民就要求基层党总支、民工联队党支部，以及民建办和党建指导员关心过问农民工的收入，及时解决农民工联队分配中的吃独食、克扣工资现象，强调党的基层组织要过问分配，指导分配，真正使丁新民提出的“以人为本，共同富裕”的东方理念落到实处。这是丁新民提出的“党管分配”的初衷。在这个会议上，丁新民把作为理论创新，不断进取发展的纲领性东西一提出，立刻让到会的专家耳目一新，为之一振。丁新民又提出了“人本重于资本”的理念，这在股份制企业中，冲击波是非常大的，有人不适应不喜欢这种理念，就采取了不相为谋的做法，卷铺盖卷走人了。丁新民从不会因为不同意见和有人反对，而放弃自己的坚持，甚至还有一股拗劲，你越是反对他干得越欢，因为他相信他办事不是为了自个儿，而是为了大家伙。为了大家伙的利益，为什么不能坚持呢？人本重于资本理念的提出，使大小股东们都吃了一惊，老丁有些奇怪，自己是公司最大的股东，若对企业发展埋下隐患，受损的首先是自己，自己害自己，我丁新民难道疯了吗？他给人们讲，人是第一位的，只有人的创造，才会使原有的资本，得到充分的发挥。没有人的创造和发挥，资本不但不会增值还会贬值。他拿公司的发展做例子，重视发挥人的劳动积极性，给予员工、农民工合理的报酬，公司不但没有塌伙，反而长足进展，资本不知翻了多少倍，固定资产不知创下了多少。他问大家，我们过去有甚？现在甚没有？这一切都是员工和农民工创造的，若他们没有获得感，我们还是什么党的企业？叫什么让无产者变成有产者？快躲到一边，羞死算了！丁新民抛开讲稿，讲了个透透彻彻，痛痛快快。从此，像“让无产者变成有产者”一样，“人本重于资本”也成了丁新民的标签。当时，全秉荣就坐在我的身边，对我悄声说，老丁这人有思想有魅力，可以说是浑身亮点，他会做得超出一般的大。但有的专家也提出了自己的看法，内蒙古社科院的一位专家说，东方路桥的想法很好，丁新民采取的措施也不错，但我觉得这样长远不了。企业应是以利润为中心的，不管你是什么性质的，赢利了就是好企业，就是老丁说的党的企业也一样。我是担心老丁热血一腔，最后干不长远，赔得精光。

就像慈不掌兵一样，像老丁这样的思想也不易搞好企业。专家就是专家，想说啥就说啥，不管你拉不拉下脸来。我看看丁新民，他瞪着大眼珠子，一直在听，一副小学生听课的模样。最后，一位从清华大学来的大专家，听阿龙讲，此人去过中南海讲课，是权威人士。他语重心长地对丁新民讲，老丁啊，我喜欢你，也同意你的一些想法和做法，但我担心你做不长远。因为这每一步付出得太多，可能回报太少，而且非常累心。我一定会关注东方路桥，关注你老丁。我很想三年之后再回东方路桥看看，看你们坚持得怎么样，发展得怎么样。我现在可以明确地告诉你们，我看好老丁，但对企业的发展充满了担心和忧虑，我也不知三年后企业会成为什么样?!

散会后，丁新民问我三年后咱企业会成为什么样？我还没有回答，丁新民说，我相信会比现在发展得更好。我真希望与这些专家们保持长久的联系，三年之后再请他们回公司看一看。我说，三年之后，谁知道我们还会遇到什么事情。丁新民直截了当地说，老肖，咱俩不藏着掖着，你大胆说，我挺佩服这些专家的。我就是塌了伙，我也努力了，也给后人留下经验和教训了。我对今天的选择一点也不后悔，共产党员说到底，就是要给大伙儿办事情。我说，老丁我知道，咱们一起相处几十年了。我有时不相信自己却相信你。老丁嘿嘿地笑了。我说，说实心话，我不想把你当作小说里的人物塑造。丁新民问，为甚？我说小说里的人物，大都是悲剧人物。丁新民看看我道，我明白了。我说，老丁真的，真的。丁新民哈哈地笑着说，文人呀，你让我说你甚好呢？我说，要不人家说我们百无一用呢！丁新民瞪起眼睛道，你咋无用？那是他们瞎了眼窝！你可是咱兵团战友的宝贝！是咱鄂尔多斯的宝贝。老肖啊，我还是觉得你要圆满完成市里交给你的写作任务。我说，我想想。他说，这有啥想的？认认真真完成就行了。我可以给你提供采访上的方便。我说，这市里有安排，这点你放心，市里领导非常重视这事。丁新民说：我咋听说市里领导找不到你？让某某某打到小田这儿来。我说，不是的，是我手机忽然出毛病了，领导找不见我有些着急了……丁新民打断我道，你想好了再说行不行？我不禁笑了。我说，老丁啊，我听阿龙他们讲中宣部已经批了内蒙古宣传部的报告，把咱企业要当成重大典型宣传推广哩。作家协会已经定了，要来几位主席，亲自上手写东西哩。丁新民说，好呀，大作家们来东方路桥了。我知道你在想什么，人家来了，你却走了是不是？你看这样好不好，咱们近日共同见个面，把一些要表达的东西定下了，我安排他们采访，你该干什么就干什么，办事不要拖泥带水的。我说，全市的采访我已经差不多了，就差定下心来写作了。丁总说，那就好。你写你的，他们写他们的，两不耽误。我非常感谢丁新民的理解和安排，主要是周到，考虑得这么细致。我说，这样吧，前期我和作家一块工作采访，他们开始写作我也去给市里完成写作任务。那我就跟他们联系了？我说着拿出手机就要给作家协会打电话，丁新民狡黠地问，你电话这就毛病好了？他见我一脸尴尬，不禁哈哈大笑。

天有不测风云，正当我们接待作家采风团来东方路桥采风时，传来了汶川地震的消息，电视上惨烈的画面和不断滚动的消息撞击着电视机前的人们。丁新民目不转睛地盯着电视机，叹了一口气说，国家这么大，这病那灾的，这次不知死多少人呢？我说，现在凭咱国家的国力，这点小灾小难真不算啥。丁新民说，我看这次可不是小灾小难，四川这是咋了？没个完了了？前两年不是刚震过，咋又来了？唉，泥石流、地震，想想都糟心得慌。我说，现代通信技术，这那儿出点啥事，几秒钟就传遍世界。过去咱在兵团时，半个月才来次报纸，啥都不知道。现在……我摇了摇头说，信息灌输得太多，搞得人心乱慌慌的。丁新民说，看样子这次灾可不小，好多山都塌了，出现堰塞湖了，这要是湖水再冲出来，哎呀呀……他摇着头说，老肖，你说咱能帮上甚忙？咱再捐个一百零八万？我知道，丁新民说的所谓一百零八万，是东方路桥集团面对社会突发事件救助支援的常态，像长江洪水、黄河凌汛、印尼海啸等都是第一时间捐助这么多钱。我说，好啊，献上咱东方人的一点心意。丁新民分析说，我看国家救援马上就要开始了，实际上大家都扛一膀子，汶川就挺住了。一方有难，八方支援，又到考验咱中国人骨殖的时候了。我说，是啊，是啊，听你的，集团就再捐他一百零八万。

丁新民不说话了，目不转睛地盯着电视画面，皱着眉，像是在沉思什么。我想可能是突发的汶川地震，刺疼了重情重义的丁新民，也可能是企业家的社会责任感冲撞着怜悯苍生的丁新民，我知道丁新民凡是静下来不说话的时候，就是他在认真考虑一些事情，他经常会冷不丁地冒出一些问题，搞得你手足无措。他会冷不丁问你，老肖，你今天想个吃甚的，这些日子真不知吃什么好了。问得你也蒙蒙的，真不知能想出些什么吃的。丁新民常说，现在吃饭都是个负担。我一睁眼，就问胡承慧，咱们今天吃些什么？要是等她问你，现在吃点什么，你就得想这事，今天吃点什么，是你逃不过的问题。你要随口说随便，这真能难死厨子。世上最难做的饭就是随便。所以，我一早就甩锅，把这事甩给胡承慧考虑。我笑道，老丁啊，你真是狡猾狡猾的。老丁说，我没有办法啊，一日三餐谁也绕不过去啊！解决这问题的方法，就是先让她想去，他呵呵地笑了起来。要是我们一块出差，他总是把吃的问题甩给我，我就挖空心思想吃什么，觉得中国人这是咋了，真到了不知该吃些什么的日子了？真成富贵闲人了？丁新民常说，人一想到没啥可吃的，我看就差不多了。所以，他就让身边的人挖空心思想吃些什么？像什么煮玉米啊，蒸山药蛋啊，胡油烙饼炒鸡蛋啊，杀猪菜啊，每个人都会翻腾起少时儿时吃的最爱，这会引起许多话题，人们高兴地聊得天南海北，古今中外。曾有朋友问我，像丁新民这样的大老板每天想什么？我说，他一睁眼就想今天吃什么？朋友睁大了眼，惊奇地问：是吗？我说，你说是吗？朋友想想说，也有可能。我说，啥可能？就是！民以食为天嘛！你以为他是甚？挣钱的机器？一睁眼就拨拉算盘珠子？朋友笑了。

我给丁新民说，刚才老布来了个电话，说他们已经起身了，一会儿就到了。我说的老布，是内蒙古作家协会常务副主席兼秘书长布仁巴雅尔，他正和自治区文联的几位领导往蒙古风情园这边来哩。丁新民站起说，走，我得去迎迎他们。我说，老武他们已经在大厅等着了。丁新民说，初次见面，我一定得去迎迎。

我俩出屋，向可汗宫的大堂走去。大堂上，已经有武新民、霍春利、小田等人在等着。人们都在大声议论着，说的都是关于汶川地震的事情。武新民看到我们过来，迎上来对丁新民说，老丁，刚才一些分公司经理打电话，问集团如何布置抗震救灾的事情？丁新民说，先让他们动起来，不要等啥通知，告诉他们，现在是我们给国家扛膀子的时候了，也是考验我们骨殖的时候了。武新民说，我知道了，我马上把你的意思通知下去。丁新民说，现在情况还不是太明了，到时集团会有一个统一说法，让他们先动起来。武新民说，我知道了，我一会儿就通知他们。这次汶川是遭大难了，也是考验我们的时候到了。丁新民说，是得有这么个认识，能出多大力就出多大力吧。你再给党办的人说一声，让他们以党委的名义发个号召，先让集团内的共产党员都动起来。这个时候，共产党员都得冲上去！

正说着，布仁巴雅尔他们的车到了，慢慢停在了大堂门前，丁新民带着我们一行赶快迎了上去，布仁巴雅尔和内蒙古作协主席阿尔泰、自治区文联副主席哈斯乌拉走进了大堂，兴高采烈地与丁新民握手拥抱。我知道，他们几个都是内蒙古文坛上的宿将，阿尔泰还是中国作家协会主席团的成员，是有着国际影响的大诗人。丁新民把他们迎进了餐厅，大家一同喝蒙古早茶。丁新民笑着说，我觉得风情园的奶茶熬得不错，还能端打出去。蒙古人喝茶和广东人喝早茶差不多，不同的是蒙古早茶是冷肉、炒米、奶制品还有各种蒙古式小点心摆了一桌，也是琳琅满目。一人面前放了一个大奶茶碗，人们各取所需，往里面放着各式吃的，然后倒奶茶。哈斯乌拉尝了一口奶茶，点着头说，嗯，不错。我现在在家里是每天早晨喝上几壶，得把喝出来的汗再喝回去。丁新民说，这是正经喝法，我老父亲过去就是这么个喝法。阿尔泰说，丁总啊，肖主席上次在主席办公会议上，就把咱们集团的事情讲了，宣传部文联也挺重视，并且把集团的情况报告了中宣部，中宣部也作出了明确指示，要集中在各类媒体上宣传东方路桥集团，特别是你丁老总和农民工之间的先进事迹。丁新民笑了说，人家农民工打工你给人家发工钱，你说这能叫先进吗？克扣工钱是叫缺德，违法！说良心话，这不是我做得多好，而是社会上有些人做得不好，才把我显出来了，这也多少有些矬子里拔将军哟！丁新民说着哈哈地笑了。哈斯乌拉说，人们倒退成什么样了？过去哪有克扣工资的说法，这成了啥？旧社会的地主资本家做得出来不？解放前工人罢工游行，都是提增加工资，我就没有听说有要求补发工资的！现在成了什么样子！丁新民说，我们是共产党，我们是在建设党的企业，人民的企业，我恨不得把自己的心窝子掏出来！你们信不信？我说，老丁你呀问了我有一百遍了。丁新民说，现在就奇了怪了，人说掏心窝子话，反倒没人信了。布仁巴雅尔说，我们都信，我们不就是被吸引过来了？丁新民说，我就是说下来的事就得办，人家受苦的出了力，你就得老老实实给人家发工钱，企业还能怕工人挣上钱？要是黑着心克扣工钱，那它早晚得倒塌污烂！这不是明明白白的事情嘛！哈斯乌拉说，老丁啊，我就听你说这两句，心里就暖洋洋的，真的来到了党的企业。你老丁就是一缕阳光，一道彩虹，让我们这些文人心里都暖烘烘的。我表个态，这次我一定要承担写作任务，写写我们诚信道义的蒙古族企业家，用我手中的笔，呼唤阳光和正义！丁新民笑着道，你们还是要到下面走一走，看一看。布仁巴雅尔说，我们这次就是要走到基层去，走到第一线去。丁新民高兴地说，好，我这次陪你们下去，看看一线农民工怎么干的，听听他们怎么说的！

中午的时候，我们就赶到了呼和浩特市和鄂尔多斯市交界的黄河边上。东方路桥集团正在这里建造跨度为六千延米长的海生不浪大桥。据说，这是内蒙古的施工企业第一次承担黄河大桥的建造工程，过去承担黄河大桥建设的大都是央企。丁新民说，我们东方路桥集团就是要敢想敢干，承担过去我们不可能承担的工程任务。当我们赶到海生不浪大桥工地时，已经是中午时分了，太阳火辣辣地当头照着，黄河泛起泥浆及白色的泡沫，打着旋涡滚滚流淌。海生不浪大桥建设工地我是第一次来，看着黄河河道上一排排像高楼一样的桥墩，整齐向北而去。过河的桥墩正在紧张地铺设桥面。桥墩以上直到桥顶全被红色的铁管子搭成脚手架，密密匝匝就像一个红色的宫殿。我是第一次见这样修桥的，感到很是震撼。这时，这个工地指挥部的经理们来了，有我认识的刘忠义，剩下的我也都不认识了。丁新民与他们热情地握手，并介绍一位总工程师。总工是位个子不高的中年人，戴着一副眼镜，显得文质彬彬，丁新民介绍他是清华大学的高才生，现在负责海生不浪大桥的全面建设。我也挺惊奇的，不知丁新民的团队何时变得这般兵强马壮。总工程师介绍了这座大桥的情况，说这是一座联系国道边接呼和浩特至鄂尔多斯的重要桥梁，建成以后对推动呼包鄂经济发展起着巨大的推动作用。

我们登上了建设的海生不浪大桥，有几十米高，往下一看河浪滔滔，东面的黄河浪涛滚滚而来，发出呜哇哇的响声。站在桥面上，带着河腥气的劲风呼呼扑来，吹拂着我们的头发。丁新民观望着，微笑着问阿尔泰：咋样？挺气魄吧？阿尔泰道，好有气势，一下涌起我的不少诗性。丁新民道：那就好，就好。我们下了桥，正好碰上工人开饭，一个饭车推在空地上。工人们围着打饭、盛菜，丁新民走了过去，问正在吃饭的工人，咋？你们伙食还行吧？众人都说，好着哩。领导好着哩！丁新民走过去，拿起饭勺和了和菜，说肉勾鸡，好菜哟！他又问工地上的经理，是不是听说我来，特意安排的？经理笑着说，哪能呢？这十天的菜谱都贴在墙上哩，下午是炖鱼回锅肉哩。

正说着，一个三十岁左右的妇女穿着白围裙，风风火火地走了过来，大声嚷嚷道：哪位是丁总？丁新民说，我就是丁新民，您有甚事？那妇女笑道：你真是丁总啊？我可是见着活人了！我就常想啊，这人长啥样呢？她拍了一下手道，我看着你，就是好人模样！人们哄地笑了，丁新民也笑了。丁新民问：听你口音不是当地人？那妇女说：我是四川绵阳人，跟老公一块出来打零工，我就在工地食堂做饭。我们天南海北工地去得多了，属你们内蒙古好。工人还有伙食补贴，一天一斤肉，天爷，你咋有这样的好心眼？你看他们这一个个的，吃得膘肥体壮的，魁魁梧梧的。就连看工地的大黑狗，毛摸上去都发光，吃得好哩！

众人听得哈哈大笑。那妇女瞪着眼珠道：丁老板哎，你咋对农民工这么好?！丁新民叫了一声：好妹子哟，然后用手指了指蹲在阴凉地下吃饭的农民工们说：他们天南地北地来我工地打工挣钱同样也帮我们公司挣钱，我能不对他们这些财神爷好？那妇女跺下脚说：你这是抬举他们哩，你才是大老板财神爷！

丁新民说：大妹子，在我的眼里，劳动者、农民工们才是我们真正的财神爷！大家离家万数里地来我这里打工，大家辛苦了，我丁新民谢谢大家了！

丁新民说着，冲大家鞠了一躬，农民工们噢噢叫了起来，还拍起了巴掌。丁新民扬起了双臂，冲大家热情地打着招呼。我看了看阿尔泰，这个壮壮的高个蒙古汉子，竟然用衣袖轻轻擦拭着眼睛。我想，诗人一定是被感动了。哈斯乌拉诚挚地说，我见过不少好人，可像丁新民这样的好人我是第一次见到。布仁巴雅尔笑着跑了过来，我问，啥高兴事呀？乐成这样？布仁巴雅尔说：那四川女人真神道，让我对丁总说，别对干粗活的人太好，人一吃好就长懒膘，再到别的工地就没法干了……

我哈哈大笑起来，丁新民回过头来问我，老肖，咋这么乐呵？我说，你想知道吗？丁新民道，你说说。我说，我就不告诉你！丁新民使劲拍了一下我的肩膀，我疼得啊啊大叫，众人又是大笑。布仁巴雅尔对丁新民说，人家是嫌你对他们太好了。丁新民憨憨地说，是有这么个说法，说肚皮吃白了，就受不下苦了……

这话引得我们一通唏嘘。

我们一行，在鄂尔多斯的东方路桥集团整整采风了三天，还特意参观了丁新民专为农民工建造的民工创业园区。那就是东方路桥集团建造的一个商品房小区，在东胜区的东郊，我们先是参观了小区配套的幼儿园、小学教育设施，即东方幼儿园、东方小学，丁新民投资了两亿多元，教学楼、体育场都是一流的，校园的道路都是沥青铺筑的，建成后全部移交当地教育部门，保持着公立学校的性质。这对吸引业主有着关键性的作用。东方小学的校长是一位从外地招聘来的青年女士，曾对我和丁总说，她在教育系统工作十多年了，去过无数学校，像校园内沥青路铺地的是第一次见到。丁新民对我说，沥青路面要比水泥路面造价高几倍，弹性好，学生们走上去舒服。配套学校、幼儿园，咱的农民工创业园区就成了学区房，好抢手哩，还有的找我走后门，我说我得先保证农民工的需要。农民工们挑剩下后，再考虑别人。这是一个花园洋房小区，有独栋别墅，联排别墅，低层洋房，水电气已经入户，基本建设已经完毕，错落有致，物业正在栽植树木花草。小区随原有地形建设，层次非常分明。阿尔泰说，我看比澳大利亚的花园洋房不差，我在澳大利亚孩子那儿住过半年，这里的环境设施一点也不差。丁新民高兴地告诉我们，这幢别墅是白进勤的，那幢是张进宝的，这幢是安军的，这幢是谁谁谁的，他如数家珍地给我们介绍着这一幢幢别墅的农民工兄弟，大多是我认识的，还有许许多多我不认识的。哈斯乌拉问价格，丁新民说我给他们出台政策，他们是非常满意的。我给他们讲解丁新民说的政策，就是各种优惠和减免。丁新民说，我还能从他们身上挣钱？人家是我的财神爷哩！现在是农民工兄弟供我，我供着所有的农民工兄弟！他有些不满意的是，院子太小了，原先我是想让他们各种筑路机械全能摆放进来，后来物业和农民工兄弟说这是家，家要有家的模样，别搞成建筑工地的模样。我一想也对，也就这么个格局了。阿尔泰问，农民工愿意搬来东胜住吗？丁新民说，完全自愿，愿意的提供各项优惠政策，不愿意的绝不勉强。我可是为他们想上了，原先我都有在农民工较集中的地方，建设东方小区，可一看不行，农村基本没人了，都出来了。我才下决心在东胜建设民工创业园区，现在看来效果不错。我说，老丁原先还想给这些农民工一家碹几间冬暖夏凉的大石窑哩！人们笑了，老丁说，我这人就爱瞎想八想。就是见不了受苦人受治。

这天，我们还来到了袁顺利的农民工联队工地，那是一幢整洁的小院，轻钢搭建的红色工房整整齐齐，每个房间还标志着用场。像党员活动室、图书室、联队长、财会室等等，就是一个小单位。院里有菜地，油菜开着黄花，几只小蝴蝶在菜地里飞来飞去的。院子里停着几辆车，其中一台黑色的日产雷克萨斯4700越野车非常霸气。丁新民说，看这车，快和我有一拼了。袁总啊，看不上我奖你的越野车了？袁顺利尴尬地说，丁老总啊你骂我，可是你鼓捣我换车的。贺车时，你还喝了两杯哩。我换了车你又捎打我。好多人都让你鼓捣得换了车，像老白啊，张金宝啊，袁虎啊，安军啊，你就说我。袁顺利也就三十刚出头，高高大大，浓黑乌亮的头发，浑身透着青春朝气。我说顺利啊，前些年你的梦想不就是买辆小四轮农用车吗？袁顺利说，肖局长，我这不是碰上丁总了嘛。哈斯乌拉说，我们这些厅级干部也就是坐辆桑塔纳，真没法和你们比啊！我说，谁让你跑文联去了呢？你要是还在盟里宣传部当部长，看看你坐啥车？阿尔泰说，谁让咱们爱好文学呢？丁新民问袁顺利，今年你揽了多少工程？袁顺利说，八千多万吧。丁新民说，看看机械化厉害不？过去有个三五十万工程就乐屁颠了，能挣个万儿八千就满足了！看看现在，明年说啥你也得上亿！你要对得起自己的劳动模范称号！人家袁总现在可是市里的劳动模范！大照片在墙上贴着哩。袁顺利有些不好意思地笑着，他又领着我们参观院里联队宣传图窗。有民工称他袁书记，原来袁顺利还是这个民工联队的支部书记哩。最让人感动的是汶川地震募捐栏，这个联队已经募捐了二十多万元了，全是农民工捐的，仅袁顺利一个人一下子就捐了两万。丁新民拍了拍袁顺利的肩膀，什么话也没说。我看阿尔泰等人静静地站在募捐栏前，认真地看着，似乎在思索着什么。

丁新民对我们说，人家袁总非要留你们吃晚饭哩。袁顺利说，丁老总哎，在你面前我哪敢称什么总？我臊得不行哩。我们都笑了起来，丁新民说，好，咱就在袁顺利这儿吃晚饭。哈斯乌拉说，你们大食堂吃什么，我们就吃什么。他们已经在袁顺利的办公室里摆好了一张桌子，还有一个纱布罩子罩着，说是怕招蚊蝇。我说咱工地越来越讲究了。那年我去老丁他们公路局的工地，那苍蝇都能扛住门，人都进不去。布仁巴雅尔说，老肖果然是大作家，语言表达好生动。我们坐下了。各式菜肴已经摆满了桌，还有我爱吃的煮毛豆和蒸玉米。袁顺利打开一瓶酒说，丁老总，今天我得给肖局长接接风。我说，你是招待几位主席的嘛，咋把我给抬到前面了？丁新民说，你也是主席嘛！阿尔泰说他最近不喝酒了，得检查检查心脏。哈斯乌拉说他也有什么毛病，不敢喝了。丁新民说，胡承慧最近常念紧箍咒，我现在看到酒就头疼。我说，现在蒙古人都不喝酒了，还是我这个蒙古化的汉人跟农民工兄弟喝吧。听我这样一说，丁新民说，顺利，你把每人跟前的高脚杯倒满，我们这些汉化的蒙古人跟老肖这个蒙古化的汉人喝一喝。哈斯乌拉高兴地说，好，喝一喝。阿尔泰也说，我今天就跟老肖喝一喝。布仁巴雅尔早就打开酒，把每人面前的高脚杯咕咚咚倒满。丁新民端起一杯酒说，各位主席，感谢你们来工地做客、采访，我代表集团一万余名农民工敬你们酒了。谢谢你们还想着这些兄弟，我先干为敬了。丁新民说着端起一高脚杯白酒，一仰脖干了。阿尔泰也干了，哈斯乌拉笑着说，看你们这头带的，我又回到锡林郭勒草原上了，说着也一仰脖干了。布仁巴雅尔拿酒与我和袁顺利碰了一下，我们一同干了。那晚上的酒真是喝嗨了，不知这样干了多少杯，阿尔泰、哈斯乌拉还唱了锡盟民歌，丁新民也唱了一支歌，是《我们是毛主席的兵团战士》，到后面是我俩一同喊完的。那天晚上，喝了那么多酒，却几乎没有一点醉意、酒意。我们一同看夜空茫茫，星河沉沉，醉人的鄂尔多斯的夏夜啊！丁新民拉着我坐在沙丘上，对我说，老肖啊，我真觉得我不该得到这么多，何德何能啊？这些日子丁新民常给我说个问题，说自己已经得到许多了，这都是国家和人民给的，我不过是替社会保管着。我常说他你是个明白人啊！丁新民对我说，你看，这次汶川地震多厉害，国家遭多大的难，损失多大！我说，是啊是啊，看手机上的信息心就抽得慌！丁新民说，老肖啊，我想给中央写封信，要把我名下所有的资产，包括企业全部捐出去，支援抗震救灾！我虽然知道他常想这个事情，但仍然有些惊讶。丁新民对我说，我想，我上一辈，到现在我全家人人都是共产党员，国家有难，我们共产党员就要冲上去！就是把命搭上去又怎么样？这点资产真算不了什么！我说，支援抗震救灾的形式可以有许多，未必都是全捐！你现在把企业办成党的企业人民的企业，一下子解决那么多人就业，带领着那么多农民工致富，这就是给国家做了很大的贡献。丁新民说，这些日子让汶川地震闹得我心中火烧火燎的，要不是我年纪大了，身子骨也不如从前了，我现在就想带着人冲上抗震第一线。我说，是啊，是啊，现在集团这么多人站出来捐款，就已经冲上去了，咱作为民营企业已经很好了。丁新民说，我可不这么想，我总觉得现在有人在喊，共产党员冲上去，冲上去——丁新民说，我眼前总晃动着战争年代我老爸挥着马刀冲锋呐喊的样子。老肖啊，你能不能代我给中央写封信，把我这意思说一说？我说，好的，咱今晚上都想一想，明天商量一下这信咋写法？

第二天早上，我到了丁新民的办公室。丁新民对我说，昨天我和阿龙通了电话，他仍是坚持要我继续办好企业，这照样是为国家做贡献。阿部长和我商量了半天，最后商定我可以向党组织交一笔特殊党费，并且号召全集团的共产党员都参加。我也觉得这个形式更好，方法也好，这也是一次党课教育，党性教育。我说，还是阿部长考虑得更周全一些。丁新民说，现在已经通知下去了，下午就开大会。想明白了就办。听说自治区党委组织部、市委组织部的主要领导都要来参加。我还要想想下午的会上说点什么。

下午的支援汶川抗震救灾交纳特殊党费的大会开得挺庄重，各级领导来了许多。会上，全集团共产党员包括农民工党员共交纳了五百六十多万特殊党费。丁新民全家五位共产党员共交纳了二百万元特殊党费，其中丁新民夫妇一百万，丁鼎五十万，胡承慧、丁玮二人五十万。集团党委、董事会领导，交纳都在五万元以上，每个党员民工联队长都在二万元以上。当时，参会的自治区党委领导，握住丁新民的手说，我们感受到了东方路桥党员爱心的铿锵跳动，领略到了社会主义新型企业的党员风采！

又是一个春天到来，由内蒙古文联和作家协会组织的集中采写的反映东方路桥集团和丁新民的三本长篇报告文学杀青成书了，它们是哈斯乌拉、刘志成撰写的《百年东方》，田培良撰写的《好人丁新民》，布仁巴雅尔、马宝山撰写的《丁新民和他的农民工兄弟》，并且这三本书同时获得了内蒙古自治区的“社会主义精神文明建设五个一工程优秀图书奖”。人们说，这么多作家集中写一个企业，写了这么多图书又同时获奖，这也是自治区文学史上从未有过的事情。自治区党委宣传部同时又选送了《丁新民和他的农民工兄弟》申报参加了中宣部五个一工程奖，并获得了优秀图书奖，实现了自治区在这个图书奖项零的突破。同年自治区党委宣传部，中国作家协会创研部，中国少数民族作家学会又在人民大会堂召开了《丁新民和他的农民工兄弟》的作品研讨会。

那是一个春光明媚的上午，北京城的天空格外蓝，像一片大海。这天，丁新民带着他的几十位民工兄弟拿着请柬走进人民大会堂开自己的会了。丁新民、白进勤、张金宝、袁顺利、邵风英等农民工们庄重地走上高高的台阶，高兴地坐在一起，笑在一起。农民工们看着庄严的人民大会堂，坐在了洁白的沙发椅上，仍觉得在梦中。他们在会议贵宾签到簿上，工工整整地留下了自己的名字，刹那间，主人公的使命感燃烧在这些共和国的一线劳动者火热的胸中。丁新民还告诉这些农民工兄弟，会议还安排他们下午登上天安门城楼，一睹北京城的风采，他们感到自己真的走进了梦中——丁新民为他们编织的庄严而又神圣的梦。而这个梦正在成为能触摸得到的美丽现实。这些农民工们还看到了平时只能在电视上看到的一些人物，美丽大气的铁凝主席来了，中国作协党组书记李冰来了，中宣部原常务副部长翟泰丰来了，国家民委副主任吴仕民来了，作家协会副主席陈建功来了，中国少数民族作家学会常务副会长叶梅来了，著名作家玛拉沁夫来了，著名评论家张守仁、崔道怡、雷达、范咏戈、李建军来了，还有中宣部领导的代表、中宣部文艺局局长，新闻出版局长，国务院研究中心的副主任来了，丁新民的兵团战友文艺家梅门造、冯双白来了，还有那么多的全国著名作家、评论家，全国各大新闻媒体的记者来了，足足有一百多位国家的社会贤达和名流，会聚到了丁新民与他的民工兄弟中间。快开会了，李冰书记寻找着丁新民，他让工作人员把他请到了台前，丁新民说我坐在这儿就挺好，时刻就在我的农民工兄弟中间。会议组织者告诉我，主席和党组书记同时出席一部作品讨论会，在中国作家协会的历史上从来没有过。这是丁新民和他的农民工兄弟的故事把他们吸引来的。

按着会议的会序，翟泰丰原来是会议压场发言的。但主持人讲完话后，翟泰丰却要求首先发言。这位老部长说，他今天非常想说话发言。看到了这么多农民工来到了人民大会堂，更想提前说说话。他用诗一样的语言说道：我走进这部大书，一路聆听丁新民的倾诉，探秘他灵魂的崇高，在他的精神世界里沉思，仰望他信仰的高度，走进他的内心世界对话。翟泰丰认为：丁新民不是一个一般的企业家，他是一个有思想，有灼见，有胆识，善思考，勇于创新的时代弄潮人，也是敢于追逐时代的勇敢者。我觉得他不愧是一个伟大的理论家，对丁新民的评价是那样精准和到位。翟泰丰对丁新民和万千农民工兄弟创建社会主义新型企业的努力和实践，给予了非常准确的定位：小企业，大思想。他提出和分析了“丁新民现象”，认为这个巨大的效应的闪现，将对中国企业家、中国农民工的生产，以及整个社会生活都会产生具有深远意义的影响。全国政协常委，中国作家协会副主席陈建功称丁新民是社会主义市场经济的思想者、探索者、实践者。著名评论家、编辑家张守仁称《丁新民和他的农民工兄弟》，是一曲人间大爱的颂歌，是人的颂歌。最让人感动的是，会议主办者还安排了农民工白进勤、邵风英发言。

永遠的兵團戰友
不朽的兵團精神

白进勤的故事我们都知道了，这里就不再絮叨了。邵风英和她的丈夫都是下岗职工，平时只能靠捡破烂过日子。后来这个坚强的女人，在丁新民“让无产者变成有产者”口号的感召之下，组织一些下岗工人和农民工建成民工联队来到了东方路桥，后来，一步步发展起来了，经过五年劳苦奋斗由最底层的城市贫民变成了堂堂正正的有产者。她说，我总想着我们这些人扛着锹头来到东方路桥时的样子，那时跟一群叫花子没甚区别呀，是丁总接纳了我们，引导我们走发家致富的路子。现在我有房有车了，人们现在还称我邵书记，我这个下岗的共产党员，在东方路桥找到了温暖的家，奋斗者的家。想想这一切全是丁总给我的！她话语不多，与会者都能感受到这个故事所蕴藏的巨大能量。最后丁新民还说了几句话，他说，真不是我们做得有多好，我知道我不过是做了该做的，能做的一点事情。现在是社会上有些人这件事情没有做好，就衬得我们的好了。我知道我的位置，通过这次会议，我更清楚了自己的位置，更明白我要做好什么。我不会让领导和专家学者失望的，这条路我和我的农民工兄弟一定要走到底。他这朴朴实实的语言，引来了满堂的掌声。当时自治区文联的一位领导对我说，老丁太会说话了，就这么几句太到位了，也太有力量了。我可是真真被感动了。我对他说，我与老丁交往几十年了，他看似粗人，实是智者。

那天，丁新民和他的农民工兄弟们，还一同登上了天安门城楼观光。我看到了，他还和农民工兄弟们在天安门城楼上留的一张影，这些劳动者们是真高兴啊，笑啊，笑啊，黑红脸膛上洋溢出的笑容似乎都要飞了出来……

| 第十五章 |

让无产者变成有产者，一句誓言化成天空上的彩练

这天，我正在武新民的办公室里喝茶闲聊，丁新民走了进来，对我们说，一晃，集团成立就要十周年了，咱们是不是也要搞搞庆祝啊？武新民说，可不是，马上就十周年了，咱也得红火红火，放放焰火什么的。丁新民笑了说，这次，我还真不想闹什么红火。我知道丁新民这人有个特点，一般来说，他不考虑成熟，是不会提出这个问题的。我说，老丁啊，你有什么想法就说出来，需要我做的，你发令就是了。他微微笑了，我哪敢给你发令，就是想跟你们商量一下。老武说，看你个老丁，你想透了，我照办就是了。老武从来就是快人快语，几十年的交情了，他的性格我们是非常清楚的。

丁新民说，他想搞一台庆祝晚会，不想像社会上那样动不动就请明星助阵，赶个大集搞个交流会也要请什么大腕来凑红火。我说现在兴这个，咱鄂尔多斯红火得闹不住了，武新民说不是口袋里钱撑得，就是裤裆里的雀顶得，鄂尔多斯就剩下个红火了。我们都笑了。老武话说得糙，可真就是这样。有时我们聊天，你就想不出社会上哪个演艺明星大腕没来鄂尔多斯红火过。听说，现在从市里到旗里都有节庆办这样的机构，专门负责节庆大的活

动，老百姓们称其为红火办。当时，市里和大企业搞个节庆不花个三两千万就过不去。丁新民笑了，这没啥，花了钱老百姓们看了红火也好。武新民说那谁，今年就来鄂尔多斯红火了三趟。一次出场没个百八十万，人家尿你哩。我听老夏说过，每到这个时候，市里节庆办就把市属机关好多车调过去集中接送大腕明星，老夏就被调去服务过。一次往机场送人，到了机场临下车时，他才发现他拉的竟是谁谁谁，这个谁谁谁，是国内一线的大明星，无人不知，无人不晓的。听开政协会议的朋友说，这人要是出现在会场时，摄像机镜头全都得冲她转过去，记者有时把中央领导都放到了一边。记者们扛着摄像机举着照相机跑，就像哇哇发大水一样。这是个浮动喧嚣的时代。难道老丁也想红火一把？我正思谋着，丁新民说了，我可不想凑这个热闹。我说，是的不花这个冤枉钱。丁新民说，这还真不是个花钱的事情，我是想咱也庆祝了，也把事情办了，还要留下一批东西。

我说，老丁你就布置吧。让我老肖办的，我没二话。丁新民说，这次真还得请你这个大作家出山。武新民说，嘿，看你说的，老肖这人最好说话。丁新民说，他可不好说话，我知道，要不是某书记前些日子把他关在成陵的布拉格宾馆里，他现在的书还不知在哪里呢！武新民说，我可听说你喝了某书记十几箱子五粮液。我说，没那么夸张。丁新民笑着说，我听小夏说，不光你喝，你还隔三岔五地把交通局的那帮部下叫去喝，喝得市委接待办的人结账时大眼瞪小眼，说真是个肖不醉啊！众人大笑。

丁新民对我说，老肖，你得出个舞台台本，就是个大纲，要容纳进点东西，然后再找人创作。咱们这次从编创到演员全用自己的人，咱有现成的艺术团，咱兵团战友有的是写词的、编曲的、唱歌的、跳舞的，我看咱把他们都发动起来。通过这次活动，我估摸着咱企业肯定能留下二十首歌，这可是宝贵的文化财产。还能把艺术团的质量提高一下，让他们也得跟着企业的步伐前进。

很快，我就拉出了舞台晚会《我们的东方》的初稿，丁新民看过以后说，我看这框架行，咱去趟北京给梅干事看一看。创编人员还得由他挑选组织。丁新民说的梅干事是原总政歌舞团的独唱演员，“文革”中下放到兵团三师政治部当宣传干事，后又调到总后勤部创作室担任创作员。还是解放军艺术学院的外聘教授。他是经过战火考验的老革命，虽然头发都已经花白了，但精气神十足。去年还在蒙古风情园组织了一场兵团战友大聚会，纪念《兵团放歌》出版发行。这是丁新民找人精选的兵团时期各师宣传队创作演出的歌曲，组织发行出版和以各省市战友排练，然后集中到蒙古风情园集会演出。京津保定的战友们乘着几辆大轿子车不远千里赶来，老丁早就安排我去收费站车口，带他们来风情园。见到战友格外亲，我上了他们的大轿子车，带着车队浩浩荡荡往风情园而来。一拐进风情园的园区小路，一支马队就冲了过来，我也没搞清楚是怎么回事，带着车队就进了可汗宫的大堂前。我看见老丁红黑着脸，冲我大喊大叫的，我也不知发生了什么事，一时蒙在那里。这时，武新民跑了过来，说，好你个老肖，全把老丁马队迎接的程序打乱了。你们应当停下来，让马队带着你们过来。老丁可给马队的人布置上了，全让你给冲了。老丁黑着脸冲我吼，你就干不成这事情。你赶紧想两句话，明天会场上挂条幅用，这可是咱们的主题。武新民说，这才是老肖的强项！他是个迎来送往的？他还不知道谁迎谁送呢！午宴开始了，自治区领导来了，兵团老首长来了，天南海北的兵团战友来了。原本安排在主桌的是自治区领导兵团老首长，各省带队的，在这张二十多人的大主桌上。现集团领导中的老兵团战士也在这张桌上。原本我是挨着老丁坐的，现在他的身边是一位挺能跑逛的北京某报社的一位副总编，趴在老丁的耳边说个没完。坐正席的是内蒙古人大的一位副主任，现也被一位大汉挤在了一边，正中坐着一位黑脸大汉。我一看不禁笑了，原来此老兄原本是我们连队赶马车的，后来困退回家早就下岗待业了，这次兵团战友聚会，他可能认为自己有资格坐正席，但我觉得这位置上视线好一些，他脑瓜里根本没有什么正席概念。他就坐在正席上跟丁新民聊得火热，会不会还问自治区领导，你老弟过去是哪个兵团的？这一切皆有可能。接待人员也不知他是何方神圣，只得站在他的后面为他倒茶服务，我一时挺佩服这位老兄的，就像当年坐在辕头上吆喝，没有什么忌惮。整个大厅摆了四五十桌，挤得满满当当，武新民和我反倒都没了地方，也没个坐落处。老武拉了我一把说，跟我走，不就吃口饭嘛。他把我拉到他住的房间，让人送来了一个凉盘和两瓶酒。他用牙咬开了瓶盖子，我俩吃喝了起来。我喝了口酒说，咱战友可真不把自己当外人。武新民说，那可不是，他可不管你领导不领导。我说，我挺有感慨的。武新民说，那就好，那就好。你把这瓶酒悠进去，老丁要的那两句话差不多就能出笼了。我说，我想得差不多了。正说着，丁新民推门走了进来，说，我听说你俩躲进这里面了。你俩倒会找清静。武新民说，老肖那两句话想出来了。丁新民高兴地说：老肖，你快说说！我说，不就是兵团战友聚会嘛！这两句怎么样？我随口念道：有权的没权的全我当年兄弟；有钱的没钱的全是兵团战友。丁新民一听，扑地笑出声来，说到底就是这么个意思。我也是常这么想的。可人家某某咋想？他说的某某，是位兵团战友出身的现任省级干部。武新民也说，老肖，你再想想，老丁虽说意思到了，可我听着咋像水泊梁山忠义堂上挂的幌子？这下连我也笑了。武新民又说，你看人家老丁说得多干脆，让无产者变成有产者，一听就提神来气。我说，那就让老丁直接说算了，还找我想什么？丁新民说，老武，这可是人家肖局长的强项！老肖刚才思路不错，你就按着刚才的思路更精练一些。我拿起酒瓶子仰脖灌了两口，然后对丁新民说，要不改成这样两句吧，永远的兵团战友，不朽的兵团精神。我一说出，丁新民拍掌大叫道，好，好，就是这两句了，永远的兵团战友，不朽的兵团精神。武新民也说，我看就是它了，也好记。他忙着找人去制作这两句标志性口号了。我对丁新民说，我觉得还是有权的没权的全我当年兄弟更亲切一些。丁新民拍拍我的肩头说，你慢慢喝，你当我傻啊？后来这两句话，成了兵团战友聚会时的标志性口号，丁新民还把它印在黄挎包上，作为战友聚会的纪念。并且把它作为礼品，送给全国各地的知青博物馆收藏。那天的晚会上，梅门造一身九八式军装，胸前还挂满了各式勋章，指挥台上的兵团战友演出队大合唱。随着晚会的结束，他还请丁新民上台，让他指挥参会的兵团战士大合唱。那天，丁新民一身绿军装上了台，显得挺有神采。那天我们都穿上了当年的绿军装，这是丁新民特意为这次兵团战友聚会准备的礼品。随着当年兵团战歌熟悉的乐曲响起，丁新民双手一挥，台上台下的兵团战友轰然唱起：

我们是毛主席的兵团战士
我们是战天斗地的勇敢闯将
遵照着毛主席的伟大教导
战斗在祖国北部边疆……

那天的丁新民在我的印象中，是他生命中最出彩的一天。他动情地指挥着，大声地唱着，我看到他眼中有泪光在闪动，那是青春的火花在闪现，这一切仿佛告诉我，还是当年的丁新民，还是当年的丁铁人……

为了去寻找梅门造，丁新民和我专门到了北京丰台梅门造居住的总后勤部干休所里。梅门造夫妇热情接待了我们一行，丁总直截了当提出了要求，希望梅老出山，这不仅是演一台节目，更重要的是把东方民族艺术团慢慢打造成一流的企业艺术院团。梅门造微笑着说，丁总亲自上门，看来我是任重道远了。我递上了我创作的《我们的东方》舞台脚本，真诚地说，这只是个想法，粗纲，你老就当抛砖引玉版吧。梅门造说，丁总、肖局长，你们年轻时虽是我的兵，但现在你们是领导，我以一个老兵的资格向你们保证，保证完成任务。丁新民握住梅门造的手说，真不敢当啊！我们共同尽力，把这台晚会搞好，我是把它当重要的企业文化建设来抓来办的。梅门造说，丁总，我要把原先兵团宣传队的创编人员发动起来，深入生活，进行创作。丁新民高兴地说：梅老，我就等你这句话哩。

我们回到呼市没多久，梅门造夫妇就来到了呼市可汗宫。很快，原兵团宣传队的创编人员张效毛、焦新道、唐冬瑞、刘立堃也来到可汗宫集中了。这些人当年都是兵团文艺创作的骨干，梅门造还联系了当年宣传队的战士，现中国舞蹈家协会的主席冯双白，作曲家、天津音乐学院院长姚盛昌，他们因忙于工作暂时不能来风情园报到，但也都愿意抽出时间支持《我们的东方》的创作。当时，初步拟创作歌曲二十余首，梅干事专门召开了在呼的词曲作家的研讨会。著名词作家、兵团战友火华，作曲家张新华都参加了。这些创作人员都领了创作任务，为了准确生动地表达东方路桥火热的劳动生活场面，丁新民亲自带着主创人员一个一个工地地深入采访，感受劳动一线的场景。丁新民对此投入了极大的热情，参与词曲创作人员的讨论。他托腮静静地听着，有时一坐就是几个小时。他说自己是个粗人，实际上他对文学艺术非常敏感和喜好，听这些艺术家讨论有时一听就是整整一天。像丁新民这样喜爱艺术钟情艺术的企业家，真是少见。当时的主创人员，都为丁总的真心付出深深地感动了。原本晚会压轴的主题歌《让无产者变成有产者》在创作时，因为原先担负创作的词作家说这个主题太大了，他找不到下笔的感觉，对这块也有些生疏，决定放弃这个任务了。人们有些着急了，压轴的东西没有，感到这个晚会塌了一块。当时创作组的人们都试着写了一首，可不管是作者还是我们听来都感到不太满意，无法走进丁新民的心灵和匹配他对这个提法那个火一般炽热的情感。别的节目都杀青了，可以交由艺术团的演员们彩排了，而这支压轴的歌迟迟不能付梓，我们的创作陷入了焦灼的状态。丁新民对我说，老肖你还记得咱俩那次的谈话吗？你那时激动的双眼放光，坐下站起的。我说，咋不记得？就是你这声呼唤才把我吸引到了你的身边。他说，就是要保持这样的激情，才能出好作品。我说，是的，写这样的歌就得站起坐下，像狮子关在笼子里一样来回转圈，要不停地吼，不住气地呐喊。丁新民忽然看着我说，老肖，你试试怎么样？我说，你又不是不知道我，我就是个写小说的，从没接触过歌词创作。丁新民鼓励我说，你就把心里的呐喊写出来，我觉得你行。我说，你觉得我行？丁新民说，我不是说了嘛！只是，你别有包袱，觉得这么大作家，出手不成功，让大家笑话。

这个家伙，就像一下子能钻进你的心里，能看见你的隐秘。我说，那我试试？丁新民笑着说，试试。开阖要大些，蓝天呀，大海呀，骏马呀，草原呀……丁新民高兴地抒开了情，一下子调动了我的思路，我的脑海中立即迸出两句，我高兴地说，我试试，我现在多少有感觉了，我得把它记下来……

我说着，急急地跑回了屋里，丁新民的笑声还在我的耳边回荡……我回到屋，抓起一支笔，在纸上记下了这样几句：

我们放飞希望像雄鹰直上蓝天
我们追逐理想像骏马狂奔草原
啊——
让无产者变成有产者

一句誓言化作天空上的彩练
这是山的呼啸海的呐喊
山呼海啸中我们奋勇向前
这是火的燃烧电的闪现
雷霆电火里我们昂首向前

我记下这么几句时，就好像心中响起定音鼓，有一种激越催得我心中怦怦乱跳，像是有许多话儿要说，有一种声音要喊。我感到眼前飘荡起一团火红，大旗猎猎，太阳当空，鹰飞长天，马奔草原，丁新民微笑着朝我走来，还有那么多熟悉的集团员工、农民工兄弟泥水一身，眼中闪着火花，潮涌般把我淹没，我在这骇浪惊涛中喊啊叫啊……

我很快完成了初稿，并喊来了丁新民，让他观看初稿。丁新民看完初稿后，显得很是兴奋，说是这么个劲头，写东西就要有这么一股劲。一股勇往直前的劲头非常重要，有理想，有瞻望。这歌词有冲劲了，还要有美好，有想象，有一个我们奋斗后的美好世界的展现，这样才会更有意义。老肖啊，不是我苛求，我觉得你应当把我的心扒出来，唱出来，喊出来！现在动有了，还要静下来，动静结合才会出现大气象！这不仅是我的，是东方路桥的，它应当是全人类的，我们奋斗我们努力是为了什么？还不是为了那般美好大同？那个鲜红的太阳照遍全球?!

丁新民说着，兴奋地挥了一下手，我跳了起来说，你这家伙，真有你的！你要是不写点什么，可惜了。他哈哈地笑了起来，对我说，要不找老武来，咱们再喝点，加加油？

我没有接他的话茬，拿起初稿凝眸看了起来，我都不知丁新民何时离开我的房间的。我想象着丁新民说的这般美好，脑中迸出两句，就赶紧记下来，有时就像豹子一样在屋子里转来转去的，啊啊叫几声，使劲挥动老拳，大约在房间疯了半天，才把这首歌写完。这首歌是这样的：

我们放飞希望像雄鹰直上蓝天
我们追逐理想像骏马狂奔草原
啊——
让无产者变成有产者
一句誓言化作天空上的彩练

这是山的呼啸，这是海的呐喊
山呼海啸我们破浪向前
鲜红的太阳照亮全球
劳动者挣脱身上锁链
先驱们前仆后继流血流汗
我们手中的旗帜火样鲜艳
让无产者变成有产者
劳动创造的世界春光盎然

这是火的燃烧，这是电的闪现
雷霆电火我们昂首向前
劳动者创造人类的大同
我们的信念钢硬铁坚
惊涛骇浪中高扬理想风帆
狂风暴雨中我们是展翅的海燕
让无产者变成有产者
劳动创造的世界红日出山

啊！让无产者变成有产者

向前！向前！

神州高明世界灿烂

环球同此冷暖

这首歌写好后，我直接拿给了梅门造看，我几乎是冲进他的房间的。梅门造看着我，他弯弯眉毛下的一双明目笑盈盈的，冲我说，听丁总讲，你亲自上手了？丁新民非常善于做铺垫。我要是想写一个什么东西，给他一讲，第二天好多人都知道了。我感到只有对我才是这样，他是觉得对我这种懒人或是自律性差一些的人最好多些监督和鞭策。我有几部作品就是被他鞭策出来的，八卷本文集也是他督促我整理出来的，他说你的文章得自己收揽起来，别写了几十年，最后找都找不到。我平时害怕别人问我最近写什么，也不喜欢别人这样问，但对丁新民，我内心真的是充满感激。

那天，我什么话也没有说，只是把稿纸递给了梅门造。梅门造低头看了起来，梅夫人头凑过去也看，我知道他们夫妇都是音乐家。五十年代，梅夫人是明星，总政歌舞团的独唱演员，出国演出时秀丽的大剧照就登在《人民画报》封面上。那时我还是在地上爬的孩子。梅门造看着，手渐渐握成拳轻轻抖晃着，梅夫人看完抬起头冲我乐滋滋竖起了大拇指。梅门造高兴地说，我有旋律了。我高兴地想梅老有感觉了，心里兴奋得翻江倒海，我兴冲冲地跑出去了。多年后，回忆起那天我的兴奋样，丁新民说，你老肖当时就跟二八小子一样，在屋子里蹦来跳去的，就像一只在雪地里觅食的半翅子（沙鸡的别称）。记得，那天丁新民看完后大叫道，拿酒来，叫老武来，我们得给老肖贺贺。那天，我们用高脚杯喝白酒，一碰就是一杯。丁新民兴奋地说，这首歌就应是这样，跟我想象的一样样。这是我几十年文学生涯来写的第一首诗，第一支歌。可能是敝帚自珍吧，我一直把这支歌作为我文学创作的代表作。第二年春天，我作为中国作家代表团的成员，应美国埃斯比基金会之邀，赴西雅图进行交流写作时，我就把这首诗作为我的代表作译成英文后提供给了埃斯比基金会。当我和刘庆邦到达美方提供的西雅图的海边创作别墅时，基金会的秘书把我介绍给美国同行和朋友时，那天，我的身份又多了一个头衔，中国诗人。我知道诗歌是文学王冠上的宝石，挂上诗人的头衔，内心自然是满足的，可我知道，这个诗人头衔是丁新民赐给我的，是他有意无意地浇灌了我心中的文学青春。

那天晚上，大约有十一点了，我的门被叩响了，我开门一看，原来是梅门造夫妇笑眯眯地站在我的门前，我忙把他们让进房间。梅门造告诉我，他把曲子一口气写出来了。梅夫人说，他可激动了，手舞足蹈的，这些年我都没有见过。肖局长，你这支歌写得真好，我看着心里都自然起旋律。梅门造说，是真好，特别提气，我先给你唱唱。我说，您可是抬举我了。我去把老丁找来，咱们一块听。梅门造说，不用了，咱们先听听这支不太成熟的，晚上我再补充补充，修订一下，然后明天再给丁总他们一块听。我说，那也行，天太晚了，老丁一兴奋，这觉也就没了。梅门造笑了说，你们真是好弟兄。梅门造清了清嗓子，然后开始了演唱。梅门造是资深的音乐家，四十年前，当我还是一个小青年时，曾在当时兵团宣传队的驻地，呼市郊区的一座部队林场里，听过他为兵团宣传队的演员们，声情并茂地唱《三套车》，那天，似乎是一个什么节日。我出差来呼市，去看我们师的老政委、时任兵团政治部主任的李永森，是老首长兴致勃勃地把我带到了兵团宣传队的驻地，参加兵团宣传队的节日联欢。当时，梅门造还是一个年轻的军官，是从总政歌舞团下放到兵团的。那天，他一开口：

冰雪遮盖着伏尔加河，冰河上跑着三套车……

那带有磁性的声音，在我的耳边绵绵响了四十年，让我懂得了什么是艺术，什么是真正的艺术家。谁想四十年后，我们重逢，已届八旬的梅门造，在为我一个人唱他亲自谱曲的歌。梅门造先是轻轻哼唱了起来，然后越来越激昂，我听得身子有些发紧，脸上一阵阵发麻，很快全身浸进了梅门造雄浑刚毅的歌声里。他唱着，我静静地听着，我的眼前浮现了万万千千像丁新民、白进勤、张金宝及各种肤色的人们，踏着这旋律浑然前来。他们闪闪的眼睛、炯炯的目光在他的歌声中跳荡，然后就像一个个五线谱符号碰撞交织滚成一团，火的燃烧雷的碰撞，山呼海啸，扑面而来。忽然，随着梅门造歌声的婉转，我们的眼前是美丽的草原，蔚蓝的天空，鲜花在绿草间轻轻绽放……他唱完了，余音仍在脑海中回荡，我的眼泪已经流下了面颊。梅门造看着我，目光纯净得就像孩子的眼睛，这是一双被艺术之神擦拭过的眼睛，他似乎是在问询征求我的意见，我想我的眼泪已经替我回答了。送他们上楼休息时，我对梅门造夫妇说了这样一句话，不是我偏心眼，咋看还是自己的娃娃好。梅门造夫妇高兴地笑了。

创作完毕，艺术团开始了排练。记得丁新民曾对艺术团的人们说，我们要打造高标准的艺术团体，刻苦训练，你们能有多大的本事，我就能够给你们提供足够的空间。我鼓励你们成名成家，你以后就是飞到天上，你也是东方路桥艺术团培养出来的，你们记着这点就行了。演员们跺脚欢呼，百十人的嗷嗷叫声，竟像海潮澎湃滚动。丁新民挥了下手，目光炯炯地看着他们说，孩子们，我们共同定个目标怎么样？三五年内，我们艺术团登上央视春晚怎么样？台下静悄悄的，人们看着这个敢想敢干，带着员工、农民工共同致富，而又不时突发奇想的硬汉，谁也没有说话，只是轻轻地笑了，好像是这位敬爱的老总在给他们说着一个美妙的童话、神话。能上春晚，这是多少艺术家、青年演员们的梦啊！丁新民忽然对这个企业艺术团体提出了一个登天的目标，这些孩子们蒙了，瞪大眼睛，看着这个和蔼的胖老头，似乎在说这可能吗？我也觉得丁新民给艺术团的目标定得太大了。我知道东方路桥艺术团，当丁新民决心打造一支一流的艺术团体时，基本上还是一个红火班子。所谓红火班子，就是平时也没什么大的演出任务，只是给游客表演一些简单的民族歌曲、民族舞蹈，和游客们转绕着篝火瞎蹦跳一气。平时为食客们唱唱歌，跳跳舞，给景区添些风情罢了。我策划《我们的东方》舞台脚本时，就是按一个相当规模的演出团体来规划的。我甚至觉得东方民族歌舞团，承担这台戏就是有点小马拉大车，担心他们完成不好这个任务。但我相信丁新民，这是个专门创造奇迹拿下不可能事情的家伙，实际上这个本子是给丁新民出了个难题。完全可以量身定做，闹个红火。但丁新民给我交代过，一定要通过这次排练演出让艺术团上几个台阶。我拿出脚本后，隐隐说了自己的担心。丁新民对我说，要对他们艺术团充满信心，他们多年轻，我看重的是他们的未来。现在我们要说他们不行了，言谈之间敏感的他们就会捕捉到这种信息，到时他们会放大这种信息，到那时那可就真不行了。所以要提出高目标压他们，出难题促他们，要让他们真正动起来，朝这个目标努力，使劲！当时，以梅门造为首的编导组看了演员们的舞蹈，听了他们的歌唱，认为基础还行。梅门造说，比我们当年强得多，这些孩子们大都是从艺术院校毕业的，还有一些专业的基本功，但仍是缺少训练。丁新民同意了编导组的意见，就从加强基本功抓起，从加强晨功训练开始，要振奋提高整个艺术团的精气神。于是艺术团内挂贴出了演出倒计时牌子，分分秒秒地提醒演员们。高强度的晨功训练开始了，丁新民常带着编导组去观看打气，一一认真检查。他说好成绩都从认真始。梅门造和编导组的艺术家们，常来到青年演员中间，并做示范。就这样艺术团从基础训练开始一点点抓起，渐渐有了样子。从夏天开始，丁新民带着编导组的艺术指导们，可以说一个节目一个节目地观摩，及时提意见，整整有几个月的时间，都与艺术团的演员们在一起。丁新民还调动了多方面的政策措施，从组建党的支部，到调整提高演员工资待遇，甚至关心到艺术团食堂的饭锅。他还亲自牵头，让他们与一线施工单位结对子，安排慰问演出。艺术团派员对施工单位进行艺术培训，准备参加两年一度的集团艺术节。施工单位和民工联队给予艺术团一定的物质帮助和经费赞助，丁新民为抓艺术团的思想和业务建设真是绞尽了脑汁。丁新民说，我要保证艺术团的演员们能够好好生活下去，有了生存，才能发展提高。他还亲自联系音乐院校、艺术团体，为艺术团的演员提供培训的机会，并请胡松华、冯双白、姚盛昌等著名音乐家，艺术教育家为艺术团开偏锅饭，请内蒙古文化厅，文联的专家们为艺术团吃小灶。偏锅饭、小灶这都是丁新民的口头禅，意即偏爱偏重和关照的意思。一段时间下来，艺术团的风貌有了极大的改观，创编这块也有了不小的突破。那段时间，丁新民带着编导组的人员，完全是一个节目一个节目地审核，讲自己的感受，给演员以启发。丁新民对艺术投入的热情和执着，大大超出了我的预料，让人常生感慨：这人要抓的事情还能有不成的？

世上无难事，只要肯登攀。况且，丁新民这个艺术团真正的老大，对作品真是照精里抓，照美里做。看演员跳舞时，丁新民甚至盯着舞蹈演员的面部表情，要求他们脸上有内容，不能呆板，要春光灿烂，表情明媚。我当时还说，老丁是越来越内行了。老丁摆摆手道，我就是瞎想瞎说，供他们参考。现在仔细想来，丁新民提出的要求是非常到位的。这台晚会的总策划他当之无愧。丁新民就这样带着我们编导组的成员一个一个节目地过，还搞了几次联排，他终于认可能搞一次带妆彩排了，丁新民高兴地喊道，这可是一次真正的检阅。定下带妆彩排的时间后，他又去艺术团进行了一次动员，还给他们的食堂带去了几只羊。这是典型的丁新民风格，他说带妆彩排结束后会次餐。当时，艺术团的小伙子和姑娘们高兴得嗷嗷叫，一个劲地拍巴掌。丁新民讲，我对艺术团从来都是充满信心，现在我更是信心满满。我会在台下认真地看着你们，就像看自己的孩子一样。那天，艺术团的演员们巴掌拍得那个响呀，有些女孩子眼中都闪出了泪水。我不得不承认，丁新民会说话，他知道如何不说正确的废话。我一直认为丁新民有鼓动家演说家的天分，集团曾经编过两本他的讲话汇编，你翻看每一篇，都能感到他激情四射的人格魅力。

化妆彩排这天，丁新民还特意邀请了自治区党委宣传部、内蒙古文化厅、内蒙古文联的领导、专家来审查观看。一下子光有名有姓的文艺界人士就来了几十个。那天，天上飘起了雪花，专家们都是踏雪而来，丁新民站在门口迎接他们，还用双手拍扑着他们身上的雪花，还说带雨带雪是贵人进门啊！

当乐声由远而近，遥遥响起，黑压压的大幕拉开了，一束灯光却打在了两个小孩子的身上，他们是东方的下一代，他们稚嫩的童声，深情的表达，揭开了《我们的东方》这台晚会的序幕。我是很得意我的这个剧本开头的，既大胆又新奇。丁新民对这个开头很满意，他给我说过，他说一闭上眼，你就能想象这个画面，小孩子们一开口，甜甜的声音就会往你的心里钻，让你的心里不由得发痒发酥……

丁新民说着，闭上了眼睛，像是在无比享受这一幕。在《让无产者变成有产者》的混声合唱中，带妆彩排慢慢落下了大幕，掌声雷动，欢叫声四起，一种成就感立即涌上了我的心头，编导组的战友们相互握手祝贺，丁新民对我们说，只要努力，没有成不了的事情。整整半年了，一路走来，往事翩翩浮现，大家确实激动得脸挂泪花。

当幕布重新开启，领导们和丁新民走上了舞台，与演员们一一握手，欢呼声喊叫声充满了演艺大厅，艺术团的小伙子和姑娘们是这个夜晚最灿烂的星宿。当晚，我们与观摩的专家艺术家们进行了兴奋的交流座谈，许多领导和专家们都连连用想不到做开头，称这台晚会接地气，壮士气，尤其是童声引领拉开序幕是好创意，真是别具一格。他们建议有几个节目要好好打磨，都提到了舞蹈《东方筑路人》，说这是一块好坯子，非常有力度，它可以冲击更高的舞台，夺取更大的奖项。丁新民认真地听着，并悄声问我，你说有无可能？我说在你这儿，这儿有你，什么都是可能的。他憨憨地笑了，是那样自信，那样沉稳，我将其称为丁新民之笑。丁新民表态说，我们就按照领导专家说的，朝这个方向努力。我们修路的搞艺术，跌倒骨碌地往前努力吧。

那天晚上很兴奋，尤其是和艺术团演员们的聚餐。他不知道喝了多少杯，我让他品着点，悠着点。他说，你把自己品兑好了就行了。那天晚上夜已经深了，我俩还在他的房间里兴奋地聊天。他问我，老肖，今年是集团成立十周年了，你想想二十周年后，咱们集团会变成什么样子？我说，还真想不出来。他说，我也想象不出来。当光屁股离开工程局时，我也没有想到集团会发展成这样的规模。我说，你这一步走对了也走好了！他眼睛闪着光，说，想想企业的十年后！多少我都看得见它的模样了。它就像我的孩子，要长成直直溜溜的小伙子，漂漂亮亮的大姑娘了。

他眯缝起眼睛，憧憬着，脸上透出幸福和向往。我看着他，默默地没有一句话。他又问我，老肖，你在想什么呢？我笑了说，再过十年后，我还能不能再为你写一台戏？到那时，我们都要奔七张了，年届古稀呀！

他眼睛忽地睁开了，忽一下跳起，摇着我的肩膀说，老肖，好好活，革命人永远是年轻！想想吧，再过十年后……

我说：到时，我一定再为集团写台戏！

丁新民满怀激情地说：让我们迎接下一个十年吧！

| 第十六章 |

巍巍金字塔，丁新民的东方梦

时光真快，一晃的工夫，又过去了五年。想想这五年，我已经办理了退休手续，成了个地地道道的养老金领取者。退休那年，我获了鲁迅文学奖，实现了几十年来内蒙古自治区在这个文学奖项上的零的突破。自治区党委、市政府给了我重奖，自治区文联还要报我全区劳动模范，后来自治区总工会说退休了就不能报了。有了这个劳动模范称号，据说退休时就可多领些养老金，眼见着这美事泡了汤，心中也有些沮丧。丁新民劝我道，我还全国劳动模范哩，现在退休金还不到四千块钱，还没你一半多呢！我说，我哪能跟你比，你可是亿万富翁。拔根毛比我腰都粗！他说，老肖啊，钱多少是个够啊？我说，人一老就没出息了是不是？你老丁咋不见老啊，六十多岁的人了，咋没有一根白头发呢？你看我，都成老杂毛了！丁新民哈哈地笑着说，我是不像你那样写书费心呗！丁新民告诉我说他已经把集团的事情交给孩子们打理了，现在已经是不操心这事那事了。

确实，丁新民已经卸去了东方路桥集团董事长职务。新组建的东方控股集团，丁鼎出任了董事长，孙新华任集团总裁。他们都是七十年代末出生的年轻人。为了把住集团的方向，丁新民还在继续担任集团的党委书记，而副书记由青年干部霍春利担任。除了丁新民外，集团领导班子的主要成员大都是七〇后。丁新民常给我说的是，青年人能不能按我当年创业的思路走，谁都不敢保证。我还要看一看，还要再送他们一程。丁新民留任党委书记，也是集团广大党员和青年干部的心愿。有天我去集团找他，与他聊天谈心已经成为我退休生活的一部分。当时，他和集团的一些领导，正在看一张东方控股集团新建办公大楼前的东方广场的图纸。说是广场上要建一个高高的大鼎，集团一些领导正围着图纸七嘴八舌，丁新民说，总体挺好的，很有气魄，有那么股东方气势！就是这鼎看着跟个大香炉似的。他摇了摇头，对这只鼎有些不满意。人们说鼎都是这样，他们可看了一个好鼎，真有气势，就像一幢小楼高。丁新民仍是摇了摇头，说圆鼓囊囊的，不入眼。人们说反正鼎这东西不是方的就是圆的。丁新民还是摇头，说咱东方大厦得显示东方精神，东方文化！我随口说道，放啥鼎？哪如建一个东方金字塔？那可是咱们企业的理论基石。

丁新民一听，哈哈大笑道，我看肖局长说的站位高，也符合咱企业的实际。这事真还得听领导的！我说，我啥领导，业余局长也撸了，现在是地地道道的退休老汉了！丁新民拍板说，咱这次就听肖局长的，我也同意这个想法，咱就建个东方金字塔！咱们吆喝这么多年了，我还没见过东方金字塔甚样样哩。不行，我把它雕出来？

众人不禁哈哈大笑，都以为丁新民在说笑话。

当时，负责广场建设的补乐，是集团的董事，也是东方控股集团子公司投资集团的总经理，是个三十多岁的年轻人。他说，咱就建东方金字塔，就按领导们的意思办。过些日子，我再联系个国内一流的雕塑家，让他给这东方金字塔先设计出个小样。丁新民说，好，好。你先联系着，一定要给他邮点东方金字塔的资料，让他吃透东方文化，再构思创作。我说，这个谈何容易哟！丁新民对我说，先让他们研究着，咱们上东方大厦看一看，转一转。你还没看过东方大厦吧？我说，真还没见过。

我俩上了车，丁新民对我说，你提议建立东方金字塔是对的，我当时也有这样的想法。我说，你咋不说？丁新民道，我是想让青年人想，让他们思考，这个东西会告诉人们集团从哪儿来，又要到哪里去，能不能按照既定的方针走下去，这也是我常常考虑的。听说过去，有朝代把刑法铸在鼎上，提醒大家执行。我说，那就是告知天下，人人都得遵守。丁新民说，过去有来集团参观的人也常问我，东方金字塔是什么？我告诉他们这是我的一个梦想和不懈追求，同样也是大家的追求，无产者受苦人的追求。这里面有你也有我，它是我们的利益、追求、梦想的共同体。它凝聚着东方人一个光荣而伟大的梦想，那就是让无产者变成有产者，富裕强大就是我们的梦。

那天丁新民讲得非常动情，我想，这是他十几年来的苦苦思索。我说，你就是实现这个梦想的践行者，现在巍巍东方大厦不是建立起来了？你就是那个奠基人。丁新民摇摇头说，不光是我，是我们，集团的全体员工和农民工。我们东方人的心中都应有一座巍巍金字塔。他说得那么诚恳，那么动情，让我非常感动。我说，这么多年来，你就在做这样一件事情。丁新民摆摆手说，这事够我做几辈子的，可这事要做好，太不易了，需要一代一代的努力，努力！

那天，我们参观了东方大厦，工程负责人讲新建的东方大厦里，丁新民的办公室是整整一层，光进门就得有三道，丁新民脸色平静地听着。我笑着说，以后我要是再来找丁总聊天，光这三道门就够我进的。是不是也得先跟女秘书预约呀？丁新民哈哈大笑了。丁新民说，我也是第一次看这东方大厦工地，这个大厦是丁鼎这些青年人搞的。参考了国外一些大公司总部的设计。我对他们说，你们青年人看着好，就去搞，放开手脚干。我向外观望着，说，这里真是好景致啊，草原新城尽收眼底，你看乌兰木伦河就像一条蓝色的玉带从你眼前飘过。背后还有东西红海子，就像两块翡翠嵌在毛乌素沙漠上。丁新民说，你就别写文章了，咱们今天多转转，我带你再去看一个好地方。我说，啥好地方呀。他说，正在开发的康巴什北区。我也选了一个地方，拿出点钱，给集团搞了个大项目，你也去参谋参谋。我说，干啥用呀？他说到地方你自然就知道了。

我们驱车去了康巴什北区，早有房地产公司项目部的人在那儿迎接着。他们把我们迎到一排广告宣传栏前，我这才知道东方控股集团要在这里开发一片大型的别墅区。现在还是一片荒漠，还看不出什么名堂来。但周边已经是推土机声轰隆，矗立起了许多建筑，塔吊林立，已是一副车水马龙的景象。项目办的人告诉我们，这个项目的周边是商场、超市、医院、学校，全部配套好了。待我们建成入住时这里就是一个成熟社区了。人们听得都挺兴奋的。我们看着示意图，项目负责人介绍着别墅的规模，在六百到一千五百平方米之间，而且每户都有一亩多大的院子。将在小区里打造自己的循环水系，做到户户临水。丁新民高兴地说，有水就活了，我喜欢水。我问，建这么多别墅干什么？卖给煤老板呀？他告诉我这里要建一个高质量高标准的东方小区。这些别墅也可以说是为集团领导，分公司经理和绿卡联队长量身制作的。我笑了说，真成有产者了。项目负责人讲，对，我们就是要体现丁总讲的让“无产者变成有产者”的气势。领导们还特意强调，丁总对院落非常看重，所以院子就安排成这样。丁新民说，我是说过这样的话，院子一定要建得大一些，我是指的朝岱牧区新村，那里是一片大草原。

丁新民讲的朝岱，是在乌审旗无定河边，毛乌素沙漠上。朝岱是当地政府规划的社会主义新农村的试验点，也是东方控股集团联系脱贫帮扶的一个点。当时，政府出了朝岱新村规划图，由东方集团负责朝岱新村的道路和所有基本建设工作。丁新民曾带我参加了朝岱新村的规划会，因我那时正在毛乌素沙漠上采写一部报告文学《毛乌素绿色传奇》，躲在无定河边写东西。是丁新民招呼我出来透透气，散散心，我应邀而来了。丁新民看到设计图上每户牧民规划的院落只有百十平方米，连连摇头，当时就提出了不同意见，院子太小了，太小了，人们要玩不开。他动情地说，规划新农村建设要利于牧民过生活，院子要搞个三五亩大的，这便于牧民发展庭院经济，建设绿色银行。院子大了，也可以搞特色旅游，搭起蒙古包接待游客，为新牧区建设打下很好的基础。当时的旗委政府领导，一致赞同丁新民的建议，说，丁总的眼光就是远。众人也都点头称是。到了入冬的时候，朝岱新村建成了，家家小别墅，院落宽又大，众人都说里面可以跑马。

那天，丁新民带着集团领导来参加朝岱新村落成典礼，朝岱村的支部书记老巴拉着丁新民的手说，这大庭院子可闹好了，以后咋要玩都要玩得开。丁新民在院里看着说，要住就得这三五亩大的院子。咱是蒙古人，院里就得要跑得动马。那天参加会议的人很多，丁新民这话传得很广，人们都说丁新民这人气魄大，眼界高。

项目负责人说，我们就是要落实丁总的指示，不能走样。所以，在这个项目上，都搞成了一亩大的庭院。老丁点点头，说了句，院子大，住着眼界就开阔，视野也好。老肖，你见多识广，你说说。我说，我今天是有些想法，不过是要和你单独交流一下，咱们上车再说吧。上了车，丁新民说，你气色可不好，咋这么难看？我说，让你们给气的。丁新民说，我招惹你了？我说，住别墅搞那么大的院子干什么？现在康巴什的地价不得三百万一亩？要我说呀，这个别墅项目赶紧停下来。丁新民扭头看着我，疑惑地说，停下来？我说，集团领导都在咱们开发的小区内住着三四百平方米的大平层房了，这面积还小啊？还有，董事会的成员都有了自己的别墅，哪套不是顶尖的？不比现在市长书记们住得大住得好？据我所知，民工创业园区的别墅不都是民工联队长住着。现在这些人住有这么好的房子，还要盖大别墅住？你说用得着吗？而且，他们大都是青年人，还要奋斗，我看还不到到大宅子里养老的时候。老丁，咱们之间不说大道理，我这个想法你一定要认真想想。

丁新民哦了一声，不言声了，像是在思索什么。我这是第一次坏了自己的规矩，我原先说过的决不过问工程项目建设，可我这次给破戒了。莫非人退休了胆子比过去大了？忌惮少了？丁新民道，你是说这个项目要停下来？别墅不建了？我点了点头。丁新民一路上再也没有说话，我心里也七上八下的，毕竟是对一个这么大的工程项目的评头论足，我只是从我的感觉出发，而没有考量整个公司的决策，我是不是冒了书生气，我思忖，自己从来没有过呀？

一连许多天，我竟有些惴惴不安的。这天早上我还没有起床，电话铃声忽然像小鸟一样叫了起来，我看看来电显示，是小田打来的。他说，还没起床啊？领导让你过来喝茶。我到了丁新民家，我两家就隔着一条马路，站在阳台上互相都能看见。丁新民常说，夜里看见你家那灯亮着，就知道你在写东西。我说，我没你想的那么刻苦，也许我正卧在沙发上追剧哩。丁新民总是笑得呵呵的。

我到了丁新民家，丁玮笑得咯咯的，对我说，肖叔，你知道我爸这些天干什么呢？我说，不是听说集团领导正在开会？她说，我爸这些日子呀，没白没晚创作雕塑哩！我不敢相信自己的耳朵，你说啥？丁玮笑着大声道：雕塑！我爸的雕塑！

丁新民在屋子里大声招呼我，老肖，你过来看看。我走进屋里，只见丁新民眯着眼睛打量着桌上摆放的一件小小的金字塔雕塑。我说，听丁玮讲，这是你雕的？他说，咋样？我看了看，造型呀，比例呀，还算匀称。我说，啥材料？他说正宗的塑泥。我说我还以为是攸面捏的呢！他哈哈大笑了，一开始我还真是用面捏，现在成型了，就用塑泥了。东方广场前就放它了。底座搞些浮雕，就搞农民工的造型，正面刻上让无产者变成有产者，你再帮我想段文字，刻在底座上，这样是不是就千秋永固了？我说，你说呢？我说那天你在车上讲的，就是现成的，我只要稍稍整理一下，就是一篇妙文。他说，好，好。我说，你这家伙就是敢想敢干，雕塑这么高精尖的活儿，你也敢上手？他一仰头说，有啥不敢的？我说，人不能沾艺术，一沾，头就甩起来了。丁新民听后又是哈哈大笑。我说，你这人就是个笑弥陀！喝茶时，丁新民告诉我，一会儿跟我去集团开个会，咱一块听听这些年轻人说些啥。我有些犹豫，丁新民说，你就去听听，别说没时间啊！我说，我都退休老汉了，有的是时间。不碍人家眼呀？丁新民道，瞧你说的，我约你参加的呀！

原来集团这个会，是这两天的会议小结。谈了一些重要的工程项目的安排进度，已经没有了别墅项目的安排，从那以后，这个项目再也没有被提起过，我也不知道那片土地现在做了啥用。丁新民神态安静地听着人们的讲话，没有一句话。最后丁鼎作了小结，他着重强调了一个问题，叫作居危思危，我听得耳目一新。丁鼎讲了集团内部外部的情况，讲了生存与现实。主要是讲了集团面临的严竣形势和困难。提出要打开思路，选择多条生路，企业的发展在于思路清晰，决策审慎，敢下决心，收放自如。随着基本建设的收紧，我们要扩展生存空间，为发展集团要走多元的路子。抓好我们的路桥主业和公路经营，有序发展房地产业，把现有小区打造成精品，环境建设成极品。继续打造好我们的农民工品牌建设，要向常态化发展，企业党的建设要上新台阶。

丁新民最后补充道，我们精心打造的企业品牌、农民工建设、党的基层组织建设、东方人建设一个都不能少，要经年累月地抓紧抓好。后来我才知道，这次会议是集团改制以来，一次重要的坚定方向和路线的会议，是一次修正奢靡风抬头的会议。居危思危成了集团的长鸣警钟。丁新民曾对我说，集团下一步要走稳定发展的路子，居危思危，稳扎稳打。我问，居危思危是丁鼎提出来的？他说，是的。我说，孩子们成长起来了。丁新民多次说过，孩子们以后如何做，如何走，这是他最操心的。他同世界上许多大富豪一样，考虑着企业的未来，但他最牵挂的还是道路，孩子们要走的道路，还是不是为大伙儿？为大伙儿是丁新民常挂在嘴边的一句话。他非常看重这一点，这是他创业的动机和目的所在，也是他辛苦奋斗几十年所始终坚持的。后来，丁新民被评选为全国道德模范，全国劳动模范和全国优秀基层党委书记。这种荣誉都是国家标志性的荣誉，能获得者绝对是人中龙凤，党和国家的优秀儿女。丁新民非常看重党中央给的荣誉，一直把建设党的企业当成使命来抓来办，研究党建发展企业几乎到了痴迷的地步。丁新民和东方路桥集团的企业党建经验引起了中央有关部门的重视。中央政研室原副主任党建专家郑克杨，不顾高龄，深入东方集团党的基层组织当中，调查研究，并撰写了万余字的调查报告，发表后，引起了有关部门的重视。时任中国民营企业党建研究会会长的蔡奇同志亲自在东方集团主持了全国民营企业党建工作的现场会。丁新民还在东方集团创办了党建研究会，并出版了《东方党建》杂志，郑克杨同志还担任东方党建研究会的顾问。丁新民说我们要学习先进发达地区民营企业的党建工作，建立一支专业的党建队伍，保证我们的企业建成党的企业，人民的企业。这番对党的赤胆忠心，让无数参观者感叹不已。丁新民曾对我说过，建设党的企业是我毕生之追求，这顶红帽子我要永远戴在头上。我是在党旗下宣过誓，伸过拳头的。丁新民非常在乎自己的誓言。我为他的忠诚和执着而感动，这种对党和人民的忠诚是渗在丁新民的骨殖里的。当然，我同样也知道全国道德模范的分量，其是山一样重的。尤其是像丁新民这样大的企业家能获得全国诚实守信道德模范这样的荣誉，更可谓是亿万里挑一了。它打破了“无商不奸”的潜规则，为中国新时代的企业家争得了荣誉。后来，丁新民光荣地出席了党的十八大，走向了他人生的巅峰……我时常打量揣度着丁新民，这个身边谈笑风生的人，是全国道德模范，全国劳动模范，是党的十八大代表，这都是闪光的标志性符号，是让人抬头仰视的。可我觉得他又是那样普通，人总是微微笑着，就像是一个再平常不过的邻家老头。

这天临近黄昏的时候，丁新民忽然对我说，走，咱们一块过节去。我有些发蒙，想了半天，实在是想不出这天是什么节日。我迷惘地看着他，丁新民笑着说，今天这可是个重要节日。我想想笑着说，肯定是你创造出来的。他笑而不答，像是在故意卖关子，后来我也懒得想了，跟着他稀里糊涂地走了。当我来到了一个建筑工地一片空场上，只见人潮涌动，欢歌笑语声声，真是一副过节的样子。那正是黄昏时分，夕阳西坠，满天晚霞如云锦铺陈。看到殷红的落日的余晖下，一群穿着节日盛装的人们朝我们涌来。我问老丁，你这是啥路数？他说，你得仔细看啊。我这时才看清，来者是穿着黑披风戴着盘头巾的一大群彝族兄弟，还有戴着花头帕，穿着红色长裙的彝族姑娘。一位穿着黑色短衣衫的彝族兄弟，还夸张地舞蹈着，吹着一支芦笙来到了丁新民的身边。幼时，阿哥阿妹情意长的旋律立即在我的脑海里飘荡振响了起来，这时民建办的同志才告诉我，今天集团要为云南来的彝族民工兄弟过火把节，丁新民哈哈大笑。我们喝了装在竹桶里的白酒，天暗了下来，但火把熊熊，人们围着圈子跳起了舞。那天丁新民跳得特别卖力，还不时地夸张地抖几下肩头。我笑他说，你这是蒙古舞。有位姓李的彝族大姐跟丁新民说，我们来你这儿打两年工了，我已经攒下盖新竹楼的钱了，丁老总，我儿子可以娶媳妇了。丁新民笑道，好哇，好哇。你要是娶媳妇可别忘了叫我这个蒙古老哥。李大姐说，咳，远天远地的。丁新民说，远啥？李大姐说，你要是能来，那还不得把我们寨子里的人乐死?！丁新民说，咱们五十六个民族是一家。李大姐说，过去我们干活时，总担心拿不上钱，来咱东方路桥不想这事。丁新民问，那为甚？李大姐道，有你丁老总替我们想着哩。丁新民笑了，跳蹦得更欢了。

我知道，来东方集团的施工企业中还有宁夏来的回族施工队，甘南来的藏族施工队，云南来的彝族施工队。丁新民告诉民建办的工作人员，一定要照顾他们的生活习俗，督促监督那些工头们按时及时地给他们发放工资，从制度上保证给他们按计划发放工程款时，要考核他们给民工工资的发放，把党管分配坚决落到实处。丁新民常给民建办的人说，这些少数民族弟兄出门干活更不容易，我们要为他们提前想到。有支宁夏来的回族兄弟组织的施工队伍，丁新民更是非常看重，经常来他们当中看看。他们当中有个阿訇式的人物，胖胖的，个头不高，还留着长胡子，跟老丁成了朋友。丁新民高兴地称他们为东方集团当中的回民支队，有啥活让施工经理给他们吃点偏锅饭，尽量为他们多安排一些能很快见到现钱的活路，回族兄弟非常满意。有时工地免不了与当地百姓发生纠纷，回民支队就上。那个阿訇式的人物，白袍一穿小花帽一戴，往前一站，山羊胡子飘动着，一脸威严，任何拦路阻挡施工者都会往边上撤去。这阿訇很讲理，说：丁总让无产者成为有产者，给我们工程，让我们挣钱，这就是硬道理，所有阻挠施工的说法都是软道理，你们可以去找丁总他们反映诉求，那里有安拉，有成吉思汗，有佛爷。但谁也不能影响我们施工，谁也不能阻挡我们挣钱，谁也不能耽误我们成为有产者！这老阿訇与丁新民成了朋友，我亲眼见到冬天时他们结完账高高兴兴乘车回家时，丁新民来送他们，这老阿訇抱着丁新民说，丁总，明年我们还来你儿这打工呀！丁新民说，好，好。我等着你！俩人大笑留影纪念。

丁新民对甘南藏族自治州的民工联队更是关爱有加，有一次他去藏族民工联队，发现去年结识的一位藏族民工不在，一打听才知这人病了，在甘南老家出不来了。他关心地问他在老家怎么样？藏族兄弟告诉丁新民，老家穷困，日子过得艰难，全凭在外面打工挣钱了。他这一病，家里的日子肯定不行了。可真是病不起哟！众藏族民工七嘴八舌地说，现在就怕得病哟，谁家也病不起。丁新民听得心里挺难受的，立即决定去甘南看一看这些藏族民工兄弟们的家，看看能为他们做点啥。丁新民带上集团的领导、民建办的负责同志，十几部越野车里载满慰问品，还有各式常用的药品，然后浩浩荡荡往甘南藏族自治州进发。经过万里跋涉几天奔波，才到达甘南藏族自治州玛曲县境藏族民工联队的家乡时，当地沸腾了，传说中的东方路桥丁老总来民工家乡慰问了。当地政府的领导，庙里主事的大喇嘛亲自出面迎接他们一行。丁新民一行送上了慰问品，慰问金，还给学校维修，电脑教学设施捐了专款。丁新民还去看望那位藏族民工兄弟，病中的民工兄弟没想到丁新民和集团领导能出现在自己的家里，感动得热泪盈眶。藏民们高兴地说，打工还能打出这样的事情？感到十分地惊奇，一时成为黄河源头流传的佳话。

在丁新民的感召和倡导下，在东方路桥集团，员工农民工之间的互相关爱已经蔚然成风。东方民族艺术团还发生过这样一个故事，说是河南有一个青年艺人，过去一直靠卖艺为生，四处流浪。当他流落到呼和浩特卖艺时，其演技被东方民族艺术团看中了。艺术团欲招聘他为艺术团职工，这人走南闯北，也算有些见识。当他看这个艺术团有那么多专业艺术学校毕业的学生，各方面也挺正规的，心里有了好感。他再看这个艺术团专业成绩也是了得，还两次获得中国文联的“荷花杯”金奖，这是中国舞蹈界的顶级大奖。还获得一次中央电视台的专业舞蹈大赛银奖，这是全国舞蹈专业的盛事。许多名气大大的专业院团都没有取得过这样的佳绩。我看过董卿主持的这次大赛决赛，东方民族艺术团参赛的节目就是群舞《东方筑路人》。这是艺术团多年打造磨炼的一个节目，也是中国荷花杯金奖获得节目，演员们一上台，只几个虎虎生威的舞蹈动作，就带来了强大的气场，其演技精湛，构思巧妙，显示了高超的艺术水准，台下掌声不断，人们被这支企业艺术团体表现的优秀艺术素养征服。当比赛结束时，董卿叫住了一个蒙古族小伙子，问他舞蹈基本功在哪个学校学的，他说，从小时在草原上放马，我们鄂尔多斯是歌海舞乡，男女老幼都会跳舞。董卿惊得张大嘴巴喊叫，天啊，这里可是全国舞蹈专业竞技大赛啊！专业啊！那个流浪艺人进入这个艺术团后，也开始接受专业的艺术训练。当他正慢慢适应时，老家却出了大事。他的老母亲忽患重病，光手术押金就需要八万。当他知道情况后，顿时蒙了，他知道家中穷得甚也没有，让他们往哪儿找这八万啊？他顿时像被霜打了一般，愁眉苦脸地连连哀叹，一连几天无精打采，腰来腿不来。艺术团团长李玉玺发现了这个情况，问他怎么了？这个流浪艺人不禁大放悲声，将家中的忽然变故告诉了李团长。李团长说，咱们想想办法，共渡难关。李玉玺立即向蒙古风情园党总支汇报了这个情况，风情园党总支立即向风情园全体员工和艺术团演职员们发出了募捐倡议，倡议发出仅仅一天就募集到了十余万元。当流浪艺人接到这笔捐款时，就好像是在梦里。当他河南老家的家中收到这笔钱时，都不敢相信这是真的。他倔强的母亲认为钱来路不明，拒绝使用。还担心自己的儿子在外面干了什么不好的事情，立即让孩子的父亲赶到呼和浩特问清楚这件事情。当老父亲从风情园领导和李玉玺那里得到证实时，不禁叫道，天爷，你们这是啥单位呀？说出来人们信不？我全村转遍了，才借了六百元钱！天爷呀，你们这是啥单位呀?!

父子俩抱头大哭，为丁新民培育的东方大爱感动得泣不成声。实际上这种人与人之间的关爱，互帮互助，在东方集团已经成为风气，这就像天上的风儿刮过，地上的水儿流过，人们都已经习以为常。互助互爱蔚然成风，在东方集团你是随手可触摸得到的。

这天已经吃过了晚饭，我正在家里看电视，忽然接到了丁新民的电话。他说，今晚我要在工地开个会，要布置安排一下上冻前的工作，你顾得上参加吗？我笑了。他说，我的车就在小区门前等你。上了车，丁新民告诉我，咱们现在去世纪大道工地指挥部。世纪大道工程，在伊金霍洛旗北部，与市府康巴什道路相连接。是一条建设康巴什新城的重要通道，南衔鄂尔多斯机场和新建的鄂尔多斯火车站。其交通干线作用也不用多说了，是当地政府打造的一条重要工程。我们到了工地指挥部，集团的领导，部门的领导，各个分公司的领导和其他一些重要工程的领导悉数到了，拥拥挤挤的有百十号人。陈培新也在，丁新民对他道，你也赶过来了？原来，他回包头母亲家过节去了。陈培新说，我刚吃了半块月饼，就让你的电话拧过来了。二百多公里哇。这时我才想起今天是中秋夜。我说，怪不得今天月亮这么亮，原来是中秋夜啊！众人大笑。丁新民道，今天咱们过个有特殊意义的中秋节。今天下午时，与丁鼎、孙新华做了个沟通，研究了一下现在的工程进度，决定要把世纪大道工程、乌审旗的工程、东胜区的工程，统一定为三大战役工程，必须五十天内上大冻前全部通车完工。众人一听，发出了嘁喳声，像是被惊飞的一群鸟，嗡嗡声不断。丁新民道，这是集团改制以来的第一次协调行动，也是考验我们领导力和执行力的时候。我的要求是不讲困难，不讲价钱，统一协调，统一指挥。不管克服多么大的困难，坚决打赢这三大战役。我们要大干五十天，集团的中心工作都要围着这项工作展开，给我顺利拿下塔山！塔山是丁新民的童年记忆，小时候看过的一部电影，拿下塔山，成为他克服困难的信心和口号。这给他留下的印象太深了，今天他像当年顽童们玩打仗游戏时吆喝着叫喊着，随口喊了出来。在丁新民的讲话汇编里，随时有拿下塔山的呼喊，塔山在他的语言字典里，已经成为困难硬骨头的代名词。三个项目部表了态，听丁总的，坚决完成任务。其他几个集团也都表了态，巴图湾农牧业示范基地的老总说，我这里牛儿啊，羊儿啊，白条猪啊，大鲤鱼啊，大米啊，西瓜啊源源不断供应会战，坚决当好后勤！众人笑了，丁新民也笑了。宣传部的人说，要办简报、搞宣传车。艺术团的人说，要组织小分队深入工地慰问演出。丁新民说好，好。从现在起，这里就是我的工程指挥部，不获全胜决不回家。众人拍巴掌欢呼。我想，丁新民这股劲是永远下不去了，永远的兵团精神！

后半夜小田送我回家，丁新民留在指挥部了，他已经进入大战的状态了。窗外月大如轮，闪着熠熠光彩，夜幕清漆漆的，没有了繁星的吵扰。小田开着车，忽然咳了一声。我问他怎么了？他说，六十多岁的人了，还放了一个支架，血糖又忽高忽低的，姨姨问起我来，我可咋说呢？我说，胡承慧比你承受能力强，她了解丁新民，不会问的。小田说，你好好劝劝丁总，我看，你说他有时还听。我说，他听个屁！小田和我都无奈地苦笑了。丁新民这家伙拼命要办的事情，没有人拦得住。年龄呀、疾病呀，啥都不在话下。

过了有一个月的时间，丁新民给我打电话，开玩笑说，别在家当老爷子了，你下工地看看。我说，我又不懂技术，看也是瞎看。他说，我让小夏接你去了。不一会儿，我坐上夏金良的车去了工地。丁新民见我退休后没了车，便让夏金良开了公司的一部越野车，供我出门使用，小夏也退了休，真成老夏了。老夏拉我到了世纪大道丁新民的指挥部，指挥部的人告诉我们丁总去袁顺利的民工联队了，说今天丁总要给他们亲自授攻坚克难红旗，这是集团施工单位的最大荣誉。老夏赶忙拉着我顺着已经铺好垫层的世纪大道往袁顺利的施工路段跑。世纪大道上施工车辆像穿梭一样多而密集，一辆宣传车迎面而来，我看到晒得黑不溜秋的宣传部的几位工作人员正在车上，一个女孩子正在对着麦克风念着一首诗，为路上的施工人员打气鼓劲。夏师傅感慨地说，办事还是老丁，看这红红火火的，人吼车叫的把这工地变成了战场。我说，老丁搞三大战役哩。老夏加大油门向前驶去，很快到了袁顺利的施工地段上，只见公路两侧，红旗猎猎，一眼望不到头。十几台压道机隆隆作业，几辆洒水车喷洒着路面，在阳光下反射成道道彩虹，工人们欢天喜地显得非常兴奋。人们集中在一台碾土机前，老夏说，前几天这车头上还挂着一面党旗，有两个农民工在这里火线入党哩！我女子他们还来观摩了哩。我知道老夏的姑娘，是公路局派到东方集团的路政员，也是丁新民给安排的。

这时，我看到丁新民亲自摇着一面大红旗，在集团领导的簇拥下走了过来，袁顺利和几个农民工立即上去迎接，丁新民又爬上压路机的车头，将手中的大旗摇晃着，还啊呀呀地喊叫着，人们为他鼓掌助威，随着他啊啊喊叫，这一幕像刀子一样刻在我的脑海里。我在想，这人得有多大的激情哟！我眼睛忽然有些湿了，泪蒙蒙地看着飘动的红旗，旗帜上攻坚克难几个大字熠熠生辉，丁新民把大旗交给袁顺利，袁顺利接过摇动着手里的红旗，一片欢呼声再起，我也禁不住啊啊地叫了起来。丁新民见到我，咧着嘴问：红火吧？

我说，是挺红火的，我咋觉得跟小时候过家家似的？丁新民笑呵呵地说，你可真是长了张好嘴！好嘴！你这话呀，真倒是提醒我了，办企业呀真不能城府太深，所谓商道用尽用绝，是得有颗娃娃心，水晶心。你想呀，娃娃们看世界的眼睛是多么纯真啊！我说，老丁哎，你可别活回去了呀！丁新民笑着说，童心多好，透亮透亮的。他微笑着，笑得非常灿烂，我忽然感到眼前的丁新民真像一个孩子那样纯真透亮，就像是一面镜子。丁新民问我，这些日子你做啥呢？咋不来咱工地看看？我说，这些日子为一部长篇小说做些案头前的准备工作。他说，是《穹庐》吧？我可听你吆喝些年头了。我说，你是哪壶不开提哪壶，真长了张好嘴！他笑道，我还不是关心你？我说：我傻呀？我能不知道？我还想到呼盟布里亚特自治乡看看去呢？没有比较就看不清楚，只有了解了他们的现在，才会知道他们的过去。他说，你讲的我还不太清楚，就是思前想后地折腾！吃你们这碗饭更不容易！你要想去布里亚特，上了冻我陪你去！我说，那太好了，这些日子你可晒黑多了！丁新民说，我这算啥？你还没见从公司机关来工地服务的那些姑娘们，被风吹得跟小黑人似的！我昨天还跟丁玮说，要为女孩子们准备些护肤防晒的用品哩！我说，老丁啊，我咋觉着你越来越像个老爸爸哩！丁新民嘎嘎地大笑道，你可真会说话！我愿听你说话！

晚上在工地上吃饭时，丁新民一边剥蒸土豆皮，一边给我说，你不尝尝这山药蛋？又沙又绵！我说，我就吃巴图湾的大鲤鱼，你爱吃山药蛋你吃你的！丁新民说，我以为你也喜欢吃山药蛋哩！我说，我在兵团早够够的了，用老武的话说是八辈子也不想它！丁新民又笑了，然后狼吞虎咽地吃开了。他说，你刚才说起巴图湾我倒想起一件事情了。前天晚上我做了个梦，梦见我们提出的和谐东方，富裕东方，绿色东方，健康东方全实现了，咱东方那个好啊，花红柳绿的，就像小时老师讲的共产主义一样。他眯缝起眼睛，述说着梦境，我听着笑了，为丁新民的童真。丁新民说，那是真好，生把我给高兴醒了。我说，你可真是操上心了。丁新民道，别看它是一个梦，可就在咱眼跟前哩。我又想想咱的梦能不能搬到舞台上去呢？让大家都看看。让李玉玺他们搞台剧，就叫东方梦怎么样？我说，东方梦好啊！这可是真好！你是说咱再结合上三大战役写台戏？把我们的梦想和追求写进去搬上舞台？丁新民点点头说，我就是有这么个想法，可具体台本我也就交给你和效毛了。他说的效毛，叫张效毛，原是内蒙古银行学校的校长，也是兵团战友，当年就是兵团宣传队的主创，退休后一直在东方集团办东方杂志，这人文字了得，在兵团时就是有名的笔杆子。

丁新民说，我给你们安排在巴图湾住下，那是你的福地，你对那儿也熟悉。我说，没问题，我明天就和效毛去巴图湾。他说，咱们现在也是强将精兵，你们把脚本写出来，李玉玺他们艺术团搬上舞台不会成问题。我说，我们尽快完成舞台本。丁新民说，也不用太着急，等这里眉目清楚后，我会去巴图湾看你们的。我笑着说，你老丁啊，想事一环套一环的，我还说你童心哩！

我和张效毛到了巴图湾宾馆住下了。巴图湾是东方集团下属文化公司经营的一个旅游点，这里面对着无定河。几年前，我就住在这里完成了长篇报告文学《毛乌素绿色传奇》的创作，并获得了鲁迅文学奖。丁新民说得不错，那真是我的一块创作福地。我又住进了我曾经住过的这个房间，心里挺踏实的，我和张效毛也是四十多年的战友，当年就在兵团政治处报道组一同工作过。我俩交流了一阵，他提出不要先写舞台本，而是把节目理好，多少歌曲，多少舞蹈，多少文字类节目，先立个框架，就好操作了。我挺佩服的，张效毛到底是舞台行家。我俩商量要为《东方梦》写一首大歌，也是这部剧的主题歌。张效毛说，我完成这首大歌，我编了这么多年杂志，也算对老丁所思所想还有感觉。我说，太好了，这次全看你老哥了。张效毛说，你干什么呀？你可是有名的大作家。我说，我这次给你当伙计，多写一些小歌行了吧。

我俩在巴图湾宾馆待了一个星期，就把要写的十几首歌曲写完了。我最多的时候一天写过三首。张效毛说，你这是在“大跃进”呀！我说，人诗情不能上来，上来了想搂都搂不住。效毛说，我的大歌也写完了，咱俩好好碰一碰。这天，我俩正在房间里讨论张效毛写的那首大歌《我有一个梦想》时，丁新民忽地推门进来了。我说，你也不打个电话？我好迎迎你呀！丁新民哈哈笑着说，我知道你小子想什么，老丁这个周扒皮来催租子了！效毛笑着说，到底是知根知底的老战友！当丁新民知道我们的创作任务已经基本完成时，高兴地一挑长眉说，真快啊！我琢磨得用个把月的时间哩！张效毛说，老肖逼着搞“大跃进”哩！丁新民笑着说，老肖要搞“大跃进”，那真是激情上来了。干啥都得投入感情，你们干的就是感情活儿！我说，你这感情活儿定位真不错，我还是头一次听人这样讲哩。效毛让老丁看一看我们完成的歌曲，老丁说，我看不也是瞎看？我还是等谱上曲子后再听吧。张效毛说，《我有一个梦想》创作时，我就没少和张新华沟通。他也比较熟悉了，这首歌的曲子还是找新华来谱吧。他说的张新华，也是东方集团的老朋友，是国内有名的手风琴演奏家，内蒙古广播乐团的团长，当年集团那支《东方路桥之歌》就是他写的曲子，已经在集团传唱了十多年。丁新民说，好好，但十几首歌不能就他一个人谱，那会不会风格上缺变化呢？回来咱们跟姚院长联系一下，看他有没有时间，我估计他也退下来了。

张效毛说，我现在跟小姚联系一下。丁新民说，不着急，我今天就是来接你们，明天三大战役祝捷大会要开哩。我说，咋提前了？丁新民高兴地说，比原计划提前七天全面告捷。效毛激动地说，咱东方速度真是所向披靡。丁新民说，啥事都得有人拧，有人催，要是等着永远等不来。干活就怕腰来腿不来，得让他动起来，跑起来！我说，你可真是个好地主。他笑着说，随你怎么说。

三大战役祝捷大会就在世纪大道上的工地召开。搭了一个很大的会场台子，整个工地上插了数百面红旗，红旗在秋风中呼啦啦飘动。天蓝蓝，头上的那颗秋阳红艳艳的，发着暖暖的光。整个世纪大道工地到处红彤彤的，还有一些飘动的彩色气球，一派喜气洋洋。大喇叭里放着《让无产者变成有产者》这支气魄雄浑的歌曲，一条崭新的世纪大道油路蜿蜒飘动，就像一条彩带系在毛乌素沙漠上。丁新民在主席台上，招呼着各级领导和嘉宾。他微笑着同各路人寒暄着，领导们向他祝贺着三大战役的成功。我想，又有谁知道丁新民和东方集团员工、民工们这些日子的辛劳付出呢？这里原先是红海子湿地，挖几尺，就是泥浆，渗出的水有一两米多深。人们只得一面抽水一面施工，下各种管子时工人们就是整日浸泡在泥里水里。早上时全是一层薄薄的冰，多少人为工期的完成捏着一把汗呀！当时工地上的总指挥都觉得任务难以完成，要不丁新民怎会亲自挂帅出征呢？而且是三大工程全线推进，他当时是怎么想的，这是何等的气魄呀？我抬头看看湛蓝的天和天上的白云、飞鸟，我想它们一定知道吧？

那天还从包头来了一支女子军乐团，竟然演奏了许多东方集团的歌曲，看到这么多的漂亮女人演奏乐曲，让来宾和参加庆祝大会的员工、民工们很稀罕。可我知道这支女子军乐团的组织者也是我们的兵团战友，听说丁新民有庆祝活动，特意率团来助兴。军乐团女人们的演奏果然气势夺人，引得人们啧啧直叹，看，还是丁新民，啥都搞得这么栓整。那天，丁鼎是主持人，当他高声宣布祝捷大会开始时，立即鼓乐齐鸣，鞭炮炸响，欢腾声四起，许多小气球成串地升腾到天上。我抬头望着，直到它们变成一个个小黑点消失在蓝瓦瓦的天上。我竟有点怅然，我知道丁新民精心组织的三大战役已经过去了，这一切付出和辛劳只会留在他的记忆里……我想，丁新民也是六十多岁的老人了，可还在这样不住气地奔跑，他就这样跑着，微笑着……

小姚乐呵呵地来了，他留着寸头，很有风度，但头发已经白了。他高兴地与丁新民、我和效毛拥抱。小姚已经从天津音乐学院院长的位子上退了下来，他说他还在带几个学生，手头还有一个大型的交响乐正在创作，可听到老丁的召唤，立即赶来了。他首先声明，我就是来服务，分文不取。你老丁要是过意不去，给我带上一小袋巴图湾的蟹稻米，小静说，熬粥香！我们哈哈大笑，他说的小静是他的夫人，也是我们当年的兵团战友，现在是一位有名的乐评人。丁新民说，有这么多兵团战友帮着，我想不发达都难，是战友们抬着我老丁哩。

姚盛昌也是个工作狂，住进可汗宫大酒店，洗了把脸就进入了状态。他对我说，老肖，这次咱俩合作一把我挺高兴。我说，你累了还是先休息休息。他微笑着说，写曲子就是最好的休息。进入创作状态就是最好的放松。当我叫他吃饭时，他高兴地说，已经写了一首歌，而且特别有感觉。他兴奋地给我哼哼了起来，我吃惊地道，效毛说我“大跃进”，我看你是神跃进了！姚盛昌笑了一笑说，我一到老丁这儿来，就有激情。这人给人激情，给人冲动。我说，我俩整天在一起，我他妈有点不知福了！姚盛昌高兴地大笑。

到第二天时，姚盛昌已经写完了三首。丁新民说，我想让你好好休息几天，我也好陪你转一转，逛一逛呼市，你得给我这个机会！姚盛昌说，呼市我太熟了，第二故乡。丁新民说，它可跟四十年前大不一样了，是大城市了。我说，也就是咱鄂尔多斯的郊区。丁新民笑道，老肖啊，你不怕呼市人撕你这张嘴？我们大笑不止。姚盛昌说，老肖，效毛他们的歌词写得好，我挺有感觉的，感觉一来就停不下来。丁新民说，好，好，听你这大音乐家的！但明早我在稻香村安排了一顿烧卖，这你可不能推！姚盛昌说，好，好，这个听你的。

姚盛昌把谱好的歌曲拿给艺术团的演员们看，大家都挺满意，演员们试着唱了一下，大家更是高兴。丁新民感慨地对艺术团的演员们说，别看咱团小，可都是大作家大音乐家给你们保着驾哩。这台《东方梦》，我不像上次那样一个节目一个节目抠你们了，完全放手你们自己搞。你们啥时觉得能让人看了，我就带人来看！当中，你们有什么事情随时可以来找我！

艺术团的孩子们都挺实在，这个要出唱片了，那个要出专集了，都来找丁新民赞助。丁新民说，好，好事，你们就是要成名成家，创作成果累累。我能帮上你们也是我的福分。这个十万，那个八万他也就赞助了。他常说能帮一把就帮一把，没准扶出个大歌星哩！歌舞团的歌唱演员好多都发行了个人专集，有了一定的名气。还有的演员结婚订下喜日子了，就高兴地请丁新民过来喝喜酒，丁新民都会乐呵呵地参加，有时还把胡承慧叫上。高高兴兴地递上一个大红包，送上自己的真诚祝福。那段时间，光我就跟着他参加了几次这些孩子们的婚礼。丁新民高高兴兴地参加，慈祥得就像这群孩子们的大家长。考虑到这些孩子们的成家立业，他还留意附近新建的各类楼盘。他还和这些青年人兴高采烈地聊起了他们的住房，表示要给他们提供优惠政策，资助他们购房。小伙儿姑娘们高兴地围着他嗷嗷叫……

丁新民呀，在这些孩子们的眼中，真像一个慈祥和蔼的老爸爸。

春天时，《东方梦》带妆彩排了，其艺术水准明显高出了以往一大截。有行家给我说，其水准，现在自治区级一些艺术团体也比不了，丁新民这人办起事真是不得了！干啥啥成！自治区有关部门的领导观摩后，当即决定要把这台戏拿到内蒙古最大的剧院去演，自治区庆祝五一晚会的专场演出就是这台《东方梦》了。后来，《东方梦》中有个舞蹈节目还被央视看中，参加了当年央视的五一专场晚会。在这年央视的春节晚会上，东方艺术团的《东方筑路人》终于在这个巨大的平台上，在全国人民面前华丽亮相。人们高兴地向丁新民祝贺，丁新民说，我当时就冒着胆子这么一说，给他们提了一下标准，没想到这些孩子们真还成了！敢想敢干，争创一流，咱东方人就得永远保持这么一股劲头！台上三分钟，台下十年功，孩子们的甘苦我知道，知道……

那天丁新民的眼睛有些泪涟涟的。我忽然发现有段时间来，丁新民说到动情处时，眼睛总是湿濡濡的，有时哽咽得说不出话来。人们都为当年的铁人，现在的集团大老总所表露的真情而感动。

有一天，丁新民对我说，你那长篇小说写得怎么样了？我说断断续续地在写，有这么十万八万字了。丁新民着急地说你得把它写完啊！我说，你别不愿听，哼哼哈哈的。实际上我比谁都着急。丁新民说，我也不懂你们写文章这个行当的事，但啥事都是不怕慢就怕站。我说，我知道，知道。丁新民说，我知道你又不耐烦了，你得自己逼自己，自己苦自己！哎，你不是说想去布里亚特自治乡看看吗？我最近有时间了，我想陪你去看看。我高兴地说，好呀！丁新民说，我喜欢习总书记在“文艺座谈会”说的话，一个作家要靠作品说话。那是一个艺术家的安身立命之本。我说，你还学习这些呀？丁新民说，这么多年来，我这个没文化不就是跟着你们文化人学文化吗？我说，你又来了，谁要是说你没文化那可真是瞎了眼窝子了。他指着我说，那你还不看看自己的眼窝子瞎没瞎。我俩哈哈地笑了。

我俩在飞机上往下看，呼伦贝尔大草原已经白雪茫茫了。丁新民笑着说，沾你的光，我看见白色的呼伦贝尔大草原了。我说，票都是你买的，还说沾我的光？他说，老肖，你要懂得幽默。我说，我就是不懂，咋了？他说，我知道你的心情，一本书折磨你这么多年了，你怀了一个什么样的胎啊？这就跟便秘一样，憋在肚子里排不出来，难受着哩，你就有火！见谁给谁撒！我说，我疯狗啊?!丁新民拍了拍我的手，闭上了眼睛，不理我了。

下了飞机，就见我们的好朋友乌热尔图在出站口迎接我们，老丁和我与他拥抱了一下，便坐上了他的车，往海拉尔市区奔去。乌热尔图问丁新民企业还好？丁新民道，就这么瞎维持着吧。我说，刚完成了三大战役，得有几十亿投资吧？这还是维持？丁新民说，你还是见识得少！人家大企业，一天成百上千亿进项的都有！人和人不能比，企业和企业也不能比，要是比起来气死急死！乌热尔图对我说，你也别着急，写作上的事更急不得！学学老丁的心态。我指指丁新民说，他比我还着急哩！我们都笑了起来。丁新民说，这些年我是品出来了，就是不能问老肖的创作，一问他就不是个头脸了。干我们这行的，就是不自信。头上一座座山压着，细想连气都喘不匀。丁新民拍了拍我的肩膀，表示理解和同情，我那天鼻子酸了。

第二天早上去布里亚特自治乡，走在一片一望无际的大雪原上。其白其大其苍茫其辽阔，是无法用语言来描述的。丁新民对我说，看看就不一样吧？我点了点头。乌热尔图时任中国作家协会少数民族创作委员会副主任，早年还当过中国作家协会书记处的书记，却在呼伦贝尔草原上生活了几十年，就是一个文思泉涌的猎人作家。他一出面，布里亚特自治乡非常重视，还为我们安排了一个小型座谈会。书记、乡长给我们介绍自治乡的历史文化风情及现状，还安排我们参观了人民参与议政的代表屋，还安排我们参观了几户布里亚特人家，其干净整洁现代化设施齐全给我们留下了深刻的印象。丁新民看着洁白的四周，远处起伏的群山，眼前玉龙般的额尔古纳河，赞叹道，好地方，好人家。你看那些女人们，多自信！我说，我就是来看现在布里亚特人的表情、状态，可以体会到一百年前他们先辈的心理模样。后来好客的主人们，还安排我们到了一位布里亚特学者家。学者是一位七十多岁的老人，乌热尔图还按照民族礼节为老人敬了专门带来的酒。丁新民说，老乌是个成事的人。丁新民对细节的观察让我钦佩。老人拿出一本俄罗斯出的书，说是反映上世纪二十年代布里亚特人生活的。正好与我想要描述的那段生活时间接近，我非常感兴趣，我将我想写的东西给老人讲了个大概，老人很高兴，说这本书会对你有帮助。我说，我不懂俄文。老人说，我为你翻译。这事情就算说定了，我俩都很愉快。

晚上回到宾馆房间，我还很兴奋，说，真是缺啥来啥，我就需要这样一块，像是专为我准备上了。丁新民说，来一趟和不来就是大不一样，别看布里亚特在我们蒙古族中人数不算多，但挺特别。我说你们土默特蒙古人也是三百多年前从西伯利亚迁到大青山的，闹不好你们祖上还是一家哩！丁新民说，要不我看着他们怪亲的哩！这时，小田推门走了进来，对丁新民说，你托的事我交乌老师办了，翻译的钱托他们转给那老先生了，乌老师说没问题，让你放心。我看着老丁，老丁说，我知道你想什么，我这是给你上双保险啊！你想，人家老师那么大年纪了，哪能白用呢？我看着丁新民，他考虑事情的周细让我感动，我想说点什么，却又不知该表达些什么。丁新民招呼小田说，田大夫咱们今天测测血糖吧。他很巧妙地就把这个话头岔开了，丁新民的情商确有过人之处，让人不得不佩服。小田为我们测了血糖，丁新民7.6，我7.2。他指着我说，你看老肖高兴得，他血糖比我低，他就高兴了，你看他高兴得。我笑了。

来年快入夏时，布里亚特老人把翻译的几大本译稿给我寄过来了，我如获至宝地翻看着，丁新民走了过来说，看看，这是多大的劳动量。我说，看了几页，就走进了一百年前动荡不安的布里亚特。丁新民说，那就好，你快些把你的书写完吧，向人家老先生学习学习。我说，我不喜欢别人催我。丁新民说，我就喜欢催你！不行啊？我说，老丁啊，让我说你什么好呢？丁新民说，那就什么也不要说，静下心来写你的书！丁新民对我说，我最近答应下了一件大工程，是给城川民族学院建广场，那里可是政府办的红色文化传承基地，是国家级的。我知道城川民族学院，就是中央民族大学的前身，解放战争中整个学院从延安迁到了毛乌素沙漠里，是我党民族工作的火种，是党中央委托乌兰夫同志亲手操持的。那段时间我家老爷子就率部跟着乌兰夫在剿匪，丁新民说着，眼睛闪着炯炯的光。我知道，丁新民把这项工程当成了当年老一辈革命事业的传承。这也是中央民族大学百年校庆的重点工程，也是国家的重点爱国主义的教育基地。丁新民告诉我，他要去城川的毛乌素沙漠里了，亲手抓这个工程，就像抓三大战役一样。我给政府表态了，不计代价，保质保时完成这项任务。

丁新民说，他此去城川组织施工，估计得三个多月。我说，你要注意保重身体，咱毕竟都是六十几岁的人了。他说，我知道，知道。老肖呀，咱开玩笑是开玩笑，你可要把《穹庐》抓紧动起来，我还想看看你的新书哩。咱要是真的叭嚓一下……他用大眼睛盯着我。我拍了他一下，说啥呢？你放心，不用我向你老哥表决心立誓言的了吧？丁新民哈哈地笑了。我曾给妻子说起这些事，她说，我看丁老总不只是什么情商高，是他心里时刻装着你们这些老朋友的事情呢！丁老总心好！

为了安心地写作，我回到了北京的书房里。每日沉浸在一种写作的亢奋之中。丁新民那儿也很少联系了，他搞他的民族学院广场，我写我的小说。偶有小田给我通电话抱怨，说丁新民的指挥部现在连电都没有，蚊子多得挤成蛋，把他们的头皮都咬肿了。他的血糖也不稳定，忽高忽低，谁劝都没用，就像一颗钉子一样钉在工地上。真的要把老命拼上了！我说，这才是丁新民哩！

这天，是个凌晨，我接到了一个电话，是一个老朋友打来的，问我个情况，是不是丁新民让有关部门给带走了。谁都知道被带走了什么意思，我不信。说，这怎么可能呢？他在城川工地上哩！拼着命搞红色广场哩！朋友说，那更有可能了，就是说把他从工地上带走的。我放下电话，又急忙给小田打电话，声音嗡嗡响着但一直没有人接。我想，这莫非就是江湖上传说的“失联”？我一连打了多个电话，一直到第二天上午，小田才终于接了。他在电话里低声地说，丁总现在不方便接电话，然后就挂断了。我这才真的相信朋友说的是确凿的了。丁新民到底发生了什么事情呢？我想，出了这样的事情，只能相信组织了。人们胡乱猜测也是没有用的。而我作为一个作家，作为丁新民的一个老朋友，也只有继续完成自己的写作才是自己的人间正道。我多少有些担心胡承慧现在的情况，有集团的朋友告诉我，胡承慧现在什么都不知道。人们在向她封锁这个情况。全内蒙古的人都知道了，就她还不知道，我多少还担心企业的情况，这可是丁新民的生命所系。一天，我忽然收到了朋友的一个微信，是东方路桥集团在搞马拉松比赛，荧屏上东方员工们神采奕奕，透着朝气。是丁鼎打响了发令枪，并参加了长跑活动。我心中一下子踏实了许多，我赶紧把这个微信转给了许多关心丁新民的朋友，是想告诉关心丁新民的人们，生活仍然按着自己的轨道在前进。东方集团仍在成长，我想，丁鼎成长了，企业仍在前进。这是每个善良的人们的期盼和希望。

时间一天天过着，我在电脑上飞快地打着字，创造着我的小说。这天，我忽然接到了小田的电话，这是几个月来，他第一次主动联系我。莫非是……这样一想，我手都有些颤抖了，心跳得怦怦的，我赶紧接通，话筒里立即传来了那熟悉的哎——的一声，然后是我盼望已久的笑声，是丁新民在笑。我说总算听到你的声音了，他哈哈笑着说，我现在北京的家中，我让车去接你。我说不用，不用，我一分钟都等不了了，我立即打车过去。我说着，忽然嗓音有些哽咽了。我跑到街上打了车朝丁新民在京的家赶去。我一路上，过电影一样想象着和丁新民在一起的日子，想象着他的笑脸，他那胖胖的身躯，竟然眼睛都流出泪来……

都还好吧？当我见到他时，紧紧和他抱在一起，就说了这么一句话。丁新民瘦了一些，人显得很有精神。真是一条硬汉。我说，你还好吧？他砰砰拍了下肚皮，大声道，你看，好着哩！现在血糖也正常了，他高兴地挥动着胳膊。我说，我担心你的身体哩，好多朋友都关心这个，就是担心你的身体。丁新民道，我知道，知道。我在想，我里里外外，根根梢梢，都是共产党员！没有一根毛发不是！我就是配合组织调查，认真说明情况，这不好好的？说着，丁新民摆了一下手道，这篇咱翻过去了，再也不提不说了。那天，他还问我《穹庐》写得怎么样了？我说在写，在写。丁新民说，我这些日子常想，朋友们在干什么呢？我还常想你的书写得怎么样了呢？我说，你别再说了，再说我的泪都流出来了。他鼓励我，不管有什么困难，也要把自己的承诺完成。我说，我年轻时真不懂事，曾在作家协会的创作规划上，说三年要完成五部长篇小说，想想真是不知天高地厚啊！有时细想起来，我就臊得慌，我就猛抽自己的嘴巴子！

我看着丁新民，他笑着说，我信，我信！人是得认识自己，规划自己。我想呀，想呀，我还有这么个打算。我这次要把集团的高层、中层全部带出去开阔眼界，扩大视野，好好看看祖国的变化，就像当年刚开始创业时，到全国各地走走看看。改革开放四十年了，我要带着他们好好看一下改革开放的伟大成果，好好看一下美丽河山，认真感受，要对我们的未来充满信心！这个信心非常重要，它让你克服一切艰难险阻。我说，是的，是的。他说，这次我就不打扰你了，你就在北京安心写你的东西，我带着他们转遍祖国大好河山。我说，好好，咱就这样说定了。小田劝阻说，我看咱还是先住住医院，把你这身体好好检查检查再说。家里人再三安顿我哩。丁新民一听，忽地站了起来，眼睛瞪得溜圆道，我自己的身体我自己知道，这不挺好？小田也不再说什么了。之后丁新民率领着东方考察团，先在全国各省会城市跑来跑去，还去了一些重点城市和工区，丁新民乐此不疲。丁新民有时还给我打电话，讲所见所闻，感叹人真得出来走走看看，你这才会知道啥叫改革，啥叫开放，啥叫发展是硬道理，他还遗憾地说，老肖啊，你这次可是误下了。你要是走这一趟感受肯定会大不一样。我说，我正在写东西哩！他说，这我还不知道？你要好好写，好好写，我等着你的好成果。

我努力地好好写着，终于把这部书稿完成了。

当我的《穹庐》飘着墨香出现在各级新华书店的柜台上时，我与丁新民通了电话，告诉他我的书已经出版了。他说，好啊，祝贺！什么时候回鄂尔多斯，我们好好庆祝一下。没多久，我又接到了一个微信消息，是一张图片，上面是当日正在召开的自治区人代会上，丁鼎与自治区的主要领导在喜盈盈地握手。

我知道，丁新民还是丁新民，东方集团还是东方集团。

直到仲秋时节，我才回到了鄂尔多斯草原，见到了丁新民。两人只是相视一笑，平静得就好像什么事情也没发生过一样。当时，他正在和一些人忙忙碌碌地张罗着什么事情，他亲自在给一些人发放小蓝本子，我接过看了看，是东方万里行的日志和记录。我看了看丁新民，不知道他又要搞什么活动。丁新民是个不知道疲倦的人，还是一个思绪充沛和不时闪亮火花的人。丁新民告诉我，这次他要在集团搞个重走长征路活动，这既是重温革命传统，又是继续开展健康东方活动。丁新民兴奋地告诉我，这次，是东方新长征。要求人们都要从江西瑞金走到延安，我带头，两万五千里，谁都不能少！我说，天爷爷，你可真能想啊！他说，还有你，我一直考虑着你哩。我早给你备下了，快给老肖也披挂起来。他招呼一声小田，小田给我拿出了一个纸盒子，打开竟然是一套运动服，一双运动鞋，还有记录时间的运动表。丁新民笑着说，穿扮好了，明天跟我重走长征路。我说，我咋觉得跟小孩子过家家一样样啊？丁新民瞪着眼睛说，我就是过家家了。啥叫不忘初心，咱人人都动起来，东方集团要动起来！他说，还要搞个启动仪式，立即动起来！我说，老丁咱都快七十了，风烛残年了。他说，我咋没觉得？老肖啊，我给你说，你要是真觉得老了，你可就真老了。我还是那句话，革命人永远年轻！你也要振作起来，明早我叫早你，五点半！

果然，早上五点半，丁新民的电话准时打来了。我赶紧换上运动装精神抖擞地跑下楼，他已经在小区门口来回踱着步等我了。我看看我们的微信运动群，丁新民已经走了一万步了，我想他得早上几点就开始走上了。他认真地说，今天咱往湘江走，三天过湘江！我说，我可拼不了这命，我一天最多一万步。他说，好，好，你随便，只要走，长征路上别掉队。这天早上，我俩一起走了一万多步，他又拉我去他家里喝早茶。我看到了胡承慧，她略瘦了一些，对我笑笑说，肖局长也锻炼上了？我说，我让新民拧上了。我心里在想胡承慧这个女人得有多坚强，前些日子她是怎样度过那段日子的呀？喝茶时，胡承慧才说起丁新民和丁鼎不在时的煎熬，她说，我那些日子也整天胡想八想的，莫非是这人平时好事做多了？我不禁苦笑了。我说嫂子呀，我想起了十多年前你给我写的一张条子。胡承慧问啥条子？我说，是让我不抽烟少喝酒多运动多走步……她说，你不还是在抽烟喝酒？丁新民说，人家老肖不是也在重走长征路？你要看到他的进步。胡承慧对我说，这你得向这人学习学习，现在也不抽烟了，也不喝酒了，每天家里家外都走步，这人呀，只要他认准了……她说的这人是丁新民。我对丁新民说，我常想这些年，你常说的咱这烟酒呀，咱也是兔子尾巴长不了了，我这好日子也快到头了。我们都笑了。丁新民说，谁也不愿受挫折，但人不能怕受挫折。挫一下人就塌了，这人能有啥出息？我这人可是越挫越奋，越挫想法越多，想做的事情也越多。我说，老丁啊，也就是你了，人有没有信仰可真是不一样。丁新民说，啥时咱也得想着自己是共产党员，是特殊材料制造的！越是受到挫折时，我越想着自己是共产党员！哎，老肖，你还记得当年在兵团时批林批孔，领导传达毛主席的最高指示，他老人家好像说什么啥易折易污的？指导员解说是人不能太高了……我说是有这么句话，叫峣峣者易折，皎皎者易污。好像是老人家引用古书上的话告诫我们的干部，大意是品高了易折，清白了易污。丁新民沉思了好久道，我明白了，咱以后做事呀还得往高处做，做人呀得往清白里做！

我想，这就是丁新民。

| 第十七章 |

丁新民还有这样一个外号

这天夜里，丁新民给我打电话，悲戚地告诉我，老神仙走了。我不禁吃了一惊，好像去年我还与老神仙开玩笑，说他腰板直挺挺的，一米八的高个，还会唱“天歌”，年轻时肯定招惹不少大姑娘小媳妇喜欢，老神仙还骂我撇圪蛋哩！人看着还好好的，咋就走了呢？丁新民说的老神仙叫古日扎布，退休前是成陵管理局的副局长，也是成陵守护人达尔扈特的三十六代子孙，还是国家非物质文化遗产“天歌”的传承人。这可是一支神秘的天歌。“天歌”是成陵祭祀时守陵人们传咏的歌曲，它只有歌声，没有文字记录，全靠一代代口口相传，声调悠长，犹如天籁，故被人们称为“天歌”。古日扎布从小就跟父亲学习演唱，他也不知道这唱的究竟是什么意思，只能是一种情绪和意念的宣泄。我曾问过古日扎布，他唱的是什么？他笑而不答，更让人感到“天歌”的莫测和神秘。我当年在成陵采写《我的鄂尔多斯》时，就与古日扎布先生认识。他为我的采访提供了不少的方便和帮助。古日扎布退休了，他把他的儿子带出来了，也可以单独演唱“天歌”了。古日扎布辛劳了一辈子，原本以为可以纵马草原，颐养天年了。这时，丁新民找到他了，把情况一说，他便跟着丁新民来到了蒙古风情园，专门掌控成吉思汗纪念堂的祭祀事宜。我曾问过，你咋能把老神仙请动的？丁新民说，那天，我可和老神仙谈惬了。可以说是一拍即合。我不知道这两个钟爱民族文化的蒙古人，两个几乎是同时期加入中国共产党的老党员谈到了多少共同的话题，才终于走到了一起。我想这一定是两颗蒙古心的相撞和交融。古日扎布以他丰厚的学养，成为丁新民在公司和蒙古风情园推广蒙古族传统文化的左膀右臂。他由于对成吉思汗祭祀文化的熟稔以及对蒙古文化习俗的了解，被丁新民尊为“老神仙”。

老神仙是我们共同的朋友。丁新民告诉我，明天早上古日扎布家要出殡，打落老神仙入土。成陵管理局要为他举行告别仪式，让我明天一大早过去送我们的老朋友最后一程。

天刚蒙蒙亮，丁新民的电话就打过来了，我急忙起床，匆匆奔下楼去。我看看表，正是凌晨五点。小区的路灯还都亮着，初夏的晨风正紧，还透着微微的凉意。我沿着花径，到了小区门口广场前，那里已经停了十几辆车，我一看集团的领导、各分公司的领导已经悉数等在那里了。丁新民招呼我上他的车，拉开门一看胡承慧已经坐在车上了。丁新民说，就等你了。我说，我可是按时来的。丁新民笑了说，我从来都是提前半小时等人，你又不是不知道。胡承慧说，这人啥事都是往前提，急慌慌的。丁新民问我，我要不给你打电话，你起得来不？我说，当然起得来。他说，那就好，就好。我怕你起不来哩。我说，这事还能误？胡承慧说，他这人翻来覆去地折腾了一夜。老丁说，老神仙就这么走了，过去只是知道他得了不好的病，没想到走得这么快。我说八十的人了，不敢说高寿也算行了。丁新民说，这么多年和老神仙的交往全一股脑翻出来了，就好像昨天发生的一样样。我说，我也是。我记得你给他配车时的情景，老汉感谢的样子，真是个好老汉哟。丁新民道，年纪大了，又是神仙，就怕关照不好哩。

我想起那年与老神仙喝酒，他一米八的高个儿，身板直直的。他说，年轻时一顿喝他三斤都不算啥。我说，我和老丁年轻时也是，现在不敢喝了。

老神仙说，要说爱老辈子文化的，丁总可是头一个。他有一次给我说念藏经的喇嘛太多，没人听得懂，就是念了，听者也就是心里图个安宁，我想找些会念蒙古经的喇嘛，听他们念一念。我挺后悔的，听不懂蒙古话，也不会说蒙古话，我小时候还有个蒙古名字哩，基本上就没用过。他还让我召集全区念蒙古经的喇嘛，在成吉思汗纪念堂办念蒙古经班呢！在开班典礼大会上，他还去讲了话，中心意思就是用蒙古话念经，让人听懂了，学好行善。这人真行，学念蒙古经的喇嘛们吃喝住行全给管上，老丁这一招一势大家都看在眼里呢！

我说，这事我知道，我还跟他拜访过许多高僧活佛喇嘛们哩。北京的雍和宫活佛，大召的九九大喇嘛，包头的孟和活佛，他们都是老丁的朋友哩，都来咱成吉思汗纪念堂坐过床哩。我俩又说起，丁新民准备在蒙古风情园建一座大敖包，有六十六米高，南望昭君墓，北眺呼和浩特全城，市政府已经命名为呼和敖包，要每年搞祭祀哩。老神仙高兴地道，那就跟成吉思汗祭祀放在一起，咱这就是一块文化圣地了。我说，民工联队的人一听积极性可高哩，都愿意自动出工出力哩。说这是祭拜长生天和成吉思汗哩，公司给出点油钱就行了。现在施工的民工联队都到位了。古日扎布道，丁老总办事就是雷厉风行。我说，这是呼市的一个重点文化项目哩。明天开基仪式听说来不少大领导哩。古日扎布道，我不知丁老总知道附近的老乡要闹事哩。我问闹啥事？古日扎布挥着手，左手上一枚金戒指闪闪发光，这金戒指挺大，样式非常朴拙，他说传了几代人了。古日扎布道，有屁事的闹？你这一开工他就想摸捞俩钱，郊区现在专有吃这碗饭的！那天，老古稍稍饮了几盅酒，还拿出一摞文稿，递给我说，你看看，这是我写的诗歌。他还说自己汉文底子不好，是自己翻译的。有些已经被谱成了蒙古歌，成陵那边的人有人会演唱的。我像收宝一样将那几页写满诗歌的纸张收了起来，说，一定认真拜读。古日扎布脸上浮出了笑意。

呼和敖包的奠基仪式开始了。风情园内彩旗飘飘，古日扎布在成吉思汗纪念堂前挂满了各种颜色的风马禄旗，这都是古日扎布亲自制作的。那天领导们来了许多，都表达了深情的祝福和高度的重视。风情园的职工们也都换上了蒙古服饰，花团锦簇的。丁新民穿上了烟色的蒙古袍，腰系黄腰带，足蹬盘着云纹的蒙古靴，还戴上了一顶礼帽，我知道这是他春节和重大场合的民族装束。参加党的十八大时和全国道德模范颁奖典礼上就是这身打扮。我曾开玩笑说，老丁有点像蒙古王爷了，丁新民哈哈大笑。那天，他兴致勃勃地向各级领导嘉宾们展示了呼和敖包的设计图和规划大样。整个园区水系环绕，亭台楼榭点缀其间，还有观光公路盘旋抵达敖包顶端。每一层道路上都有步行的长廊，歇脚处都设有歇脚观景处，也是匠心设计的。有小食点，便当，冷热饮摊点和咖啡屋。有人建议最好设一个别致的小酒馆，供饮者把酒临风，一览青城风貌，丁新民哈哈笑道，我看可以考虑，酒和马一样是咱蒙古人的好朋友。为了突出呼和敖包的特点，他要求设计者搞几层绿植，让花草铺满敖包。让人远远地望见这青色的敖包，就像一团不动的云彩，将其建为呼市地标性的建筑，要打造天下第一敖包。领导们都为丁新民的气魄和即将建成的呼和敖包叫好，说这下呼市的城中草原更有内容更有看头了，可以留住游客了。丁新民高兴地向领导们保证，一个季度后见初貌，明年春天草绿花红，让其成为呼市的一大景观和文化旅游胜地。领导们好兴奋哟，说呼市缺的就是这样标志性的文化建筑，夸奖丁新民大手笔，大胸怀。人们纷纷握着丁新民的手，感谢他为地方文化建设做的巨大贡献。丁新民说，我是蒙古族企业家，能为民族文化做点事情，也是我的福分。

那天，他高声宣布呼和敖包奠基开始，几辆推土机隆隆着推出了一个大坑。这时，老神仙古日扎布眯起眼睛唱起了高亢的天歌，并往坑里用柏树枝洒着圣水，然后开始往坑里放镇宅宝物，嘴里还念念有词。我见古日扎布摘下手上的那枚金戒指塞进黄缎子包里，呢喃着经文将其虔诚地放进了开掘出来的土堆里。这个细小的动作让我对古日扎布充满了敬意和尊重。从此，我也像丁新民一样敬称他为老神仙。

丁新民是普通人，老神仙是普通人，我也是普通人。

那天，我这种感悟顿生，甚至涌起了一点点悲凉。那些日子，丁新民一直给我说，我要把风情园建设成蒙古文化的大本营、孵化地。仔细想想，人这辈子能留下啥？就是文化。为了搜罗蒙古文的经书，丁新民、阿龙和我曾经进入腾格里沙漠，去一座小寺院找主持的喇嘛，丁新民承诺为他翻盖寺院，还报以几百万重金只为换取他寺院内珍藏的蒙古经书。老喇嘛的孩子也帮着我们说话，老喇嘛却是一声不吭，看得出他比丁新民还爱这些发黄的蒙古经书。阿龙对老喇嘛说，我们走后，你可要后悔呀。老喇嘛一脸木讷，但不理我们的茬。丁新民有些钦佩地说，我实际上挺看得起这喇嘛的，这才能守得住。但他仍不死心，仍要寻找收藏蒙古经文。阿龙告诉他，他当自治区外宣办主任时，与一个寺院的喇嘛打过交道，印象中他们那里应当有些蒙古经文。丁新民斩钉截铁地说，咱们去外蒙古。我说，老丁啊，你快赶上唐三藏西天取经了。丁新民说，咱还真得学学古人的虔诚。

我们到了乌兰巴托，才知阿龙说的那个寺庙离乌兰巴托还有两天的车程。阿龙有些苦笑，说，我把丁总晃点来了？那路我可知道，就不叫个路。丁新民说，没有妖魔鬼怪吧？我们不禁笑了。丁新民说，来了咱们就去一趟。

第二天一大早，我们就驱车出发了。蒙古草原真是名不虚传，绿色如毡，直铺天边。起伏的绿色草地上满是畜群。觅草的羊儿是灰褐色的，个头奇大，远远望去就像牛群在游动。天也蓝，澄净如水，碧空万里，有鹰在天空盘旋。路边还有放鹰人，鹰就踩在头顶上，架在手臂上。放鹰人招呼汽车上的游客下来拍照，我们兴致勃勃地下来与放鹰人和鹰照相。鹰跳上肩膀还感到有些生疼，我禁不住啊啊大叫，惹得人们哈哈大笑。一只鹰跳上了丁新民的胳膊，他一本正经地与之照相。小田说照一张相合人民币四十元，比想象的要便宜多了。晚上我们就睡在一座河边搭起的小木屋里，这是一个内蒙古的蒙古人在这里开的度假村。说起这胖子是丁新民时，那老板眼睛瞪得好大，说，我这不是做梦吧？我看过一本写你的书，你可是大好人啊！我开丁新民的玩笑，你有着国际影响呢！那天晚上我们就住在河边的小木屋里，屋子里还有空调、蚊帐，钻进蚊帐里睡觉，还能听到溪水的哗哗声，很是惬意和舒适。就是偶有蚊子钻进蚊帐里，像飞机在耳边不断空袭和嗡嗡，搞得人挺紧张，胡乱拍打。第二天天亮时一看，蚊子趴在了蚊帐外，黑压压的一层，让人头皮都发麻。若是没有蚊帐挡着，还不得把人活吞吃了。我看着窗外吃草的牛群马群，不时甩打着长尾巴驱赶着蚊蝇，一蹦一跳的。早餐时，我们吃了黄油涂抹的俄罗斯大列巴和蒙古包子，喝了格瓦斯、白米稀粥和俄罗斯红茶、蒙古奶茶，这里留给丁新民的印象挺好。他说，这里环境挺好，晚上还能听到青蛙叫，你以后可以来这里写小说。我咧了一下嘴说，每晚一千块哩，我住得起？他哦了一声，不说什么了。下午太阳偏西时，我们赶到了那个寺庙，司机说走了一千七百公里，三千多里地啊，蒙古高原确实是太辽阔了。我说，真快赶上唐僧取经了，寺里的住持好像是与阿龙认识的，两人交谈好欢实，可惜我和丁新民都听不懂，但看得出来，他们非常高兴。阿龙向大喇嘛介绍了丁新民，大喇嘛高兴地向丁新民合掌致意。不一会儿又进来一个青年喇嘛，这人很有佛相，浓眉大眼，圆脸红润，还能说一口流利的汉语。他说他在呼市内蒙古大学留过六年学，取得过硕士学位的。丁新民说了来意，阿龙讲丁老总收藏蒙古经卷，就是想保留发扬，现在呼市的成吉思汗纪念堂主要是念蒙古经，是达扈尔特十六代传人古日扎布在那里主持的。那青年喇嘛很高兴，说，呼市的成吉思汗纪念堂他去拜谒过，知道丁总的大功德，非常钦佩。他告诉我们这里的蒙古经，三十年代时基本烧没了，人们偷偷藏了一些，现正在整理，待清理完后，他定会去见丁总。丁新民说，我会感谢大师们的功德的。

深秋的时候，我在可汗宫大酒店里发现了蒙古国那个佛相甚浓的年轻喇嘛，来去匆忙。我本想跟他打个招呼，又担心他认不出我来，有些尴尬。这喇嘛谁都不多看一眼，匆匆过去了。一会儿，丁新民让小田打电话找我，让我到他的办公室来一趟。我发现古日扎布也走了过来，我俩便一同进了丁新民的办公室。丁新民高兴地招呼我们，老神仙、老肖你们看看这宝贝东西。我俩围了上去。我说，我刚才看见那个蒙古喇嘛在大堂闪了一下。丁新民说，这喇嘛也是个神仙，把这东西往我桌子上一放，没说几句话便匆匆走了。我想留人家吃顿饭都顾不上。丁新民一边摇头感慨着，一边打开了黄布包袱，竟是一些黄得发黑的蒙古经卷。丁新民对古日扎布说，老神仙，你识蒙文，老肖和我那是瞎看白看。古日扎布埋在黄纸堆里看了半天，说，正宗的老蒙文经书，我小时听说过，现在是真见着了。这东西宝贵着哩。丁新民说，那喇嘛放下就走了，我说，你咋也得给我留个银行卡号呀?！那人却淡淡一笑，飘然而去了！你说这人是不是神仙？我笑着说，也许那喇嘛觉得你还是神仙哩！古日扎布捧着那发黄的一卷卷，忽然嘴里发出了呢呢喃喃和有韵律的吟咏，我知道他念开了经，念着念着，我看有泪水溢在他的眼眶……

现在丁新民和我来到盛殓他的棺木前，古日扎布安详地躺在那里，这是为他的白事而特意搭建的一座小蒙古包，供亲朋好友来吊唁。包内香烟袅袅，棺木一边，他的老妻在嘤嘤地抽泣着，悲戚和伤心全挂在她的脸上身上和稍显零乱的衣服上。晚辈们围着她个个伤心欲绝，都轻轻啜泣着。丁新民和我走进蒙古包，跪在了他的灵柩前，砰砰砰地磕了三个响头，以此来诀别我们多年的老朋友。丁新民点燃了一支细细的香烛，插进了香炉的灰烬里。我也学着他的样子，点燃了香烛……

我和丁新民走出了蒙古包，草原上花草的清香立即扑来，直直地沁入了我们的肺腑。包外已经聚满了乡亲们和好友，我看到了古日扎布的徒弟们还有他生前的老朋友，东方艺术团的团长李玉玺。这些人的眼睛都红红的，像是刚刚哭过一场。丁新民拉着李玉玺的手，两人轻轻地说着什么。我在摆满了花圈的小院里徜徉，我看到了丁新民和胡承慧敬献的花圈，还有东方控股集团以及几十个子公司敬献的花圈，林林总总，簇在一起，使老神仙的身后极尽哀荣。我知道这一切的背后，全是丁新民的运作指挥。丁新民非常看重朋友职工家中的红白事情，许多场合他都会忽然出现，给主家带来惊喜和慰藉。我觉得他是一个非常重人情的人，浑身上下散发着浓郁人味的人。早上九点，追思大会开始了。成陵管委会的领导讲了古日扎布的生平，我这才知道，六十年前他还做过教师，说来老神仙还是个资深的文化人。听着他的生平，我的眼前竟然晃动起一个高大英武的青年教师在课堂上侃侃授课的英姿，还有老神仙唱“天歌”时的神态，是那样专注和深情，我的眼睛忽然有些发痒了。短短不到半个小时的追悼会结束了，随着声声哭喊，灵车起动了。我听着亲人们的哭喊，心里有些难受，丁新民望着缓缓移动的灵车，对我说，老肖，咱送老神仙去墓地吧，再送他一程。

车队在绿油油的沙漠里缓缓移动，无数沙生植物活灵灵地在我们的眼前晃动，车队来到了墓地。这是草原深处的一块空旷处，草地上还立着一块巨大的石头。丁新民告诉我，老神仙生前多次给他讲过这块墓地，这里安息着老神仙的许多亲人。老神仙生前多次表示想把这里打造打造，丁新民停下看了看静谧的四周，说，我看这里就挺好。早就和老神仙说好，想陪他来一趟，今天总算来了。老神仙的棺木落下了墓坑。丁新民戚戚地对老神仙的儿子说，我走了，还有点事，饭就不吃了。那个青年人对丁新民说，叔，那就不留你了。丁新民说，好好陪陪你的老母亲。那青年人嗯了一声，声音有些哽咽。丁新民伸手轻轻拍了拍他的肩膀，那青年人呆呆地望着我们，站在茵茵绿草中。我知道他接了老神仙的班，继续在成陵的祭祀大会上传唱着那生生不息的“天歌”……

丁新民上了车，望着绿茵茵的沙漠和蓝泱泱的天际，忽生感慨地说：人往地下一躺，这辈子就过去了。是不是，老肖？这就是人生，这就是生活？这不是你常爱说的？我说，老神仙真的永生了。胡承慧悄声地说，死了的走好，活着的活好。我道，墓地上的思考都是至理名言。胡承慧道，啥名言？我还不就是顺着他的话，接了一句。我说：墓地旁是领悟人生的绝好地方。丁新民说，真是这样。我刚才，脑子里就闪了自己一辈子，就那么一下下，小七十年就风一样过去了。我说墓地上大家都容易成为诗人……

丁新民嘎嘎地笑了起来。车走着走着，一汪清水忽然闪现在眼前，水边绿汪汪的草丛里还有探头探脑的小鸟，丁新民让停车，说，多美，拍几张照片去。车停住，丁新民弓着胖胖的身躯，悄悄向岸边移动。胡承慧笑了说，这人又迷上照相了。现在天一亮就出去照，半夜里还出去照。我说，别让他咬住了，他会一直纠缠下去。前些日子我俩还赤脸争吵了几句，他走步走了二万多里，赳赳地到了延安。他那个笑啊，又号召大家走遍全国，一个省会一个省会地走。我曾看到过他运动的步行记录，最多的一天走到过七万余步，换算下来就是接近一百多里，比马拉松一个单程还要远。一天三万余步，是他的常态。好多人担心地说老丁太拼了，未必对身体好。丁新民说，新长征就要有新长征的样子，每天背着手溜达会儿行？这天小田小声跟我说，他脚都磨破了，还这样不住气地走。姨姨都劝不住。我一听急了，知道糖尿病足对身体损伤的厉害。丁新民还在我们常喝茶的茶馆里那宽大的客厅里埋头走着，脚确实有点拐颠。我叫住他问，脚磨破了？他说，谁说的？我说，你一拐一拐的，还用人说呀？不瞎的都能看见！他说，没事。我大声嚷道，不行，我得看看，咱可都是糖尿病人！他反讥我，你不是说十八个之内都正常吗？我今天才八个，早着哩！我说，我那是放屁！你过来！我把他拉到沙发上坐下，他无奈地只得脱下了鞋，脱掉了袜子，露出了裹着纱布的脚，殷红的血已经渗透了纱布，我喊道，立即休息，你不要命了？想过你要是躺下了胡承慧咋办？咱他妈都七十岁的人了！就是到了延安又怎么样？他睃了我一眼，大声道，这是我的志向！我说，好了，好了，拐着条腿，你也是给革命队伍丢人！他扑一声笑了，说，听你的，歇歇脚！果然这天的运动步数在一万步之内，我窃笑，感到劝住了这个老倔牛，也是点小成就。过了几日，他又三万多步了，问起来，小田说，包裹上云南白药没有事了，也只能由他走下去了。他十年前就给我说过，后半生就是做文化了。他在好多学校，像中央民族大学、天津音乐学院，还有市内的许多高中都设立了“朵日纳”奖学金，奖励贫困学子，还与中国少数民族作家学会内蒙古文联合作设立了“朵日纳文学奖”，专门奖励蒙古文作品和蒙古族作家的创作，他说，多么好看的蒙古文别给弄丢了。他说要设全国文学奖金最丰厚的文学大奖，单项奖金达到了十二万，远远超过了当时的国家最高文学奖项的奖金，一时在全国文学界引起了不小轰动。吉狄马加、李敬泽、丹增、叶梅都出席过在可汗宫召开的“朵日纳”颁奖晚会。蒙古国作家协会的主席还亲临可汗宫与丁新民商议，想把这文学大奖搞成国际性的蒙古语文学大奖。这对用蒙古语写作的基层作家，其影响更是深远。记得当时的内蒙古作协主席阿尔泰曾激动地给丁新民写过一首诗，他深情地吟咏着，我虽听不懂蒙古文，但我从他那火花跳动的眼风里，洋溢的笑纹里看出这个蒙古族大诗人对丁新民的一腔深情和热爱。记得内蒙古文坛宿将哈斯乌拉在创作完《百年东方》的庆功会上曾动情地说：我算了一下，十余年来丁新民和他的东方集团给社会文化事业的各类捐助，一共五亿余元，大家想想，五亿啊！我可是研究丁新民这个人了，我有这样一个总结——共产党员的品格，慈善家的情怀，兵团战士的精神，蒙古人的气派！中宣部原常务副部长翟泰丰深以为然，他曾说过，这大概就是今天的丁新民之所以迈开大步，创造丁新民现象的根本所在吧！

翟老先生说得何等好啊！

我悄悄下了车，看了正在聚精会神拍照的丁新民一眼。湖水映衬着他，显得那样洒脱。这个海子是个老海子，面域之大，可能早超过了许多名湖大洼，只不过是十多年前忽然消失了。它是随着毛乌素沙漠的生态恢复而重新恢复的。现已成为鄂尔多斯市重要的城市公园，是人们休闲的好去处。静下来的丁新民常来这里拍照，发一些照片到网上，好多人还以为是西湖美景呢！丁新民说，这就是我可爱的鄂尔多斯。他一直以做一个鄂尔多斯人而骄傲而自豪！

我忽然想起了一件往事，不禁哑然失笑了。笑声惊飞了岸边草丛里的鸟儿，胡承慧催他快抓拍。丁新民懊悔地叹了一声道，你个老肖，傻笑什么，坏了我一个好景头。我说，我想起了一件事情，禁不住笑了。丁新民好奇地说，让我听听，我也笑笑。我说，还真是关于你的。丁新民说，那我更得听听了。我说，那年咱们接待兵团战友回访，你设宴款待他们。你在台上讲，大家在台下高兴地嗷嗷叫。这时，一个小核桃样的老太太走到我的跟前挨着我坐下说，你还认得我不？咱俩小学时是同桌啊！我看着这小核桃……这时胡承慧插嘴道，肖局长这是咋说话呢？你以为你不是老核桃啊？都奔七十的人了。我说，是啊，行业习惯，爱用个形容词儿。丁新民道，你快说啊。我说，说啥呢？让嫂子一杠子抡过来，我忘了。丁新民哈哈笑了。我说，那个资深美女给我说，人家丁总多厚道的人啊，咋起了那么个外号？我问，啥外号，她说丁三爷呀！我叫了起来，我和老丁四十年的朋友了，我咋不知道？丁新民也蒙了，指着自己的鼻子道，我咋不知道我是丁三爷？这名字挺威风的，像不像道上的人物？

他迈开方步，煞是威严地走了几步，还掉过头来问，像不像传说中的丁三爷？我不禁笑了起来。胡承慧悄声地说，啥丁三爷？你们不知道，那是叫错了外号。那时这人在菜班，每天早起晚归的，给大家种菜。炊事班的女战士看他辛苦，就在热灰堆里给他煨山药蛋，这人人缘可好着哩。他也爱吃烤的呀煮的呀，山药蛋总也吃不够。我说，这没错，他就是山药蛋吃不够，还用筷子捣碎捣绵了吃。丁新民道，那可是正经吃山药的方法，祖传下来的。这可碍着丁三爷甚事了？我说，我可把你的家族谱系查了个底掉，还有当年五七干校结拜的十弟兄，咋也查不到三爷的出处呀？胡承慧笑道，你肯定查不到。这是炊事班的女战士偷偷给他起的外号，叫丁山药！谁知你们这些侉子人，咋给传成了丁三爷了?!

我和丁新民一听，当即大笑不止。胡承慧道：这可是当年女战士之间的小秘密哩！

她说着，脸上飞起了一抹红晕，像是一下子回到了火红的青春岁月。丁新民笑着道：过去像是有这么个说法。

我大声道：什么像是？你就是个地地道道的丁山药！丁山药，丁山药！

那天我们在湖边草地上蹦着叫着，像是青春又回到了我们身上。丁新民蹒跚在草地上，张着胳膊挥动着，那个黄河冰道上驾车跑过的丁铁人，那个在泥浆里翻腾的丁书记，那个被员工抬着扔上天空的丁局长，那个一次次在工地上喊着“共产党员跟我上”的丁老总，那个和农民工兄弟一同喜滋滋走进人民大会堂的丁老哥……在我的眼前一一闪过，我的眼睛模糊了，我一次次发出这样的祝愿，山高水长，你在路上，直到永远……我的丁新民老哥哥哟！

图书在版编目（CIP）数据

活个人样 / 肖亦农著. -- 北京：作家出版社，2024. 12. -- ISBN 978-7-5212-2777-2

Ⅰ. K825.38

中国国家版本馆CIP数据核字第2024658AJ9号

活个人样

作　　者：肖亦农
责任编辑：兴　安
插　　图：呼和夫
装帧设计：王一竹
出版发行：作家出版社有限公司
社　　址：北京农展馆南里10号　　**邮　　编**：100125
电话传真：86-10-65067186（发行中心）
86-10-65004079（总编室）
E-mail:zuojia@zuojia.net.cn
http://www.zuojiachubanshe.com
印　　刷：唐山玺诚印务有限公司
成品尺寸：152×230
字　　数：276千
印　　张：22
版　　次：2024年12月第1版
印　　次：2024年12月第1次印刷
ISBN　978-7-5212-2777-2
定　　价：78.00元